CRI MI NA LI ZA ÇÃO

ANÁLISE
ECONÔMICA
DA PROIBIÇÃO
DAS DROGAS

CRIMINALIZAÇÃO

ANÁLISE
ECONÔMICA
DA PROIBIÇÃO
DAS DROGAS

Mark Thornton

Apresentação à Edição Brasileira
Leandro Narloch

Prefácio à Edição Norte-Americana
Doug Bandow

São Paulo - 2018

Impresso no Brasil, 2018

Título original: *The Economics of Prohibition*
Copyright © 1991 by University of Utah Press © 2014 by Ludwig von Mises Institute

Os direitos desta edição pertencem ao
Instituto Ludwig von Mises Brasil
Rua Leopoldo Couto de Magalhães Júnior, 1098, Cj. 46
04.542-001. São Paulo, SP, Brasil
Telefax: 55 (11) 3704-3782
contato@mises.org.br · www.mises.org.br

Editor Responsável | Alex Catharino
Tradução | Claudio A. Téllez-Zepeda
Revisão da tradução | Marcelo Schild Arlin / BR 75
Revisão ortográfica e gramatical | Moacyr Francisco e Márcio Scansani / Armada
Preparação de texto | Alex Catharino
Revisão final | Márcio Scansani / Armada
Produção editorial | Alex Catharino
Capa | Mariangela Ghizellini / LVM
Projeto gráfico | Rogério Salgado / Spress
Diagramação e editoração | Spress Diagramação
Elaboração do índice remissivo | Márcio Scansani / Armada
Pré-impressão e impressão | Edigráfica

H798b
Thornton, Mark
    Criminalização: análise econômica da proibição das
drogas / Mark Thornton; traduzido por Claudio A. Téllez-
Zepeda.- São Paulo: LVM Editora, 2018.
    256p.

ISBN 978-85-93751-27-1

1. Ciências Sociais. 2. Economia. 3. Sociologia. 4. Drogas. 5.
Governo e Política. 6. Téllez-Zepeda, Claudio A. I. Título.

CDD 362.1

Reservados todos os direitos desta obra.
Proibida toda e qualquer reprodução integral desta edição por qualquer meio ou forma, seja eletrônica ou mecânica, fotocópia, gravação ou qualquer outro meio de reprodução sem permissão expressa do editor.
A reprodução parcial é permitida, desde que citada a fonte.

Esta editora empenhou-se em contatar os responsáveis pelos direitos autorais de todas as imagens e de outros materiais utilizados neste livro.
Se porventura for constatada a omissão involuntária na identificação de algum deles, dispomo-nos a efetuar, futuramente, os possíveis acertos.

Sumário

Apresentação à Edição Brasileira
Leandro Narloch   9

Prefácio à Edição Norte-Americana
Doug Bandow.   13

CRIMINALIZAÇÃO
ANÁLISE ECONÔMICA DA PROIBIÇÃO DAS DROGAS

Agradecimentos   19
Introdução   21

Capítulo I
Os Economistas e a Proibição   29
1 - As Origens da "Economia" da Proibição   38
2 - Em Defesa da Proibição   43
3 - A Ressaca da Proibição.   51
4 - A Economia da Proibição da Heroína   59
5 - A Economia da Dependência   67

Capítulo II

As Origens da Proibição 75

1 - A Proibição do Álcool (Lei Seca). 77

   1.a - A Experiência Americana Inicial 78

   1.b - Da Abstinência à Proibição:

      Lembre-se das Leis do Maine.................. 87

2 - A Coalizão da Proibição............................ 87

3 - A Liga Antibares e a Adoção da Proibição 91

4 - A Era Progressiva e a Proibição 95

5 - A Proibição Nacional dos Narcóticos................ 100

6 - O Problema dos Narcóticos........................ 102

7 - O Movimento Profissional......................... 104

8 - A Lei Harrison contra os Narcóticos 106

9 - A Proibição Nacional da Maconha.................. 114

Capítulo III

Uma Teoria da Proibição........................... 121

1 - A Análise Básica da Proibição...................... 124

2 - A Abordagem do Processo de Mercado.............. 129

3 - Intervencionismo e o Processo de Mercado 132

4 - O Processo de Descoberta não-Descoberto........... 133

5 - O Processo de Descoberta não-Simulado 134

6 - O Processo de Descoberta Sufocado 137

7 - O Processo de Descoberta Completamente Supérfluo .. 138

8 - A Economia Política da Proibição................... 140

Capítulo IV

A Potência das Drogas Ilegais 147

1 - A Economia da Potência 152

2 - A Proibição como Imposto......................... 153

3 - O Impacto da Proibição sobre a Potência 157

4 - A Potência nos Mercados Proibidos................. 162

5 - A Proibição do Álcool............................. 163

6 - A Proibição da Maconha: Um Teste Simples 171

7 - Para Além da Maconha 175

Capítulo V

Os Efeitos Corruptores da Proibição 179

1 - Crime 182

    1.a - Duas Perspectivas sobre o Crime 182

    1.b - A Economia do Crime 186

    1.c - A Economia do Crime da Proibição 187

    1.d - A Tendência Histórica do Crime 192

2 - Corrupção 202

    2.a - A Economia da Corrupção 204

    2.b - Corrupção e Proibição 208

    2.c - A Corrupção Durante a Proibição 211

    2.d - O Custo da Corrupção 218

Capítulo VI

A Revogação da Proibição 221

1 - A Proibição Efetiva é Possível? 226

2 - Regimes de Políticas Alternativas 231

3 - A Solução do Livre Mercado 235

4 - A Solução do Livre Mercado Estendida 238

Lista de Gráficos e Tabelas 241

    1 - Gráficos 241

    2 - Tabelas 242

Índice Remissivo e Onomástico 245

Prefácio à Edição Brasileira

MARK THORNTON ESCREVEU ESTE LIVRO em janeiro de 1991. A repressão às drogas rendia então tantas manchetes quanto o terrorismo hoje em dia. Pablo Escobar (1949-1993), na época o sétimo homem mais rico do mundo e grande fornecedor de cocaína para os Estados Unidos, havia enfim sido preso pela polícia colombiana. Escaparia da prisão no ano seguinte.

Gary S. Becker (1930-2014) e Milton Friedman (1912-2006) já tinham mostrado os efeitos nocivos da proibição das drogas baseados em fundamentos da economia, mas o assunto ainda era tabu entre políticos e especialistas. Thornton decidiu então aprofundar e detalhar a argumentação. O livro recebeu conselhos e sugestões de ninguém menos que Murray N. Rothbard (1926-1996), que considerou a obra "esplêndida", "uma importante contribuição para o estudo e o debate público".

Os argumentos de Thornton se baseiam em princípios liberais puros: os direitos do indivíduo, os efeitos da proibição no preço das drogas, as consequências indesejadas das boas intenções. Ironicamente, esses argumentos são repetidos hoje, no Brasil e nos Estados Unidos, por socialistas tardios quando defendem a legalização das drogas. (Prova de que eles até chegam a entender economia e política, mas com pelo menos duas décadas de atraso).

O livro se concentra nas consequências da proibição no mercado das drogas: seu efeito similar a um imposto sobre fornecedores e consumidores, as mudanças na oferta e na demanda, o resultado sobre a corrupção de policiais e burocratas. Adorei conhecer a análise, baseada na Teoria da Escolha Pública, sobre como nasce uma proibição. Seu sucesso depende da habilidade dos grupos de "espírito cívico" aliarem-se a corporações interessadas em *rent-seeking*, ou seja, em lucrarem com a proibição ou utilizá-la para afastar concorrentes.

Mas há muito mais do que isso: o livro não se limita à economia. Na verdade, os capítulos históricos são dos mais surpreendentes e interessantes. Thornton relata como a proibição do álcool nos Estados Unidos na década de 1920, e de demais drogas na sequência, foi encampada por "engenheiros sociais" que acreditavam melhorar mundo. Boa parte desses planejadores sociais benevolentes tinha uma origem protestante. Mesmo tornando-se ateus quando adultos, mantiveram a matriz de pensamento luterana. Tentaram reproduzir no mundo o modelo de perfeccionismo que haviam aprendido em casa. Acreditaram na utopia de que políticas públicas bem formuladas teriam a capacidade de criar cidadãos sem vícios.

O mais típico desses planejadores foi Irving Fisher (1967-1947), provavelmente o economista mais influente nos Estados Unidos até o *crash* da Bolsa em 1929, considerado por Joseph Schumpeter (1883-1950) e Milton Friedman o "maior economista que os Estados Unidos já produziu". Parceiro de John Maynard Keynes (1883-1946) na criação da tradição monetária que dominaria o século XX, Fisher era um defensor radical da vida saudável e do combate aos vícios. Filho de um pastor da Igreja Congregacional, escreveu livros sobre o estilo de vida saudável e sobre a proibição do álcool, além de artigos contra o cigarro. Acreditava que a proibição do álcool "curará o desrespeito à lei e outros males dos quais há queixas, assim como também aumentará enormemente o bem". Fisher foi claramente tomado pela "arrogância fatal" que F. A. Hayek (1899-1992) descreve. Acreditava conhecer o comportamento das pessoas o suficiente para dirigi-las. Seu otimismo se revelou um erro tão grande quanto investir na Bolsa em 1929, atitude que ele insistentemente recomendou.

Um trabalho essencial dos economistas da Escola Austríaca tem sido mostrar como políticas públicas bem-intencionadas resultam em desastres econômicos, tensão social e, na melhor das hipóteses, menor eficiência. Mark Thornton retoma esse trabalho na questão das drogas, apresentando argumentos que, décadas depois de publicados, ainda são novidade no Brasil.

Leandro Narloch
Colunista dos jornais *Folha de São Paulo* e *Gazeta do Povo*. Foi repórter e colunista da revista *Veja* e editor das revistas *Aventuras na História* e *Superinteressante*. É autor dos livros *Guia Politicamente Incorreto da História do Brasil* (Leya, 2009), *Guia Politicamente Incorreto da América Latina* (Leya, 2011), *Guia Politicamente Incorreto da História do Mundo* (Leya, 2013), *Guia Politicamente Incorreto da Economia Brasileira* (Leya, 2015), *Politicamente Incorreto: o Guia dos Guias* (Leya, 2015) e *Achados & Perdidos da História: Escravos* (Estação Brasil, 2017)

Prefácio à Edição Norte-americana

GUERRAS NO ESTRANGEIRO VÊM E VÃO, mas a Guerra Contra as Drogas é uma constante na política doméstica norte-americana. Por quase oito décadas, o governo tentou impedir que os cidadãos norte-americanos utilizassem uma ou mais substâncias ilícitas. Nos anos 1980, os esforços do governo tinham se tornado verdadeiramente draconianos: mais de um milhão de prisões anuais por causa de drogas; sentenças mínimas por drogas que ultrapassam a punição média para assassinos e estupradores; uma quantidade maior de escutas telefônicas; despejos e confiscos de propriedades baseados na mera suspeita de utilização de drogas; numerosas buscas sem mandado como parte da "política de exceção contra as drogas" à Quarta Emenda da Constituição dos Estados Unidos, em constante expansão; envolvimento crescente da Central Intelligence Agency [Agência Central de Inteligência] (CIA), do Departamento de Defesa e da Guarda Nacional; toques de recolher em cidades inteiras e propostas diversas, desde derrubar aviões não identificados na fronteira, até a declaração de lei marcial.

Ainda assim, tais esforços proporcionaram poucos resultados positivos. Atualmente, os Estados Unidos têm mais de um milhão de pessoas na prisão, representando a maior taxa de prisões do mundo industrializado. É mais provável que jovens negros morram em tiroteios no submundo do crime, financiados pela proibição das drogas, do que quando estavam servindo o exército no Vietnã. Usuários de drogas, tentando pagar os preços inflacionados das substâncias ilegais, cometem milhares de crimes contra a propriedade nas cidades e em seus subúrbios. Crianças, que são menos punidas criminalmente, são cada vez mais recrutadas para o comércio de drogas e muitas se tornam usuárias.

Ademais, a lei parece ter impedido poucas pessoas de experimentarem substâncias ilícitas. De acordo com o Instituto Nacional sobre o Abuso de Drogas, 74,4 milhões de pessoas com mais de 12 anos experimentaram drogas, a despeito da proibição durar décadas. Quase 27 milhões utilizam substâncias ilegais pelo menos uma vez por ano. As taxas de utilização de drogas agora estão caindo, porém o declínio começou antes das escaladas periódicas da guerra contra as drogas durante os anos 1980.

Diante deste registro, é tempo de reavaliar, fundamentalmente, a política de drogas americana. Fazer isso é se arriscar a receber ataques por parte dos czares das drogas e de políticos em busca de votos, que têm em mente a publicidade. Porém, abster-se corresponde a concordar com uma política que está, sem necessidade, aprisionando, mutilando e matando dezenas de milhares de pessoas pelo uso e venda voluntária de substâncias que são comprovadamente menos daninhas – particularmente no número de mortes que causam – do que as drogas legais como o álcool e o tabaco, sendo que esta última é subsidiada pelo governo federal.

Mark Thornton abraça corajosamente o desafio lançado pela guerra contra as drogas. Em um debate que geralmente é mais marcado pela emoção do que pelos fatos, o professor Thornton analisa como os mercados de drogas ilegais, tanto para o álcool como para as substâncias desaprovadas nos dias de hoje, realmente funcionam. A sua conclusão de que problemas tais como o crime e a corrupção são consequências naturais da proibição de drogas, e não do seu uso, é particularmente importante. Como resultado, as mortes de espectadores inocentes nos confrontos entre traficantes, por exemplo, criam um argumento a favor da legalização das drogas, e não do cumprimento mais estrito da lei.

Muitos leitores podem, entretanto, discordar das conclusões do professor Thornton. Mas ainda terão a obrigação de responder à sua evidência de que os custos da proibição são grandes e óbvios, enquanto os benefícios são poucos e dúbios. O ônus de provar que o professor Thornton está errado, e desse modo justificar a continuação da guerra contra as drogas, recai agora sobre aqueles que se opõem à sua legalização.

Doug Bandow
Pesquisador sênior do Cato Institute e colunista de diferentes periódicos. É autor dos livros *Beyond Good Intentions: A Biblical View of Politics* (Crossway, 1988), *The Politics of Plunder: Misgovernment in Washington* (Transaction Publishers, 1990), *Human Resources and Defense Manpower* (National Defense University Press, 1990), *The Politics of Envy: Statism as Theology* (Transaction Publishers, 1994), *Wealth, Poverty, and Human Destiny* (Intercollegiate Studies Institute, 2002) e *Foreign Follies: America's New Global Empire* (Xulon Press, 2006)

CRIMINALIZAÇÃO

ANÁLISE ECONÔMICA DA PROIBIÇÃO DAS DROGAS

Agradecimentos

No DECORRER DO MEU ESTUDO DA PROIBIÇÃO, recebi ajuda de muitos amigos e colegas. Seu encorajamento, sugestões e correções tornaram este livro possível.

Minha gratidão e respeito vão para John D. Jackson, quem proporcionou a orientação crítica tão crucial para a finalização deste projeto. A torrente incessante de comentários de Richard D. Ault e Leland B. Yeager contribuíram tanto com percepções quanto com uma perspectiva ampla. Seth A. Anderson proporcionou sugestões valiosas e encorajou-me em meus esforços para encontrar um editor.

Devo a meu professor, coautor, colega e amigo Robert B. Ekelund, Jr., que as lições e debates em sua sala de aula tenham transformado minha questão em uma resposta – uma resposta que constitui o fundamento deste livro.

Tenho um débito especial para com a University of Utah Press, cuja equipe teve a coragem e previdência para concretizar este livro. Também sou grato ao distinto grupo de revisores reunidos para este projeto – Bruce Benson, Charles Maurice, e Murray Rothbard – cada um dos quais proporcionou comentários e correções valiosas.

Três instituições forneceram apoio para este projeto. O Institute for Human Studies (IHS) na George Mason University (GMU) proporcionou minha exposição inicial ao liberalismo clássico e à pesquisa acadêmica. Desejo oferecer meus agradecimentos à Bolsa de Estudos de Verão para Docentes F. Leroy Hill de 1990, e agradecer especialmente a Sheldon Richman pela sua assistência na preparação deste manuscrito para publicação.

Desejo também agradecer à H. B. Earhart Foundation pelo seu apoio financeiro durante a preparação deste livro.

Meus mais profundos agradecimentos são para os membros e a equipe do Ludwig von Mises Institute. O ambiente intelectual, o encorajamento constante e o apoio financeiro que proporcionaram foram incomensuráveis. Pelo seu apoio e pela fé depositada em mim, gostaria de agradecer especialmente a Llewellyn H. Rockwell e O. P. Alford III.

Tenho a esperança de que a publicação deste livro comece a recompensar todos aqueles que depositaram tanta confiança em mim.

Introdução

A PROIBIÇÃO REPRESENTA UM IMPACTO cada vez maior em nossa vida cotidiana. Nos Estados Unidos, a proibição de certas drogas, que envolve "guerras" contra elas, tornou-se um de nossos problemas nacionais mais visíveis e mais acirradamente debatidos. O propósito da investigação a seguir é melhorar nosso entendimento a respeito das origens e resultados da proibição e, dessa maneira, contribuir indiretamente para a formulação de políticas no futuro, para caminharmos na direção da racionalidade.

No cerne deste livro, uma das primeiras investigações teóricas a respeito da proibição, apresento uma teoria econômica do tema, a qual define a proibição como um decreto do governo contra a comercialização de um bem ou serviço. Estudos recentes dos decretos contra a cocaína, heroína e maconha sugerem que tais proibições impõem custos severos e são extremamente difíceis de implementar. Além dos custos e dificuldades de implementação, entretanto, argumento que a proibição efetiva é impossível de alcançar, porque as consequências não pretendidas da própria proibição impossibilitam quaisquer benefícios.

A única solução de longo prazo para os problemas produzidos pela "utilização equivocada" de um produto, sustento, é a legalização desse produto. Com a legalização, em oposição à descriminalização e outras formas de intervencionismo governamental, o governo trata o produto ou serviço que é mal utilizado tal como se fosse soja, chips de computador, ou lápis. O mercado é controlado pelo autointeresse e por restrições legais normais, tais como a lei de responsabilidade pelos produtos.

Este livro pode ser considerado como um desafio para os defensores das proibições, para que apresentem uma teoria que descreva os benefícios da proibição. Também pode ser visto como um desafio para aqueles que recomendam que a proibição seja substituída por alguma forma de descriminalização. Embora possa ser uma boa política de transição, a descriminalização (farmácias do governo, alta tributação, multas pesadas, etc.) manteria um mercado negro, é uma política instável e não cria as pré-condições necessárias para reverter ou limitar o abuso das drogas.

Na medida do necessário, utilizei, neste livro, a análise histórica e aplicações da teoria, incorporando as disciplinas da economia, história, criminologia, sociologia e ciência política. Evitei utilizar itens tais como estimativas de elasticidade e análise de regressão, porque são transitórios, desnecessários e proporcionam um falso senso de certeza.

A perspectiva histórica transforma o que poderia parecer como uma posição implausível em outra eminentemente sensível. Os aspectos históricos importantes que examino incluem o papel dos economistas nas proibições, as origens das proibições, a qualidade dos produtos, as taxas de criminalidade e a corrupção política durante as proibições.

Há poucas dúvidas acerca da importância da proibição na história americana e do seu papel nos problemas sociais. A proibição da venda de álcool foi um aspecto crucial do comércio e da tensão com a população indígena nativa. A abstinência (lado a lado com a escravidão) foi o principal movimento de reforma nos Estados Unidos antes da guerra e a proibição era uma questão política determinante nos níveis estatal e local.

Após a Guerra de Secessão, ocorrida entre 12 de abril 1861 e 13 de maio de 1865, o proibicionismo se difundiu, a partir da Nova Inglaterra, para o Oeste e para o Sul. Embora às vezes seja percebido como uma calmaria no percurso para a proibição, o período entre 1860 e 1900 testemunhou o estabelecimento dos elementos basilares para as proibições nacionais bem-sucedidas. A dependência foi descoberta, o partido da Proibição foi formado, grupos tais como a União Cristã Feminina da Abstinência e a Anti-Saloon League [Liga Antibares] foram estabelecidos e diversas proibições contra o álcool, a cocaína, o ópio, a morfina, os jogos de azar e a prostituição foram decretadas nos níveis estaduais e locais.

A Era Progressiva, entre 1900 e 1920 marca o apogeu do proibicionismo norte-americano. Na medida em que os Estados Unidos "progrediram" para se tornarerem uma potência imperial, em parte o fez com base na proibição internacional de narcóticos e com a Harrison Narcotics Tax Act [Lei Fiscal Harrison de Narcóticos] contra os narcóticos. Essa lei também ajudou as indústrias médica e farmacêutica a "progredirem" em direção ao elevado status de monopólio do qual desfrutam atualmente.

A Era Progressiva também testemunhou a proibição do álcool durante a Primeira Guerra Mundial, travada pelos norte-americanos entre 6 de abril de 1917 e 11 de novembro de 1918, e a Proibição Nacional do Álcool, por intermédio da Décima Oitava Emenda à Constituição dos Estados Unidos, promulgada em 16 de janeiro de 1919. Nunca tantos foram tão enganados por tão poucos. A Décima Oitava Emenda e o *Volstead Act* [Lei Volstead], de 28 de outubro de 1919, que estabelecia o mecanismo para o cumprimento da emenda, seriam fatores decisivos e negativos na vida e na cultura norte-americana durante mais de uma década.

O fracasso da Proibição ajudou a removê-la, temporariamente, da atenção pública. Não somente o "nobre experimento" foi um vexame; eventos como a Grande Depressão, iniciada em 29 de outubro de 1929, e a Segunda Guerra Mundial, travada pelos norte-ameircanos entre 7 de dezembro de 1941 e 2 de setembro de 1945, dominaram as preocupações do público. A proibição da maconha em 1937 foi relativamente insignificante – um mero efeito colateral das proibições dos narcóticos e do álcool.

As atuais proibições contra os narcóticos tiveram sua origem na guerra e nas considerações de política externa no Extremo Oriente. Nos anos 1960, considerações de política externa que conduziram à guerra no Vietnã resultaram no aumento do consumo de drogas, com a consequente intensificação da guerra contra as drogas.

Uma lição precoce da história americana é a inequívoca interação entre a guerra, a insobriedade e a proibição. Evitar a guerra talvez seja a coisa mais importante que um governo pode fazer para evitar a insobriedade, a dependência e o abuso das drogas. Inversamente, o abuso das drogas e as proibições correspondem a um custo de longo prazo significativo da guerra.

A história também justifica a conclusão de que é impossível alcançar a proibição no sentido econômico. Legislaturas decretam proibições e estabelecem penalidades e departamentos para forçar o cumprimento das leis. As ações desses departamentos para fazer cumprir os decretos das proibições produzem efeitos e quando uma proibição sobrevive o tempo suficiente para ser cumprida é considerada bem-sucedida em um sentido político. Meu argumento, entretanto, é que as proibições não apresentam um efeito social desejável.

É óbvio que a proibição não deve ser avaliada em comparação com um padrão mais elevado do que outras leis. O assassinato é contra a lei, porém nem todos os assassinos são apreendidos, condenados e punidos. Da mesma forma, esperar que a proibição seja completa ou perfeita não é realista. Em vez disso, a proibição deverá ser avaliada por suas intenções de espírito público, ou seja, reduzir o consumo de um bem para, indiretamente, reduzir problemas sociais (tais como o crime, a destruição do livre-arbítrio e as mortes relacionadas ao uso de drogas) e promover objetivos sociais (vida familiar, democracia, saúde e desenvolvimento econômico).

Na medida em que as proibições resultam em aumento de preços, elas produzem aumento da criminalidade e da corrupção política. Preços mais elevados por um produto proibido também resultam na substituição por produtos relacionados e na introdução de substitutos mais perigosos. Produtos proibidos tendem a ser mais perigosos do que substitutos legais em muitos aspectos, como resultado da proibição, e não pelo produto em si. Portanto, assumir que penalidades mais severas ou o aumento dos esforços para o cumprimento da lei resultará na substituição dos produtos proibidos por produtos legais corresponde a chegar a uma conclusão inválida. Proibições contra drogas produzem um aumento da potência. Assim, o pressuposto de que preços mais elevados conduzem aos objetivos da proibição não tem fundamento. Dadas todas essas considerações, o caso em prol da proibição permanece sem fundamento mesmo que exista uma conexão indireta entre o consumo de certos produtos e problemas sociais.

A tentativa de entender toda ação humana (e não somente as atividades comerciais) como racional representa uma revolução no pensamento. Aplicada a decisões sobre políticas, esta revolução é chamada de Teoria da Escolha Pública, e a partir desta perspectiva, é inaceitável apresentar a proibição como uma política social ignorante, irracional ou impossível.

Os economistas agora suspeitam que quaisquer perdas líquidas para a sociedade, produzidas pelas políticas do governo, são o resultado da prática de *rent-seeking*[1] em vez da ignorância, ou

---

[1] A prática de *Rent-seeking* pode ser resumidamente descrita como a tentativa de auferir ganho sem acrescentar valor, seja por meio da taxação de um bem antes gratuito (cobrança

de irracionalidade por parte dos formuladores de políticas. A busca de rendimentos é a busca de um privilégio ou de um ganho pessoal por meio do processo político. A prática de *rent-seeking* é distinta da corrupção por ser legal, enquanto a corrupção não é.

A história revela que as proibições são, de fato, exemplos clássicos da cooptação das intenções de espírito público por parte dos que buscam auferir rendimentos dentro dos processos políticos, explicando assim a existência do que, à primeira vista, parecem ser políticas irracionais.

Este método baseado na racionalidade para o estudo da ação humana foi chamado de praxiologia pelo economista austríaco Ludwig von Mises (1881-1973). Seu discípulo F. A. Hayek (1899-1992), ganhador, em 1974, do prêmio Nobel de Economia, chamou-o de lógica da escolha. Economistas contemporâneos reconhecerão esta abordagem como tendo sido desenvolvida por Gary S. Becker (1930-2014), professor na Universidade de Chicago e laureado, em 1992, com o Nobel de Economia. Outros cientistas sociais, especialmente cientistas políticos, criminologistas e psicólogos, sem dúvida reconhecerão esta abordagem baseada na racionalidade como uma que se tornou parte de suas próprias disciplinas.

Embora esse resultado seja não intencional da minha parte, este livro mostrar-se-á, para muitos, ameaçador. Alguns rotularão a teoria que contém como doutrinária, apologética, capitalista ou liberal. Especialistas poderão considerá-la deficiente por negligenciar o papel da dependência ou por não levar em consideração certas estimativas da elasticidade, composições químicas específicas ou o papel que circunstâncias incomuns desempenharam em mercados particulares em certos momentos do tempo.

---

de pedágio não associada a nenhuma melhoria realizada na via em questão, por exemplo), ou pela busca de vantagens na competição de mercado por meio da imposição de desvantagens artificiais aos competidores (como a pressão de grupos de interesse sobre órgãos reguladores, para que estes criem reservas de mercado em determinados setores, por exemplo).

De fato, entretanto, muitos dos problemas que economistas e outros cientistas sociais têm enfrentado a respeito da proibição é que eles têm prosseguido com a investigação de mercados específicos sem o benefício de uma teoria geral.

Cabe ainda fazer uma última advertência, que não pode ser enfatizada o suficiente. Os mercados nos quais a proibição tem sido implantada, tais como o jogo, as substâncias tóxicas e a prostituição, têm existido por muito tempo e continuarão a existir muito tempo depois que eu e meu livro tivermos virado pó. A prostituição é a profissão mais antiga do mundo; as pessoas têm utilizado substâncias tóxicas desde que a história pode registrar; e homens e mulheres são criaturas que assumem riscos e que gostam de se divertir. A maior parte dos seres humanos vivem para o lazer, e não para o trabalho. O trabalho é meramente um meio para um fim.

Não importa o quão deploráveis possam parecer, para alguns, as atividades elencadas acima constituem "lazer" para outros. O único método consistentemente bem-sucedido para incrementar os padrões de lazer para patamares mais elevados é permitir que ocorra o desenvolvimento econômico. Indivíduos que utilizam certos produtos ou atividades para a autodestruição enfrentam problemas muito piores do que aqueles que são visíveis. A proibição dessas drogas ou serviços exercerá pouco impacto em tais casos.

Também é importante reconhecer que os problemas nesses mercados (doenças, fraudes, famílias desestruturadas e assim por diante) não são o resultado da falta de envolvimento do governo. Na verdade, esses mercados têm se caracterizado historicamente pelo extenso envolvimento do governo anteriormente ao estabelecimento da proibição.

Espera-se que este livro possa estimular o debate, nas comunidades tanto acadêmica quanto política, mesmo entre aqueles que discordam com alguns de seus aspectos, e que esse debate possa nos conduzir a uma política pública mais racional.

CAPÍTULO I

Os Economistas e a Proibição

"Sustento que não há nada de muito equivocado com a metodologia econômica padrão tal como está apresentada no primeiro capítulo de quase todos os livros-texto de teoria econômica; o que está errado é que os economistas não praticam aquilo que apregoam".

— Mark Blaug (1927-2011),
The Methodology of Economics

DADO QUE ECONOMISTAS TÊM LIDERADO a batalha contra a proibição das drogas, a maior parte das pessoas ficaria surpresa em saber que eles desempenharam um papel importante no estabelecimento e na defesa da proibição do álcool nos anos 1920. Ainda é uma questão em aberto se os economistas influenciaram a opinião pública ou se a espelharam, mas a relação entre os economistas e a proibição proporciona percepções interessantes a respeito da

30 • MARK THORNTON

profissão de economista, das origens da Proibição e do debate corrente a respeito da legalização das drogas.

Em anos recentes, economistas têm liderado a luta para legalizar – na verdade, para relegalizar – as drogas. O economista Milton Friedman (1912-2006), laureado, em 1976, com o prêmio Nobel, tem sido o franco líder das forças em prol da relegalização. Sua carta aberta para o "Czar das Drogas" William J. Bennett, publicada no *Wall Street Journal*, é apenas sua última investida contra o estabelecimento das proibições[2]. Friedman começou sua batalha na década de 1960, ao escrever na *Newsweek* que a proibição das drogas era ineficiente e que havia abordagens mais racionais e prudentes para o problema do abuso das drogas. Juntamente com sua esposa, Rose Friedman (1910-2009), ele atacou posteriormente a proibição das drogas em *Free to Choose*[3] [*Livre para Escolher*] e *Tyranny of the Status Quo*[4] [*Tirania do Status Quo*], relacionando o dano que ela provoca com a experiência da proibição do álcool nos anos 1920. Os membros do casal Friedman são observadores cuidadosos da história que se opõem à proibição das drogas em bases tanto éticas quanto práticas.

Um dos antigos colegas de Milton Friedman na Universidade de Chicago, o já sitado Gary S. Becker, também se posicionou firmemente contra a proibição das drogas na mídia popular[5]. Seu apoio da relegalização das drogas é significativo por causa de seu status na profissão, devido a seu potencial como ganhador

---

[2] Ver: FRIEDMAN, Milton. "An Open Letter to Bill Bennett". *Wall Street Journal*, September 1989.

[3] FRIEDMAN, Milton & FRIEDMAN, Rose. *Free to Choose: A Personal Statement*. New York: Harcourt Brace Jovanovich, 1980. [Em língua portuguesa a obra esta disponível na seguinte edição: FRIEDMAN, Milton & FRIEDMAN, Rose. *Livre Para Escolher: Um Depoimento Pessoal*. Trad. Ligia Filgueiras. Rio de Janeiro: Record, 2015.]

[4] FRIEDMAN, Milton & FRIEDMAN, Rose. *Tyranny of the Status Quo*. San Diego: Harcourt Brace Jovanovich, 1984. [O livro foi lançado em português na seguinte edição: FRIEDMAN, Milton & FRIEDMAN, Rose. *Tirania do Status Quo*. Trad. Ruy Jungmann. Rio de Janeiro: Record, 1985.]

[5] Becker, Gary S. "Should Drug Use Be Legalized?" *Business Week*, August 17, p. 2, 1987.

de um prêmio Nobel de Economia. Becker argumenta que a proibição não está proporcionando resultados e que os custos ultrapassam em muito os benefícios. Ele fundamenta seu posicionamento tanto em achados atuais quanto em sua própria pesquisa teórica. Becker é a principal autoridade corrente e defensor do pressuposto de racionalidade com relação ao estudo do comportamento humano. Dentre seus inúmeros trabalhos analisando a economia do comportamento humano, figura o artigo acadêmico, publicado com Kevin Murphy, "A Theory of Rational Addiction" [Uma Teoria da Dependência Racional][6], no qual a dependência é modelada como um comportamento racional.

Outro importante economista a anunciar seu apoio à legalização é o ex-Secretário de Estado George Shultz. Visto que Shultz era um membro-chave da administração de Ronald Reagan (1911-2004), sua declaração pública tem sido um testemunho importante no debate a respeito da política de drogas. A postura pró-legalização de William F. Buckley, Jr. (1925-2008), e a conversão de Shultz à legalização, sinalizam um importante ponto de virada no pensamento conservador.

Uma pesquisa realizada entre economistas indica que a maioria se opõe à proibição e favorece uma reorientação da política na direção da descriminalização. Economistas que se especializam em teoria monetária e finanças públicas são mais propensos a apoiar a descriminalização, enquanto especialistas na administração de negócios estão mais propensos a defender a proibição. Economistas que trabalham no setor privado costumam apoiar a descriminalização, enquanto economistas do governo inclinam-se mais a apoiar a proibição. É importante notar que os economistas situam-se esmagadoramente no grupo demográfico que exibe o maior apoio pela legalização dentro do público em geral (meia idade, sexo masculino, altamente educados, renda superior, judeus ou não-religiosos). A

---

[6] BECKER, Gary S. & MURPHY, Kevin M. "A Theory of Rational Addiction". *Journal of Political Economy*, Vol. 96 (August 1988): 675-70.

maior parte dos formados pelos principais programas de pós-graduação e a maior parte dos economistas treinados nas tradições da Escola de Chicago, da Teoria da Escolha Pública ou da Escola Austríaca de Economia apoiam a descriminalização das drogas ilegais[7].

A crescente importância da proibição e o aumento do interesse pelo tema levou alguns economistas a incluírem, em seus livros-texto, discussões sobre as leis contra o álcool, as drogas, o jogo e a pornografia. Geralmente comedidos e politicamente neutros, diversos autores de livros-texto de economia assumiram uma posição cética com respeito a todas as proibições. Edwin G. Dolan e John C. Goodman apresentam "receios aumentados em razão da eficiência, igualdade e liberdade"[8]. Robert B. Ekelund e Robert D. Tollison verificam que "a análise econômica lança dúvidas a respeito dos efeitos de direcionar mais recursos para o cumprimento da lei sem uma análise cuidadosa das prováveis consequências de tais programas", e sugerem que "os gastos do governo seriam melhor direcionados para o lado da demanda do problema"[9]. Da mesma forma, Richard McKenzie e Gordon Tullock (1922-2014) advertem a respeito da proibição. Eles verificam que "os custos para o cumprimento da lei deveriam, talvez, ser levados em consideração agora, na avaliação da eficácia das leis contemporâneas contra as drogas pesadas ou a pornografia"[10]. McKenzie e Tullock também afirmam que os economistas sempre têm estado de acordo contra a proibição e têm estado

---

[7] THORNTON, Mark. A. "Economists on Illegal Drugs". *Atlantic Economic Journal*. Volume 23, Number 2 (June 1991): 73.

[8] DOLAN, Edwin G., & GOODMAN, John C., *Economics of Public Policy*. St. Paul: West Publishing, 1989. p. 35.

[9] EKELUND, Robert B., Jr., & TOLLISON, Robert D. (1942-2016), 1988. *Economics*. Glenview: Scott, Foresman, 1988. p. 108. As conclusões de Ekelund e Tollison são baseadas em parte em uma versão anterior do capítulo 4 deste livro, lançada como: THORNTON, Mark. "The Potency of Illegal Drugs". Manuscript. Auburn: Auburn University, 1986.

[10] MCKENZIE, Richard B., & TULLOCK, Gordon. *The Best of the New World of Economics*. Homewood: Richard D. Irwin, 1989. p. 7.

cientes dos custos enormes, como se alertados por algum modelo econômico padrão:

> Se os defensores da proibição tivessem consultado os economistas, *estamos certos* de que lhes teriam dito que a lei seria de implementação muito difícil e cara. Com esta advertência, poderiam ter decidido não empreender o programa de elevação moral[11].

É verdade que os economistas estavam substancialmente de acordo durante os anos de formação da proibição nacional do álcool. Mas se posicionavam a favor, e não contrariamente a ela.

1 - As Origens da "Economia" da Proibição

Economistas ajudaram a estabelecer o argumento em prol da proibição durante a Era Progressiva, uma época na qual profissionalizavam sua disciplina e quando um movimento em direção ao socialismo e ao intervencionismo governamental, promovido pela Escola Historicista Alemã, deslocava a perspectiva liberal clássica para a economia política. Membros da Escola Historicista Alemã rejeitavam a teoria econômica em favor do estudo da história e das instituições. Herdeira da filosofia romântica alemã (determinismo hegeliano), a Escola defendia a utilização das leis como meios para a reforma social.

Formados pela Escola Historicista Alemã, principalmente Richard T. Ely (1854-1943), fundaram a American Economic Association [Associação Americana de Economia] em 1890. A associação foi moldada segundo as associações acadêmicas alemãs que estavam aliadas ao Estado alemão. Muitos economistas orientados para o mercado ameaçaram boicotar a nova organização, devido a seu aparente viés político. Uma vez que sua declaração de princípios

---

[11] Idem. *Ibidem*, p. 7. Grifo do autor.

34 • MARK THORNTON

socialista foi abandonada, entretanto, a associação foi amplamente aceita.

Muitos dos membros fundadores cresceram em lares puritanos do pietismo pós-milenarista[12]. Durante seus anos de estudos universitários, muitos se tornaram ateus, substituindo a abordagem religiosa de seus pais por uma abordagem secular para o perfeccionismo. Alguns, como Richard T. Ely, adotaram uma posição pró-socialista, enquanto outros, como John Bates Clark (1847-1938), adotaram uma perspectiva evolutiva segundo a qual "um devora o outro" a respeito do capitalismo. Eles compartilhavam de uma perspectiva evangélica e da forte rejeição de produtos tais como o álcool[13].

Um dos membros fundadores da associação e um dos principais defensores da proibição era Simon N. Patten (1852-1922). Patten era um desajustado. Padecendo de problemas de visão e de uma saúde fraca, era inadequado para atividades tradicionais e considerado a ave rara de sua próspera família. Nascido em um lar puritano ianque tradicional, Patten tornou-se um intelectual agnóstico. Após muitos contratempos em sua vida, foi para a Alemanha, onde foi treinado por um líder da Escola Historicista Alemã, Karl Knies (1821-1898). Ao retornar ao Estados Unidos, não conseguiu encontrar emprego até que foi contratado por colegas partidários do protecionismo e amigos na Wharton School da Universidade da Pensilvânia.

---

[12] Os pietistas pós-milenaristas acreditam que haverá um reino de Deus que durará mil anos sobre a Terra e que o homem tem a responsabilidade de estabelecer as condições necessárias como uma pré-condição para o retorno de Jesus Cristo.

[13] Em uma passagem sóbria, Simon Newcomb (1835-1909) utilizou o consumo de álcool (i.e., "a gratificação do apetite mórbido") para distinguir corretamente entre a esfera dos moralistas e o papel dos economistas políticos – separar "as questões totalmente diferentes [...] de se um fim é bom e como um fim pode ser melhor alcançado". Newcomb sugere que o "economista poderia dizer em conclusão" que não conhece "nenhuma maneira por meio da qual um homem poderia ser levado a aceitar aquilo que deseja menos preferencialmente àquilo que deseja mais, exceto por restrição positiva". Ver NEWCOMB, Simon. *Principles of Political Economy*. New York: Augustus M. Kelley, 1966 [1886]. p. 11-13.

A. W. Coats (1924-2007) descreve Patten como original e idiossincrático, com suas publicações inusuais e excêntricas. As contribuições de Patten "eram interessantes, porém intrigantemente singulares e assistemáticas, apesar de sua consciência a respeito dos custos do crescimento e preocupação pelo meio-ambiente anteciparem as ansiedades do final do século XX"[14]. Apesar de seus extensos escritos e de seu papel como fundador (e posteriormente presidente) da American Economic Association, Patten é recordado não por causa de suas teorias, mas por suas "profecias".

Uma dessas profecias foi o advento da proibição do álcool nos Estados Unidos. Patten era um pluralista e acreditava que uma política não é nem totalmente boa, nem totalmente má, e que uma dada política poderia muito bem ser boa para um país, porém desastrosa para outro. Escreveu, em 1890, que a proibição do álcool seria uma política boa para os Estados Unidos e que a abstinência seria o resultado inevitável da competição evolutiva.

Pela perspectiva evolutiva de Patten, a proibição era desejável e inevitável. Patten fundamentou sua conclusão em três fatores principais: (1) a severa variação climática nos Estados Unidos resulta em um consumo de álcool intenso e irregular; (2) o costume do "tratamento" nos Estados Unidos tem como resultado que as pessoas consomem uma maior quantidade e variedade de bebidas alcoólicas do que se tivessem se baseado unicamente em suas próprias decisões; (3) o avanço tecnológico resultou na produção de bebidas alcoólicas de maior potência e qualidade inferior. Todas essas três condições se davam em relação às condições na Alemanha, onde Patten foi treinado e onde a proibição era, aparentemente, desnecessária.

Patten parece argumentar que a proibição deve ser adotada para que possamos "sobreviver". Pessoas moderadas irão "superar"

---

[14] COATS, A. W. "Simon Newton Patten". *In*: EATWELL, John; MILGATE, Murray & NEWMAN, Peter (Eds.). *The New Palgrave: A Dictionary of Economics*. London: Macmillan, 1987. p. 818-19.

as sociedades de alto índice de consumo de bebidas em termos de longevidade, prodígio e riqueza. Sociedades moderadas superarão as destemperadas porque uma dada quantidade de terra pode sustentar duas pessoas moderadas ou um só bebedor pesado. Os Estados Unidos irão declinar, dado que o solo é exaurido na tentativa de sustentar uma nação de bêbados. Para Patten, a proibição é um grande campo de batalha evolutivo porque os Estados Unidos devem se tornar sóbrios para poder sobreviver e prosperar:

> Separe o bom do mau na sociedade, e você retira do mau muitas das restrições que o afastam do crime. Desta forma, toda medida que torna o bom melhor, torna o mau pior. Quanto mais nítidas as linhas que separam essas duas classes, mais os bons progridem e mais rapidamente os maus irão percorrer seu caminho descendente. Com a proibição é mais fácil ser bom e mais perigoso ser mau[15].

Para Patten, o álcool é um produto que não apresenta equilíbrio no consumo. Ou se é bom e se abstém do álcool, ou se torna um bêbado e se autodestrói. Patten chegou a apresentar uma primeira versão da teoria da escalada no uso de drogas (isto é, o consumo de maconha leva ao vício em heroína) quando se referiu às

> [...] séries graduadas de bebidas encontradas em todos os bares, pelas quais o bebedor passa gradualmente para bebidas mais fortes já que as mais fracas perdem seus atrativos. Esta tendência divide a sociedade em duas partes, e força os respeitáveis a reunirem-se em uma compacta oposição a todo o consumo de bebidas alcoólicas. Quanto mais nítida se torna esta competição, mais têm a ganhar os abstêmios. Pouco a pouco, sua vantagem econômica aumentará sua força, até que sua influência moral irá manter o

---

[15] PATTEN, Simon N. *The Economic Basis for Protectionism*. Lippincott: Arno Press, 1973 [1890]. p. 65.

bebedor longe do bar e seu poder político tomará o bar do bebedor[16].

Patten conecta praticamente todos os problemas da sociedade moderna (reais e imaginários) à embriaguez. Sua obsessão com a embriaguez é indicada pela sua conclusão de certo modo confusa na primeira publicação em inglês:

> O aumento da embriaguez e de outros vícios físicos que têm acompanhado o progresso moderno são o resultado da divisão do trabalho estendida, a qual destrói a capacidade tanto de produzir quanto de desfrutar a maior parte dessas coisas que são fontes de prazer para o homem em um estado isolado. Podemos obter as vantagens derivadas da divisão do trabalho sem perder a capacidade de desfrutar de todos os tipos de produtos somente educando todas as faculdades do homem de tal forma que terá essa independência e todas aquelas fontes de prazer que o homem isolado desfruta. Ademais, essas qualidades que aumentam as fontes de prazer são as mesmas por meio das quais o campo de emprego é aumentado e a tendência da superpopulação é reduzida, e somente quando a educação tiver desenvolvido todas as qualidades em todos os homens poderemos esperar que esta tendência se torne tão inofensiva a ponto de que todos os homens possam aproveitar os prazeres de um estado isolado juntamente com a eficiência da civilização moderna. Fim[17].

Com base neste argumento, Patten elaborou a justificação econômica para a proibição e ajudou a estabelecer a agenda do álcool dos economistas norte-americanos. Assim como William

---

[16] Idem. *Ibidem*, p. 67-68.

[17] PATTEN, Simon N. *The Premises of Political Economy: Being a ReExamination of Certain Fundamental Principles of Economic Science*. New York: Augustus M. Kelley ,1968 [1885]. p. 244.

Graham Sumner (1840-1910) e John Bates Clark, ele percebia que a sobrevivência dos mais aptos eventualmente eliminaria a embriaguez da sociedade. O viés intervencionista na sua educação, entretanto, impeliu Patten a concluir que a proibição combinada com a competição evolutiva levariam aos resultados desejados (abstinência total) muito mais rapidamente do que a evolução por si só[18].

2 - EM DEFESA DA PROIBIÇÃO

Um importante economista norte-americano, Irving Fisher (1867-1947), foi o campeão da Proibição na profissão. Ele organizou uma mesa redonda sobre o tema nos encontros da American Economic Association em 1927. Foi aqui que afirmou que, apesar de uma busca exaustiva, fora incapaz de encontrar um só economista que pudesse falar contra a Proibição.

Consegui uma lista de economistas que supostamente se opõem à Proibição e escrevi para eles; todos responderam ou que eu estava equivocado em pensar que eram opositores da proibição, ou que, se fossemos confinar a discussão à economia da Proibição, não se importariam em responder. Quando descobri que não teria nenhum palestrante representando o ponto de vista oposto, escrevi para todos os economistas norte-americanos listados na "Minerva"

---

[18] BOSWELL, James Lane. *The Economics of Simon Nelson Patten*. Philadelphia: Press of the John C. Winston Company, 1934. p. 48. Ver também: FOX, Daniel M. *The Discovery of Abundance: Simon N. Patten and the Transformation of Social Theory*. Ithaca: Cornell University Press, 1967. p. 104-05. A maior parte dos economistas norte-americanos dessa época adotaram uma visão sombria do consumo de álcool. É interessante observar que Thorstein Veblen (1857-1929) construiu seu conceito de "consumo conspícuo" em parte com base em bens tais como álcool, tabaco e narcóticos.

OS ECONOMISTAS E A PROIBIÇÃO • 39

e todos os professores de estatística norte-americanos. Não recebi aceitação de nenhum deles[19].

Contrariamente à crença de McKenzie e Tullock, se os apoiadores da proibição do álcool tivessem perguntado aos economistas a respeito do assunto, eles teriam sido vivamente encorajados.

Em 1926, Irving Fisher transmitiu uma visão otimista, quase utópica, em prol da eliminação do veneno da bebida e dos problemas frequentemente associados ao consumo de álcool. Os anos 1920 foram uma época de grande otimismo e Fisher foi o que melhor descreveu o otimismo no que diz respeito à Proibição:

> A Proibição veio para ficar. Se não for imposta, suas bênçãos se transformarão rapidamente em uma maldição. Não há tempo a perder. Embora as coisas estejam muito melhores do que antes da Proibição, com a possível exceção do respeito pela lei, elas podem não permanecer assim. A sua aplicação curará o desrespeito pela lei e outros males dos quais há queixas, assim como também aumentará enormemente o bem. A Proibição americana entrará então para a história inaugurando uma nova era no mundo, de cuja realização esta nação poderá se orgulhar para sempre[20].

O apoio acérrimo de Fisher à Proibição ajudou a isolar a política das críticas. Ele escreveu três livros sobre a Proibição, nos quais seu status acadêmico e sua objetividade camuflaram discretamente seu ávido apoio[21]. Ele promoveu as afirmações de que a

---

[19] FISHER, Irving et al. "The Economics of Prohibition". *American Economic Review*: Supplement 17 (March 1927): 5-10. Cit. p. 5.

[20] FISHER, Irving. *Prohibition at Its Worst*. New York: Alcohol Information Committee, Rev. ed., 1927. p. 239.

[21] As principais contribuições de Fisher para o estudo da Proibição, além do já citado *Prohibition at Its Worst* inclue a seguinte obra: FISHER, Irving. *The "Noble Experiment"*. New York: Alcohol Information Committee, 1930. Uma biografia de Irving Fisher escrita por seu filho, Irving Norton Fisher (1900-1978), entra em detalhes a respeito da abordagem ativista

Proibição reduziria a criminalidade, melhoraria o tecido moral da sociedade, e aumentaria a produtividade e o padrão de vida. De fato, sustentou que a Proibição foi em parte responsável pela prosperidade econômica dos Felizes Anos Vinte.

Irving Fisher, um gênio em muitos aspectos, nasceu em uma família protestante de origem puritana. Seu pai, George Whitefield Fisher (1833-1884), foi pastor e graduado pela Yale Divinity School e sua mãe, Ella Wescott (1846-1929), foi ao menos tão fervorosa quanto seu pai. A morte de seu pai e de seus dois irmãos mais velhos, Cora Fisher (1864-1873) e Lincoln Fisher (1866-1866), assim como sua própria saúde deteriorada, exerceram um forte impacto em suas visões a respeito da política social. Ele apoiava qualquer coisa, como por exemplo a Proibição, que pudesse aumentar a expectativa de vida.

Aparentemente, o ateísmo de Fisher o colocaria em conflito com os reformadores religiosos, os principais apoiadores da Proibição. Entretanto, embora Fisher tenha abandonado a crença em Deus e a religião, permaneceu convencido das doutrinas e métodos do protestantismo evangélico pós-milenista. Os homens devem trabalhar em prol dos objetivos da moralidade, progresso e ordem enquanto estão nesta terra, acreditava, e o governo deve ser o principal instrumento da civilização. O método seria subordinado à realização dos fins desejáveis. Este panorama tipificaria seu trabalho em economia e política social. "Os homens não podem gozar dos benefícios da liberdade civilizada sem restrições. A Lei e a Ordem devem prevalecer, caso contrário a confusão ocupará o seu lugar e, com o advento da Confusão, a Liberdade desaparece"[22].

Fisher era muito proficiente em matemática e ajudou a se sustentar através de bolsas, competições acadêmicas e aulas particulares. Sua dissertação foi um exercício de reconstrução

---

de Fisher para os problemas sociais. FISHER, Irving Norton. *My Father, Irving Fisher*. New York: Comet Press, 1956.

[22] FISHER, Irving Norton. *My Father, Irving Fisher. Op. cit.*, p. 13.

teórico-matemática da teoria da utilidade baseada fortemente no método de Léon Walras (1834-1910).

A tese foi aplaudida por Francis Ysidro Edgeworth (1845-1926), que chegou a repudiar aspectos da própria teoria após ler o trabalho de Fisher. Vilfredo Pareto (1848-1923) escreveu a Fisher uma carta de oito páginas na qual se expressou desdenhosamente a respeito dos "adversários dos métodos matemáticos" e elogiou a distinção de Fisher entre a utilidade "daquilo que não pode ser útil e daquilo que é realmente útil"[23]. Esta foi a distinção que Fisher utilizou posteriormente na análise do consumo de álcool.

Para os admiradores das contribuições mais científicas de Fisher, ele aparece eminentemente científico e objetivo. Seu trabalho sobre a Proibição revela uma fina camada de verniz científico que é importante para avaliar todas as suas contribuições, dado que Fisher era claramente um defensor da intervenção do governo na economia. Uma percepção crucial a respeito de seu ponto de vista é ilustrada por um trecho de seu discurso no Clube Socialista de Yale em novembro de 1941[24]:

> Acredito que [William Graham Sumner (1840-1910)] foi um dos maiores professores que já tive em Yale, porém me distanciei muito de seu ponto de vista, aquele da antiga doutrina do *laissez faire*.
> Recordo que disse em sala de aula: "Cavalheiros, está chegando a época em que haverá duas grandes classes, os Socialistas e os Anarquistas. Os Anarquistas querem que o governo não seja nada, e os Socialistas querem que o governo seja tudo. Não pode haver maior contraste. Bem, chegará a época na qual haverá apenas esses dois grandes partidos, os Anarquistas representando a doutrina do *laissez*

---

[23] A atenção recebida por esta distinção está descrita em: FISHER, Irving Norton. *My Father, Irving Fisher. Op. cit.*, p. 48-50. A resenha de Edgeworth da dissertação de Fisher apareceu na edição de março de 1893 do *Economic Journal*.

[24] Para um maior esclarecimento de Irving Fisher como um socialista do tipo tecnocrata, ver seu discurso presidencial na *American Economic Association* em 1919.

faire e os Socialistas representando a visão extrema do outro lado, e quando esse momento chegar, eu sou um Anarquista".

Isso divertiu muito a sua classe, pois ele estava tão distante de ser um revolucionário quanto você poderia esperar. Porém eu gostaria de dizer que, se esse momento chegar, quando tivermos dois grandes partidos, os Anarquistas e os Socialistas, que sou um Socialista[25].

A posição inicial de Fisher a respeito dos problemas do álcool era que a educação dos jovens seria a melhor solução. O álcool exerce seu fascínio sobre os bebedores, assim como o ópio exerce seu fascínio sobre os dependentes. As gerações mais antigas deveriam ser esquecidas, e todos os esforços deveriam se concentrar na juventude. Em um discurso aos estudantes da Oberlin College na primavera de 1912, ele resumiu seu posicionamento sobre as substâncias entorpecentes:

> Mas qual é a utilização normal dessas coisas (cerveja, uísque, ópio, haxixe e tabaco)? De acordo com o melhor esclarecimento científico que temos sobre essas coisas, o uso normal é absolutamente nenhum, e se é dessa forma, aqueles que percebem isso não deveriam se envergonhar por viver de acordo com seu ideal mais do que deveriam se envergonhar de viver de acordo com os Dez Mandamentos[26].

Em um testemunho perante o Subcomitê sobre a Legislação de Impostos sobre o Álcool e Bebidas Alcoólicas do Distrito de Columbia, em 1912, declarou:

> Após realizar o que acredito ter sido um estudo completamente desinteressado da questão, [...] pessoalmente cheguei muito

---

[25] FISHER, Irving Norton. *My Father, Irving Fisher. Op. cit.*, p. 44.
[26] Idem. *Ibidem*, p. 152-53.

OS ECONOMISTAS E A PROIBIÇÃO • **43**

fortemente à conclusão, com base na estatística assim como também com base na fisiologia, de que o álcool, na medida em que podemos observar seus efeitos, é um mal e não um benefício[27].

Posteriormente, veio a se convencer de que a legislação antibares seria necessária para suplementar os esforços educativos, e se converteu à proibição devido ao "sucesso" das proibições estatais.

Durante a Primeira Guerra Mundial, Fisher ofereceu seus serviços como voluntário no Council on National Defense [Conselho de Defesa Nacional], onde lhe foi atribuída a tarefa de estabelecer a política sobre o álcool em tempos de guerra. Sob a sua direção, este conselho recomendou a proibição em tempos de guerra e zonas secas nos entornos de todos os acantonamentos militares. Os interesses do álcool bloquearam a primeira medida, a qual Fisher apoiava por considerar a guerra como uma excelente oportunidade para experimentar com a proibição. Fisher também supôs que esta derrota proporcionou o ímpeto necessário para implementar a proibição em 1920[28].

Foi como um resultado indireto desta segunda derrotada Proibição em Tempos de Guerra que a Proibição Constitucional ocorreu! Os

---

[27] Idem. *Ibidem*, p. 153-54.

[28] O próprio Fisher considerava a adoção da Emenda da Proibição um ato prematuro. Ele sentia que era necessário mais tempo para alcançar um consenso nacional e para proporcionar educação e a elaboração de políticas. Fisher frequentemente elogiava os benefícios indiretos da Primeira Guerra Mundial, tais como a coleta de estatísticas pelo governo federal, a aprovação da Proibição, a oportunidade para estudar a inflação e os poderosos empregos que se tornaram disponíveis para os economistas. Ver: FISHER, Irving Norton. *My Father, Irving Fisher. Op. cit.*, p. 154; FISHER, Irving. "Abstract of Some Contributions of the War to Our Knowledge of Money and Prices". *American Economic Review*, Volume 8 (March 1918): 257-258; FISHER, Irving. "Economists in Public Service. Annual Address of the President". *American Economic Review*, Volume 9 (March 1919): 5-21; ROTHBARD, Murray N. "World War I as Fulfillment: Power and the Intellectuals". *Journal of Libertarian Studies*, Volume 9 (Winter 1989): 81-125, Esp. p. 115.

cervejeiros descobriram que, involuntariamente, pularam da frigideira para cair no fogo!

A razão foi que os Senadores que tinham aderido à requisição do Presidente Wilson para retirar as cláusulas da Proibição em Tempos de Guerra da Lei dos Alimentos dessa maneira desapontaram e enfureceram tanto seus eleitores sóbrios que esses Senadores viram-se constrangidos a fazer alguma coisa para definir-se corretamente[29].

Os livros de Fisher sobre a Proibição são análises empíricas das estatísticas sociais tais como consumo de álcool, atividade criminosa, e saúde. Em seu primeiro livro sobre a temática, *Prohibition at Its Worst* [*Proibição em seu Pior*], de 1926, Fisher falou por si mesmo e foi o mais conflituoso. Em *Prohibition Still at Its Worst* [*Proibição Ainda em seu Pior*] de 1928 e *The "Noble Experiment"* [*O "Experimento Nobre"*] de 1930, ele substituiu seu estilo por uma abordagem aparentemente mais equilibrada na qual apresentou os pontos de vista de consumidores de álcool e de abstêmios sobre vários assuntos e pontos empíricos.

No primeiro livro, Fisher expôs seus pressupostos, ou "grandes fatos" que constituíram seu plano geral de análise. Tinha o objetivo de mostrar que a Proibição foi implementada de maneira imperfeita, que seus resultados não eram tão maus quanto o que era relatado e que tinha, de fato, realizado muitas coisas boas. Considerou como uma ilusão o argumento da liberdade pessoal contra a Proibição. Ademais, argumentou que o *Volstead Act* não poderia ser emendado sem violar a Décima Oitava Emenda, que a Décima Oitava Emenda não poderia ser revogada e que a sua nulificação seria o pior possível desrespeito à lei. Finalmente, asseverou que a "única solução prática é executar a lei"[30].

Grande parte dos trabalhos de Fisher envolve disputas a respeito de estatísticas. Apesar disso, pode ser creditado em

---

[29] FISHER, Irving. *Prohibition at Its Worst. Op. cit.*, p. 10-12.
[30] Idem. *Ibidem*, p. 18-19.

grande medida pelo desenvolvimento das principais questões concernentes à proibição, por organizar o debate entre "wets" e "dries"[31] e por estabelecer os critérios através dos quais as proibições futuras seriam julgadas. Um exame detalhado dos trabalhos de Fisher sobre a proibição demandaria, em si mesmo, um tratamento do tamanho de um livro. Uma crítica de algumas das conclusões e sugestões de Fisher, entretanto, proporciona uma amostra de suas deficiências.

Em escritos posteriores, Fisher se desculpou por ter falhado em reconhecer os méritos da proibição privada. Antes da virada do século, era usual que empregadores fornecessem rações de álcool a seus empregados durante o trabalho. Após 1900, a maior parte dos fabricantes, com seus processos de produção complexos e perigosos, acabaram com as rações de álcool, frequentemente substituindo-as por regras contra a bebida. Essas mudanças aconteceram em uma época na qual tribunais e legislaturas estatais responsabilizavam cada vez mais os empregadores por acidentes com os empregados.

Fisher parecia confuso com a distinção entre a proibição pública e privada, e pelo apoio dos "wets" à proibição privada, porém não àquela decretada pelo governo. O fato de que mudanças na economia tornaram a proibição privada econômica para alguns empregadores parecia desorientá-lo. Posteriormente, ele admitiu que as proibições privadas eram mais eficientes do que a lei.

> Em grande parte, devido às penalidades da compensação aos trabalhadores e às leis de responsabilidade dos empregadores, e por considerações de exigências de produção, a situação resultou em uma modalidade de Proibição, imposta de forma privada, mais

---

[31] Nos Estados Unidos durante a década de 1920, o termo *"wets"* denotava as pessoas que eram contrárias à proibição, enquanto *"dries"* se referia àqueles que a apoiavam. (N. T.)

rigorosa do que a incorporada na Décima Oitava Emenda ou no *Volstead Act*[32].

Isto não somente sugere que Fisher estava, em parte, cego em relação ao processo de mercado, mas também debilita a análise empírica presente em seus trabalhos e nos trabalhos de outros. Os resultados desejáveis da proibição privada e das políticas de emprego não podem ser atribuídas à Proibição.

Fisher sentia que a opinião pública respaldava firmemente a Proibição devido à mecanização cada vez maior na sociedade. Ele argumentava que a maquinaria e os automóveis não poderiam ser utilizados de maneira segura após o consumo de álcool. Este argumento, contudo, não é melhor do que defender a proibição dos carros sem considerar os custos envolvidos e as soluções alternativas. Fisher também argumentou que outros sistemas, tais como aqueles adotados no Canadá (dispensório do governo) e na Grã-Bretanha (taxação e regulamentação) eram piores, ou pelo menos não melhores do que a Proibição. Aqui, ele estava comparando suas percepções de como os sistemas estrangeiros funcionariam na prática com sua percepção de como seria a Proibição americana caso fosse "imposta adequadamente".

Fisher argumentava que o consumo de álcool diminuiu durante a Proibição, e diversas estimativas apoiam a ideia de que o consumo per capita de álcool de fato declinou. Contudo, diversas questões importantes – o quanto o consumo diminuiu? Quais foram todas as causas dessa diminuição? Como os padrões individuais de consumo mudaram? Que tipo de álcool era consumido? E o que aconteceu com o consumo de substitutos? – permaneceram em grande parte sem resposta e mesmo não indagadas. Fisher também defendia que a queda no consumo de álcool promovia o progresso econômico. Embora a afirmação de que a Proibição causou a prosperidade econômica dos anos 1920 tenha sido

---

[32] FISHER, Irving. *The "Noble Experiment". Op. cit.*, p. 443.

descartada com o advento da Grande Depressão, suas crenças a respeito da produtividade industrial e o absenteísmo ainda são utilizadas para inflar tanto as estimativas de perdas econômicas devido ao uso de drogas quanto os benefícios potenciais da proibição.

Discutindo os substitutos para o álcool, Fisher se concentrou nas indústrias de automóveis, rádio e cinematográfica. Em uma passagem que mais se parece com um sermão do que um tratado de economia, ele observou que a maior especialização na economia (aparentemente também uma contribuição da Proibição) possibilitava o alívio da miséria. Ele considerava todos os substitutos para o álcool como sendo bons e ignorava completamente o fato de que tais substitutos geralmente resultavam em menos valor para o consumidor e poderiam resultar em um tipo de substituto que o próprio Fisher lamentaria. De acordo com as referências limitadas aos narcóticos em seus escritos, Fisher aparentemente acreditava que a Proibição tinha reduzido a venda de narcóticos e que estes poderiam não ser tão prejudiciais quanto o álcool.

Fisher teve a percepção de que a Proibição funcionara melhor do que poderia ser esperado "higienicamente, economicamente e socialmente". O principal problema foi ter sido mal aplicada, particularmente nas grandes cidades. Ele alegava que a Proibição funcionou onde foi implementada de maneira adequada. Fisher apoiava uma reorganização completa da aplicação em todos os níveis, a contratação de melhores funcionários responsáveis pela aplicação e grandes aumentos nos gastos para a implementação.

Em sua última contribuição sobre a Proibição, lançada em 1930, de forma não característica, Fisher comprometeu-se com os "wets" ao apoiar o "direito" à produção e consumo caseiros. Afirmou que legalizar a produção caseira reduziria as necessidades para a aplicação da lei e eliminaria o argumento da liberdade pessoal do debate público. Não está claro se Fisher utilizou isto como um último esforço para salvar a Proibição ou se percebeu sua futilidade. Admitiu que tal modificação diminuiria o número de opositores da Proibição em "milhares, senão milhões" e permitiria que a imposição da lei pudesse se concentrar nos contrabandistas sem comprometer o fechamento dos bares. Ele também fez uma declaração admitindo a inviabilidade da Proibição: "Ademais, é absurdo esperar que a produção caseira possa ser impedida pelos oficiais da imposição da lei"[33]. Tanto a admissão da inviabilidade quanto o compromisso são declarações singulares de Fisher e aparecem somente na última página de seu último livro sobre a Proibição[34].

A metodologia de Fisher não era apropriada para um tratamento adequado da proibição, particularmente quando combinada com seu zelo de inclinação religiosa para eliminar o uso de álcool e aumentar a expectativa de vida. Em termos teóricos, Fisher começou com a distinção entre desejos (demanda) e a obtenção de real satisfação. Sua impaciência pessoal, sua preocupação a respeito da mortalidade e seu interesse em eugenia e em engenharia genética podem ter contribuído para sua distinção entre desejo e consecução de valor.

> Um dos pontos que vejo com satisfação ao olhar para trás é que repudiei a ideia de William Stanley Jevons (1835-1882) de que a economia estaria preocupada com um "cálculo do prazer e da dor" e insisti que há uma grande distinção entre desejos e suas satisfações, e que a economia lida apenas com desejos, na medida em que diz respeito à influência dos preços de mercado.

---

[33] Idem. *Ibidem*, p. 454

[34] Por volta de 1933, Irving Fisher deve ter ficado completamente desalentado com o curso dos eventos. Uma nova era de proibição e do gerenciamento científico da economia – uma prosperidade permanente – tinha desabado à sua volta. Não somente a Proibição fora rejeitada e a economia devastada pela Grande Depressão, mas ele também perdeu sua fortuna pessoal devido a seus próprios conselhos relativos ao mercado de ações. Em relação ao álcool, ele voltou sua atenção para o movimento da abstinência publicando três edições de um livro sobre os males do consumo de álcool.

Entretanto, devemos estar mais interessados na verdade do que em quem deseja o crédito por alcançá-la primeiro. Desde meus seis anos de doença, tornei-me muito mais interessado em promover a verdade do que em reivindicar crédito ou mesmo em contribuir para o conhecimento. Já há tanto conhecimento que foi atingido e que ainda não é aplicado que frequentemente me posicionei para trabalhar em prol de voltar a atenção dos outros para este conhecimento.

Hoje, gostaria de ver um estudo, em parte econômico e em parte psicológico, mostrando como o animal humano, seguindo seus desejos, frequentemente perde satisfações ao invés de atingi-las. O principal exemplo são os narcóticos[35].

Não importa o quão real ou importante seja a distinção entre desejo e consecução de satisfação, economistas como Joseph Schumpeter (1883-1950) descobriram que, no caso de Fisher, "o estudioso foi enganado pelo cruzado". Ou, conforme observado por G. Findlay Shirras (1885-1955), "a desvantagem de uma mente completamente racional consiste em ser muito inclinada a presumir que aquilo que é impecável na lógica é, portanto, praticável"[36].

Fisher estava muito mais inclinado a se basear nos "fatos" e nas estatísticas disponíveis do que na lógica da causa e efeito. No prefácio à obra The Making of Index Numbers [A Criação de Números de Índice], ele ilustrou sua confiança na estatística e no método indutivo observando que:

O presente livro se originou a partir do desejo de submeter essas conclusões dedutivas a um teste indutivo por meio de cálculos baseados em dados históricos reais. Porém antes mesmo de ter avançado muito nesses testes das minhas conclusões originais, descobri,

---

[35] FISHER, Irving Norton. My Father, Irving Fisher. Op. cit., p. 339.
[36] Idem. Ibidem, p. 193-94.

para minha surpresa, que os resultados dos cálculos reais constantemente sugeriam mais deduções até que, no final, tive que revisar completamente tanto minhas conclusões quanto meus fundamentos teóricos[37].

Esta ilusão dos fatos dificultou o trabalho de Fisher sobre números índice, teoria monetária e propostas de reforma monetária, bem como seu entendimento da "nova era econômica" e da Proibição. Um colega de Fisher em Yale, Ray Westerfield (1884-1961), desenvolveu este e outros pontos relacionados em um artigo memorial.

Fisher nunca esteve satisfeito em ficar somente com a pesquisa científica; ele estava imbuído de uma necessidade irresistível de reformar nas linhas indicadas por seus estudos. Por exemplo, tendo visto e sentido os males da moeda instável e tendo descoberto as causas e curas, estava determinado a fazer tudo o que pudesse para torná-la estável.

Infelizmente, sua ânsia para promover sua causa às vezes exerceu uma má influência em sua atitude científica. Ela distorcia seu julgamento; por exemplo, ele deixou-se levar por suas ideias da "nova era econômica" no final dos anos 1920 e perdeu sua fortuna [...] Ele confiou demais concomitância em sua crença de que a estabilidade do nível de preços entre 1925 e 1929 devia-se a ações da Reserva Federal e recusou-se a dar o devido reconhecimento a outros fatores que estavam em operação[38].

As conclusões e convicções de Fisher orientaram os estudos estatísticos que lhe deram fé na consecução de seus objetivos nos assuntos de política monetária e proibição. A queda da Proibição no final da Grande Depressão deve ter sido uma época de extremo

---

[37] Idem. *Ibidem*, p. 194-95.
[38] Idem. *Ibidem*, p. 193.

infortúnio para este reformador bem-intencionado. Ele retirou-se da vida acadêmica logo depois, porém permaneceu como um reformador e contribuidor ativo para o debate público.

3 - A Ressaca da Proibição

Enquanto Fisher começava a dar-se conta de algumas das consequências negativas da Proibição, economistas profissionais e o público em geral tornavam-se cada vez mais conscientes dos custos e da ineficiência do "nobre experimento". Dois exemplos dignos de nota de economistas que examinaram a Proibição e consideraram imprecisa a posição de Fisher foram Clark Warburton (1896-1979) e Herman Feldman (1894-1947).

Em *Prohibition: Its Economic and Industrial Aspects* [*Proibição: Seus Aspectos Econômicos e Industriais*] de 1930, Herman Feldman, um economista medíocre em outros aspectos, publicou uma importante contribuição à investigação estatística dos aspectos "econômicos" da Proibição[39]. Seu livro se baseia em vinte artigos escritos para o *Christian Science Monitor* e a informação estatística deriva de um levantamento detalhado. O livro é impressionante em seu cuidado na utilização dos dados de pesquisa, análise estatística e nas conclusões feitas ao longo da obra.

Seu livro é digno de nota devido à sua crítica da estimativa de Fisher da perda econômica devido ao consumo de álcool, apesar do fato de que Feldman estava escrevendo para o *Christian Science Monitor*, um paladino da Proibição.

Mesmo os escritos sobre a proibição por parte de alguns economistas distintos mostram uma certa liberdade das restrições científicas que não é geralmente encontrada em suas discussões sobre outros

---

[39] Uma busca no *Index of Economic Journals* mostrou que as contribuições de Herman Feldman se limitaram a duas resenhas e quatro monografias sobre políticas do trabalho.

assuntos. Uma das afirmações estatísticas mais curiosamente construída, por exemplo, é aquela por meio da qual o professor Irving Fisher, de Yale, deduz que a proibição tem proporcionado pelo menos US$ 6.000.000.000,00 (seis bilhões de dólares) por ano para este país. Este número, amplamente citado, tem sido utilizado frequentemente como se fosse um cálculo científico cuidadoso baseado em uma combinação meticulosa de dados econômicos. Pelo contrário, não passa de uma conjectura, daquelas que são frequentemente emitidas por grupos que têm por objetivo a propaganda, mas que dificilmente são esperadas de alguém que alcançou proeminência mundial como economista estatístico[40].

A estimativa de Fisher se baseava em experimentos não controlados sobre o efeito do álcool na eficiência industrial. Tais experimentos foram realizados com base em de um a cinco indivíduos que consumiram altas doses de álcool com o estômago vazio antes de começarem a trabalhar. Esses "estudos", alguns dos quais estavam baseados unicamente nos efeitos do álcool sobre o próprio experimentador, concluíram que a eficiência média era reduzida em 2% por dose de bebida. Fisher, então, presumiu uma dosagem de cinco doses por dia e extrapolou a perda total de eficiência por trabalhador em uma redução de 10% na eficiência. Se o consumo de álcool pelos trabalhadores pudesse ser reduzido a zero, estimou Fisher, o país poderia economizar pelo menos 5% da receita total, ou US$ 3.300.000.000,00 (três bilhões e trezentos milhões de dólares). A eliminação da indústria do álcool também possibilitaria a economia de 5% adicionais na renda nacional dado que os recursos seriam transferidos da produção de álcool para outros bens e serviços. Feldman observou que uma perda de 2% na eficiência poderia ser causada por "um mero pensamento depressivo" e que Fisher deixou de considerar o fato de que a maior parte do álcool

---

[40] FELDMAN, Herman. *Prohibition: Its Economic and Industrial Aspects*. New York: Appleton, 1930. p. 5.

consumido pela classe trabalhadora consistia em cerveja nas refeições antes do trabalho. De fato, a experiência histórica sugere que o álcool era consumido no trabalho para melhorar a eficiência total da produção.

> São necessários experimentos em uma escala muito maior, e sob condições controladas muito mais rigorosamente do que aquelas agora registradas, para determinar o efeito das bebidas alcoólicas na eficiência industrial com a exatidão que foi expressa. Os experimentos, considerados unicamente como base para os cálculos econômicos realizados [por Fisher], são, por si mesmos, inconclusivos[41].

Feldman também era conhecido por sua pesquisa sobre o absenteísmo. Entrevistou industriais a respeito da ausência ou atraso dos trabalhadores às segundas-feiras e nos dias seguintes a dias de pagamento. A pesquisa indagava aos entrevistados se eles acreditavam que a Proibição seria a responsável por qualquer redução notável no absenteísmo. Informações sobre a relação entre o consumo de álcool e o absenteísmo antes da Proibição não estavam disponíveis[42]. Das 287 respostas ao questionário de Feldman, menos da metade tinham a percepção de que houve uma melhoria considerável no absenteísmo. Um terço dos respondentes que detectaram um decréscimo no absenteísmo não atribuíram a melhora à Proibição. Alguns empregadores chegaram inclusive a reportar absenteísmo mais elevado e atribuíram esse aumento à Proibição. Um empregador observou que "o material disponível para

---

[41] Idem. *Ibidem*, p. 240-241.

[42] Uma companhia de borracha de Boston, que empregava quase 10.000 trabalhadores, relatou que as enfermeiras da empresa realizaram 30.000 visitas em 1925, porém não puderam atestar com nenhuma certeza que o álcool fora a causa em mais do que seis casos. (Idem. *Ibidem*, p. 203).

o trabalho, e há muito dele, é tão podre que o homem que bebe precisa de dois ou três dias para reestabelecer-se de sua farra"[43].

O próprio Feldman descreveu algumas das falhas no método da pesquisa, tais como inclinações pessoais ou políticas ao completarem os formulários, e advertiu contra uma interpretação estrita dos resultados. Outros pontos de antagonismo com as conclusões da pesquisa foram que a proibição privada e as leis mais estritas de responsabilidade e negligência do empregador também contribuíram grandemente para reduzir o absenteísmo. Melhores condições de segurança, níveis salariais mais elevados, horas de trabalho reduzidas e contratos de trabalho mais formais também melhoraram o comparecimento. Por outro lado, o crescimento acelerado do padrão de vida e novas alternativas de lazer, tais como o automóvel, também influenciaram o absenteísmo durante os anos 1920.

TABELA 1
Taxas de Absenteísmo em uma Fábrica de Pólvora em Delaware

Dia	1907	1913	1924	1929
Segunda-feira	7,41	6,17	3,66	2,35
Terça-feira	6,89	5,22	2,86	2,10
Quarta-feira	5,77	5,49	2,90	2,15
Quinta-feira	5,68	5,06	2,37	2,01
Sexta-feira	5,38	5,05	2,10	1,89
Sábado	6,94	6,59	3,93	2,95
Média semanal	6,35	5,59	2,96	2,24

Fonte: WARBURTON, Clark. The Economic Results of Prohibition. p. 205.

Feldman obteve os registros sobre absenteísmo de somente uma empresa que continha os dados de antes e depois da Proibição.

---

[43] Idem. Ibidem, p. 211.

OS ECONOMISTAS E A PROIBIÇÃO • **55**

Ele observou que a companhia que forneceu esta informação indicou que a melhora no comparecimento não se devia à Proibição, mas sim a melhorias no trabalho. Seus dados, juntamente com a atualização para 1929, proporcionada pelo Bureau of Prohibition [Departamento da Proibição], são apresentados na Tabela 1.

As precauções e esclarecimentos de Feldman no que diz respeito aos dados não foram suficientes para evitar que eles fossem utilizados para apoiar o argumento dos benefícios econômicos da implementação da Proibição. "Todos sabemos que a eficiência industrial foi uma das principais razões para a Proibição"[44]. O relatório da National Commission on Law Observance and Enforcement [Comitê Nacional pela Observância e Aplicação da Lei], de 1931, começou a seção sobre os benefícios econômicos da Proibição com a declaração:

> Os temas a respeito dos quais há *provas* objetivas e razoavelmente confiáveis são os benefícios industriais – isto é, aumento na produção, aumento da eficiência do trabalho, eliminação da 'ressaca de segunda-feira' e decréscimo nos acidentes industriais[45].

O relatório prossegue enfatizando a confiabilidade desses fatos com relação ao absenteísmo:

> Há evidências fortes e convincentes, apoiando o ponto de vista de uma grande quantidade de grandes empregadores, que um aumento notável na produção, consequência de uma maior eficiência do trabalho e da eliminação das ausências crônicas de grandes quantidades de trabalhadores após domingos e feriados, atribui-se diretamente ao fechamento dos bares[46].

---

[44] FISHER, Irving. *Prohibition at Its Worst. Op. cit.*, p. 158.
[45] Idem. *Ibidem*, p. 71.
[46] Idem. *Ibidem*, p. 71.

O Bureau of Prohibition avançou mais um passo com os dados de Feldman, obtendo dados para 1929 e publicando os resultados em *The Value of Law Observance*[47] [*O Valor da Observação da Lei*]. O objetivo desses dados era expor o declínio da "ressaca de segunda-feira" como evidência dos benefícios econômicos da Proibição.

Os norte-americanos se tornavam cada vez mais conscientes de que, embora a Proibição tivesse eliminado os bares abertos, ela não tinha acabado com o tráfico de bebidas. Os custos de implementar a Proibição estavam aumentando e a prosperidade econômica, alegadamente o principal benefício da Proibição, acabou com a quebra da bolsa de valores em 1929. Estabelecer a ligação entre a Proibição e a redução do absenteísmo era vital para preservar o apoio público da política.

De longe, o estudo mais detalhado da Proibição foi o de Clark Warburton (1896-1979). Suas duas principais contribuições foram The Economic Results of Prohibition [As Consequências Econômicas da Proibição] de 1932 e seu verbete sobre a Proibição na Encyclopedia of Social Sciences [Enciclopédia de Ciências Sociais] de 1934[48]. Warburton começou seu livro a pedido da Association Against the Prohibition Amendment [Associação Contra a Emenda da Proibição], da qual recebeu apoio financeiro durante os estágios iniciais de sua pesquisa[49].

O livro de Clarke Warburton era uma análise estatística dos argumentos pró e contra a Proibição. Primeiramente, Warburton examinou o consumo de álcool, os gastos com álcool e o impacto da Proibição

---

[47] Bureau of Prohibition. *The Value of Law Observance*. Washington, D.C.: Government Printing Office, 1930. p. 11.

[48] É particularmente interessante que Clarke Warburton tenha sido escolhido para produzir o verbete sobre a Proibição, dado que Irving Fisher era um dos editores da *Encyclopedia*.

[49] Apesar do papel deste grupo de interesse específico para dar início a este estudo, diversos economistas proeminentes leram e comentaram o trabalho final. No prefácio da obra, Clarke Warburton agradece a Wesley C. Mitchell (1874-1948), Harold Hotelling (1895-1973), Joseph Dorfman (1904-1991) e Arthur Burns (1904-1987) por seus comentários e conselhos.

OS ECONOMISTAS E A PROIBIÇÃO • **57**

sobre a eficiência industrial, a saúde pública, a renda e grupos demográficos, e as finanças públicas. Ele utilizou todas as estatísticas disponíveis, produziu estimativas a partir das condições subjacentes e em muitos casos utilizou mais de uma técnica para fazer as estimativas. Cautelosamente, Warburton alertou seus leitores quanto aos elos frágeis nas técnicas de estimação e na coleta de dados[50].

Nessas circunstâncias, nenhum estudo sobre os resultados da proibição pode reivindicar alta precisão e provas inquestionáveis. As conclusões aqui apresentadas podem reivindicar, contudo, serem inferências razoáveis, após estudos e análises intensivas, a partir de tais dados tal como estão disponíveis[51].

Warburton concluiu que o consumo total de álcool per capita caiu quase um terço entre 1911-1914 e 1927-1930, porém o consumo de bebidas destiladas aumentou 10% durante o mesmo período. Ele descobriu que as despesas com álcool durante a Proibição foram aproximadamente iguais ao que esses gastos teriam sido caso tivessem existido as mesmas condições de antes de Proibição[52]. Despesas com cerveja caíram dramaticamente, enquanto os gastos com destilados aumentaram. Ele não foi capaz de estabelecer

---

[50] Warburton não parece ter construído um argumento contra a proibição; por exemplo, omitiu todas as discussões acerca dos maiores custos das prisões e da congestão do sistema judicial diretamente atribuíveis à implementação da Proibição.

[51] WARBURTON, Clark. *The Economic Results of Prohibition*. New York: Columbia University Press, 1932. p. 259.

[52] Observa que as estimativas para as despesas caem dentro de um vasto leque, mais ou menos de um quarto a um terço baseadas nos pressupostos subjacentes das estimativas. Proponentes da Proibição, tais como Herman Feldman e, posteriormente, Tun-Yuan Hu argumentaram que as estimativas eram muito altas, porém a experiência moderna com a proibição da maconha provavelmente produziria a reação diametralmente oposta (ou seja, que foram muito baixas). Ver: FELDMAN, Herman. *Prohibition: Its Economic and Industrial Aspects. Op. cit.*; HU, Tun-Yuan. *The Liquor Tax in the United States, 1791-1947: A History of the Internal Revenue Taxes Imposed on Distilled Spirits by the Federal Government*. New York: Columbia University Press, 1950.

correlações entre Proibição e prosperidade, poupança, custos de seguros ou a compra de bens duráveis.

Warburton descobriu que os dados não apresentavam uma relação mensurável entre a Proibição e a diminuição dos acidentes industriais. Também descobriu que a Proibição não exerceu efeito mensurável no aumento observado na produtividade industrial, e que as evidências estatísticas não puderam validar a influência da Proibição no absenteísmo industrial. Com relação à pesquisa de Feldman, Warburton observou que a redução no absenteísmo era, mais plausivelmente, resultado da redução no número de horas de trabalho e a do aliviamento nas reais tarefas do trabalho (menos manuais, mais mecânicas), bem como da introdução de novas e maiores quantidades de atividades de lazer e recreativas como substitutas do álcool[53].

Warburton prosseguiu criticando a aplicabilidade dos dados sobre absenteísmo da única fábrica de pólvora que foi citada pelo governo para apoiar o argumento dos benefícios econômicos da Proibição. Utilizando os dados originais, Warburton calculou o percentual de declínio anual médio no absenteísmo (Tabela 2). Ele mostrou que o percentual de declínio anual no absenteísmo às segundas-feiras não diferia muito entre os períodos pré-Proibição, o período de transição e o período da Proibição. Parece ser difícil atribuir a redução do absenteísmo à Proibição, mas é fácil associá-lo a outros fatores, tais como a redução da semana de trabalho, salários reais maiores (durante os anos 1920) e técnicas melhores de gerenciamento do trabalho[54].

---

[53] Warburton observou que a duração da semana de trabalho média diminuiu dramaticamente desde o início da Proibição. Também deve ser notado que as taxas salariais reais aumentaram significativamente desde os anos anteriores à Guerra até o final dos anos 1920. Salários mais altos normalmente resultam em uma força de trabalho mais responsável e em um maior custo de oportunidade do lazer, especialmente quanto a semana de trabalho é mais curta.

[54] A semana de trabalho nacional média diminuiu 3,14% no período pré-Proibição, 9,19% no período de transição e não se modificou durante o período da Proibição. WARBURTON, Clarke. *The Economic Results of Prohibition. Op. cit.*, p. 205.

TABELA 2
Declínio Médio Anual em Pontos Porcentuais do Absenteísmo em uma Fábrica de Pólvora em Delaware

Dia	1907-1913	1913-1924	1924-1929
Segunda-feira	0.21	0.23	0.26
Terça-feira	0.28	0.21	0.15
Quarta-feira	0.05	0.24	0.15
Quinta-feira	0.10	0.24	0.15
Sexta-feira	0.06	0.27	0.04
Sábado	0.06	0.24	0.20
Total	0.76	1.43	0.87

Fonte: WARBURTON, Clark. *The Economic Results of Prohibition*. p. 205.

A maior experiência com a Proibição resultou no aumento do ceticismo entre os economistas. Esta tendência pode ser atribuída a três fatores. Primeiramente, o mercado negro continuou a crescer e a desenvolver-se apesar do aumento dos esforços de aplicação da lei e da reorganização da burocracia da Proibição. Segundo, como os dados eram coletados ao longo de grandes períodos, tendências de aumento do consumo e do crime tornaram-se evidentes. Terceiro, quanto mais tempo se passava desde a implementação da Proibição, mais conhecimento era difundido no que diz respeito às consequências adversas e à dificuldade de implementação[55].

4 - A ECONOMIA DA PROIBIÇÃO DA HEROÍNA

A venda de heroína e de outros opiáceos tem sido ilegal no nível federal desde a aprovação da Harrison Narcotics Act em 17

---

[55] Para mais detalhes sobre os resultados da proibição do álcool, ver também: THORNTON, M. Alcohol "Prohibition Was a Failure". *Policy Analysis*. Washington, D.C.: Cato Institute, 1991.

de dezembro de 1914. A maior parte dos estados já havia implementado proibições e restrições a esses produtos antes da legislação federal. Embora os narcóticos fossem mencionados por economistas tais como Patten, Veblen e Fisher, os economistas deram pouca atenção à proibição dos narcóticos durante os primeiros cinquenta anos de sua existência. O artigo de Simon Rottenberg (1916-2004)[56] sobre a economia da heroína ilegal foi publicado em uma época em que o público em geral e os cientistas sociais estavam começando a examinar os resultados desta proibição.

Em seu artigo seminal, Rottenberg descreveu as opções disponíveis para as autoridades, observando alguns dos fatores que influenciam as atividades da burocracia de aplicação da lei. Também descreveu a estrutura, organização e forças competitivas do mercado, mas pareceu considerar difícil a aplicação da análise econômica tradicional ao mercado ilegal de heroína devido à complexa interação do mercado com a aplicação da lei. Como resultado, Rottenberg levantou mais questionamentos do que respondeu.

Rottenberg descobriu que o mercado de heroína era mais organizado e monopolizado do que outros mercados ilegais. Examinou o impacto do crime na sociedade, particularmente em conexão com a alocação de recursos policiais. A sociedade enfrenta um compromisso entre a aplicação de leis de narcóticos e a aplicação de outras leis criminais. Rottenberg detalhou a corrupção e o processo corruptor nos mercados de drogas ilegais e, e um ponto, antecipou o argumento do ganhador do prêmio Nobel, em 1986, James M. Buchanan (1919-2013), a favor do crime organizado[57].

---

[56] ROTTENBERG, Simon. "The Clandestine Distribution of Heroin, Its Discovery and Suppression". *Journal of Political Economy*, Volume 76 (January/February 1968): 78-90.

[57] Ver: BUCHANAN, James M. "A Defense of Organized Crime?" *In*: ROTTENBERG, Simon (Ed.). *The Economics of Crime and Punishment*. Washington, D.C.: American Enterprise Institute, 1973. p. 119-32. Ver também, para uma crítica deste ponto de vista: SISK, David E. 1982. "Police Corruption and Criminal Monopoly: Victimless Crimes". *Journal of Legal Studies*, Volume 11 (June 1982): 395-403.

Um tema que colocou obstáculos à análise de Rottenberg foi que o produto que definia o mercado modificava-se ao passar da produção para o consumo. Ele observou que a heroína era diluída enquanto passava pela cadeia de distribuição até o consumidor e que o produto final estava sujeito a amplas variações em sua potência. Rottenberg apresentou três hipóteses para explicar as variações na potência. A primeira, que considerava questionável, era que os consumidores eram muito sensíveis a mudanças nos preços, mas não a mudanças na potência. Sua segunda hipótese sustentava que diminuir a potência era um mecanismo de racionamento quando havia uma diminuição no fornecimento de heroína. Enquanto isto pode ajudar a explicar a variação na potência, não explica as mudanças sistemáticas ou "a tendência aparentemente secular para a ocorrência da diluição" observada por Rottenberg. A terceira hipótese era que a diluição permitia a diferenciação do produto e dessa maneira o consumidor poderia ser melhor servido. Novamente, Rottenberg considerou esta hipótese insatisfatória para explicar uma tendência importante. Sobre o tema da potência da droga, Rottenberg observou: "É como explicar por que automóveis Falcon serão fabricados, assim como Continental, mas não explicaria por que a fração de Falcons aumenta e a de Continental diminui"[58].

Em síntese, a contribuição de Rottenberg é descritiva e institucional, porém contém pouco valor teórico ou empírico duradouro. Ele desenvolveu mais perguntas do que respostas, mas é precisamente por isto que sua contribuição é importante. Respostas às suas questões, extensões de alguns de seus pontos e correções de outros caracterizam grande parte da pesquisa sobre a Proibição desde a publicação de seu artigo.

Dois comentários merecedores de nota que levantaram importantes questões essenciais e que questionaram a validade básica

---

[58] ROTTENBERG, Simon. "The Clandestine Distribution of Heroin, Its Discovery and Suppression". *Op. cit.*, p. 83.

da proibição seguiram o artigo de Rottenberg. Edward Erickson indicou que esforços para diminuir a oferta de drogas eufóricas resultaram em custos sociais pertinentes, tais como custos de produção maiores por unidade produzida de euforia, aumentando a redistribuição de renda através do roubo por parte de dependentes, e o aviltamento da aplicação das leis contra as drogas[59]. Diante desses custos, a sociedade deveria migrar para uma menor aplicação da lei.

Raul A. Fernandez[60] discutiu dois pontos relacionados sobre o mercado de heroína que Rottenberg não examinou explicitamente. Primeiramente, o status dos dependentes de heroína como usuários-vendedores resulta em dificuldades e complexidades importantes ao aplicar a teoria econômica a este mercado. A dependência também é importante para Fernandez porque reduz o efeito de dissuasão das sentenças de prisão. É a questão da dependência da heroína que levaria novamente os economistas a questionarem o axioma fundamental da racionalidade individual em conexão com o uso de drogas ilegais "viciantes". Fernandez sugere que a aborgadem adequada à dependência não é a proibição, mas sim o tratamento da dependência[61].

---

[59] ERICKSON, Edward. "The Social Costs of the Discovery and Suppression of the Clandestine Distribution of Heroin". *Journal of Political Economy*, Volume 17 (July/August 1969): 484-86.

[60] FERNANDEZ, Raul A. "The Clandestine Distribution of Heroin, Its Discovery and Suppression: A Comment". *Journal of Political Economy*, Volume 11 (July/August 1969): 487-88.

[61] Fernandez tenta estimar os benefícios da reabilitação dos dependentes de heroína e explora a abordagem marxista para o vício em heroína nos seguintes trabalhos: FERNANDEZ, Raul A. *Estimating Benefits for the Rehabilitation of Heroin Addicts*. Cambridge: N.P., 1971; FERNANDEZ, Raul A. "The Problem of Heroin Addiction and Radical Political Economy". *American Economic Review*, Volume 63, Number 2 (May 1973): 257-62. Ele aplica a análise de classes para o entendimento das origens da legislação de narcóticos e da alocação dos recursos da aplicação da lei às categorias de crime/classe. Também investiga o papel da racionalidade neoclássica (puramente formal), abordagens modernas à criminologia, e a noção marxista de *lumpenproletariat* (os pobres) para o estudo da dependência e da proibição. Ver, também: BOOKSTABER, Richard. "Risk and the Structure of the Black Market for Addictive Drugs". *American Economist* (Spring 1976): 26-29, sobre o mercado de drogas que causam dependência.

OS ECONOMISTAS E A PROIBIÇÃO • 63

Mark H. Moore[62] apresenta uma análise detalhada do mercado ilícito de heroína e da aplicação da lei na cidade de Nova York[63]. Sua análise utiliza teoria econômica, análise da lei e da aplicação da lei, e observações empíricas diretas do funcionamento do mercado de heroína na cidade de Nova York. Essas ferramentas permitem a Moore apresentar um retrato realista das complexidades do mercado de heroína e desacreditar diversas crenças geralmente sustentadas a respeito desse mercado ilícito. De fato, seu trabalho representa o que agora é o conhecimento convencional sobre as políticas públicas relacionadas ao mercado de heroína.

Antes do estudo de Moore, a sabedoria convencional rezava que a demanda por heroína era perfeitamente inelástica e que preços mais elevados não resultariam em uma diminuição do consumo. Preços mais altos serviam somente para aumentar os custos para a sociedade e os lucros dos traficantes de drogas. Lucros mais elevados estimulavam o tráfico de drogas e o novo consumo, e assim operavam contra os objetivos das políticas públicas[64]. De maneira eficiente, Moore argumenta contra tanto o pressuposto da inelasticidade perfeita da demanda, quanto a noção de que traficantes de drogas estão em melhor situação como resultado da maior aplicação da lei[65].

---

[62] MOORE, Mark H. *Buy and Bust: The Effective Regulation of an Illicit Market in Heroin.* Lexington: Lexington Books, 1977.

[63] Ver, também: MOORE, Mark H. *Policy Towards Heroin Use in New York City.* Ph.D. Dissertation. Cambridge: Harvard University, 1973; MOORE, Mark H. "Policies to Achieve Discrimination on the Effective Price of Heroin". *American Economic Review,* Volume 63 (May 1973): 270-77; MOORE, Mark H. "Anatomy of the Heroin Problem: An Exercise in Problem Definition". *Policy Analysis* Vol. 2, no. 4 (Outono 1976): 639-62.

[64] Moore cita os trabalhos de Donald Phares e de Harold Votey e Llad Phillips como representantes da análise convencional. Ver: PHARES, Donald. "The Simple Economics of Heroin and Organizing Policy". *Journal of Drug Issues,* Volume 3 (Spring 1973): 186-200; VOTEY, Harold L. & PHILLIPS, Llad. "Minimizing the Social Cost of Drug Abuse: An Economic Analysis of Alternatives for Policy". *Policy Sciences,* Volume 1 (September 1976): 315-36.

[65] MOORE, Mark H. *Buy and Bust. Op. cit.,* p. 5-15.

Moore recomenda a regulação efetiva da heroína mediante a continuação da política corrente de proibição[66]. Ao aumentar o preço efetivo da heroína, a proibição desencoraja os que "ainda não são usuários" de experimentarem a droga, mas exerce um efeito meramente marginal sobre os "usuários correntes". Moore observa que o consumo de heroína é iniciado e difundido através de amigos e grupos da vizinhança e que é difícil, para a aplicação da lei, infiltrar-se nesses grupos altamente coesos. Ele postula que se o acesso à heroína pudesse ser evitado por meio do aumento do custo de sua aquisição, a difusão da utilização de heroína poderia ser interrompida e aqueles que "ainda não são usuários" seriam desencorajados de experimentarem a droga.

É um equívoco, entretanto, afirmar que a proibição é necessária para desencorajar o acesso à heroína, devido ao sistema específico por meio do qual se difunde (pequenos grupos sociais), sendo que a própria proibição é responsável por este sistema. O próprio Moore argumenta que a proibição é a responsável pela organização peculiar do mercado ilegal de heroína:

> É quase certo que o fator mais importante que influencia a estrutura dos sistemas de distribuição de heroína é que a produção, importação, venda e posse de heroína são proibidas nos Estados Unidos. Por que, por exemplo, a indústria não está organizada em *sistemas de mercado maiores e mais impessoais*[67]?

Ademais, Moore não tenta justificar a proibição como a única ou melhor maneira de evitar que os consumidores experimentem a heroína[68].

---

[66] Moore observa que, "efetivamente, proibir a heroína (i. e., eliminar todo o fornecimento de heroína) é impossível sem despesas inaceitáveis e ataques intoleráveis contra as liberdades civis. Logo, a regulação é um objetivo mais apropriado e factível do que a proibição" (MOORE. *Buy and Bust. Op. cit.*, p. xxi).

[67] MOORE, Mark H. *Buy and Bust. Op. cit.*, p. 3. Ênfase do autor.

[68] Artigos de vários autores reimpressos em coletânea organizada por Wayne Morgan sugerem que, antes da proibição dos opiáceos, a dependência e a utilização difundiam-se

Moore recomenda o estabelecimento de uma variedade de programas para os usuários correntes de heroína. Ele reconhece que a proibição é prejudicial para os usuários correntes e que preços mais elevados levam os dependentes a infligirem custos sobre a população geral na forma de assaltos, roubos e arrombamentos. Para evitar esses problemas, Moore recomenda que os dependentes recebam uma fonte de baixo custo de heroína ou metadona; que tenham acesso a centros de tratamento, trabalhos, padrões de vida razoáveis, recreação e entretenimento; e que os usuários presos possam entrar em instituições de tratamento em vez de prisões[69].

As razões de Moore para tentar reduzir os efeitos da proibição nos usuários correntes são bem fundamentadas. Suas recomendações são, contudo, imperfeitas em diversos aspectos. Sua tentativa de estabelecer uma discriminação de preços resultaria em importantes desvantagens e seria difícil de implementar. Por exemplo, suas recomendações reduziriam o custo para se tornar um dependente e, dessa forma, estimulariam a experimentação da heroína. O próprio Moore reconhece a contradição em suas recomendações de políticas:

> Observe que o dilema enfrentado na aplicação de leis de narcóticos é comum a todos os sistemas de incentivos negativos. O problema é fundamental: o desejo de ter o incentivo entra em conflito com o desejo de minimizar o dano feito a pessoas que não respondem ao incentivo. Não se pode diminuir os efeitos adversos sobre os usuários correntes sem ter algum efeito sobre a magnitude dos incentivos sobre os não-usuários. Não se pode alterar os incentivos sobre

---

a partir de médicos e farmacêuticos. Ver: MORGAN, H. Wayne. *Yesterday's Addicts: American Society and Drug Abuse, 1865-1920*. Norman: University of Oklahoma Press, 1974. O próprio Moore sugere que pouca coisa mudou desde a proibição dos narcóticos em termos do tamanho da população dependente americana.

[69] MOORE, Mark H. *Buy and Bust. Op. cit.*, p. 258-61.

os não-usuários sem produzir algum efeito nas consequências para os usuários correntes[70].

As recomendações de Moore também envolveriam grandes aumentos nos gastos do governo. Suas afirmações de que há apoio geral para a política da proibição[71] fracassam em considerar adequadamente a tolerância dos pagadores de impostos em relação ao custo de suas recomendações.

Em relação à proibição, Moore parece ser o melhor crítico de si mesmo:

> O único e mais importante objetivo de uma estratégia de implementação da lei de narcóticos é desencorajar as pessoas que agora não utilizam heroína de começarem a fazê-lo. Se a polícia não pode atingir este objetivo a um custo razoável em termos de recursos públicos e preservação de liberdades civis, a política de proibição deveria ser abandonada. Há demasiados efeitos colaterais adversos da política e muito poucos benefícios diretos além de impedir novos usuários para justificar a continuação da política se ela não pode desencorajar os novos usuários[72].

Finalmente, Moore lembra a seus leitores que seu estudo concentrou-se somente em uma droga ilegal dentro da cidade de Nova York e, além disso, que sua metodologia era insuficiente para analisar completamente o problema em questão:

> Há sérias limitações na metodologia empregada neste livro. A metodologia é similar àquela utilizada no desenvolvimento de estimativas de inteligência. Porções de informações não verificadas, parcialmente verificadas e totalmente verificadas são reunidas em

---

[70] Idem. *Ibidem*, p. 237
[71] Idem. *Ibidem*, p. xxi
[72] Idem. *Ibidem*, p. 238.

um quadro sistemático combinando definições arbitrárias com pressupostos acerca de como os homens razoáveis se comportam. [...] Ela [a metodologia empregada] apresenta a desvantagem de proporcionar somente boas conjecturas sobre a natureza do fenômeno. Mais ainda, as conjecturas podem ser radicalmente alteradas por meio da introdução de uma única porção verificada de informação[73].

Assim, enquanto a contribuição de Moore é importante para a ampliação da literatura relacionada ao mercado de heroína, pontos fracos na metodologia e no escopo debilitam a aplicabilidade de suas recomendações de políticas[74]. Ao derrotar a abordagem convencional dos anos 1960, Moore reestabeleceu a viabilidade da proibição como uma política para controlar o consumo de heroína.

5 - A ECONOMIA DA DEPENDÊNCIA

A história do pensamento econômico está repleta de ataques contra a racionalidade individual[75]. O consumidor tem sido critica-

---

[73] Idem. *Ibidem*, p. 4.

[74] Christopher Clague oferece um ordenamento de cinco políticas públicas relacionadas à heroína com base em sete critérios: crime, quantidade de dependentes, bem-estar dos dependentes, corrupção da polícia, violação das liberdades civis pela polícia, privação legal das liberdades tradicionais e respeito pela lei. As políticas avaliadas incluem a proibição, a manutenção através de metadona (estrita e permissiva), a manutenção através de heroína e a quarentena. De uma maneira geral, a manutenção através de heroína recebeu as melhores pontuações e a proibição recebeu as piores. CLAGUE, Christopher. "Legal Strategies for Dealing with Heroin Addiction". *American Economic Review*, Volume 63 (May 1973): 263-66.

[75] Enquanto a racionalidade é fundamental para muitas escolas de pensamento, deveria ser reconhecido que o significado da racionalidade e o papel que desempenha na análise econômica difere entre cada uma das correntes teóricas. Ver, por exemplo, o seguinte debate: BECKER, Gary S. "Irrational Behavior and Economic Theory". *Journal of Political Economy*, Volume 70 (February 1962): 1-13; KIRZNER, Israel M. "Rational Action and Economic Theory". *Journal of Political Economy*, Volume 71 (August 1962): 380-85; BECKER, Gary S.

do por consumir baseado em informação imperfeita, bem como por não consumir devido à informação imperfeita (isto é, acumular). O consumidor tem sido criticado por manter firmemente um padrão de consumo a despeito das mudanças nas circunstâncias, problemas e dificuldades severas (hábitos, vícios), bem como por não manter planos de consumo estabelecidos devido a mudanças nas circunstâncias, informações e avaliações (consumo impulsivo e excessivo). De acordo com Israel M. Kirzner,

> O conceito de racionalidade no comportamento humano tem sido por muito tempo um tópico de discussão na literatura sobre a metodologia da economia. Ataques contra a confiança indevida que a teoria econômica é acusada de depositar na razão humana são tão antigos quanto os ataques contra a própria noção de uma teoria econômica[76].

A alegação de irracionalidade em relação a bens que causam dependência, como álcool e narcóticos, tem sido feita pelo menos desde a época de Vilfredo Pareto. Pareto fez uma distinção (semelhante à de Fisher) entre ações lógicas, as quais são racionais e econômicas, e ações ilógicas, as quais não são. A ação irracional foi identificada no caso de um homem que estabeleceu um orçamento detalhado desprovido das despesas com vinho e então procedeu consumindo quantidades excessivas de vinho. Benedetto Croce (1866-1952) explicou que esta ação foi um erro econômico, porque o homem sucumbiu a um desejo temporário em desacordo com seus planos estabelecidos[77]. Tais

---

"A Reply to I. Kirzner". *Journal of Political Economy*, Volume 71 (February 1963): 82-83; KIRZNER, Israel M. "Rejoinder". *Journal of Political Economy*, Vol. 71 (February 1963): 84-88.

[76] KIRZNER, Israel M. *The Economic Point of View*. Kansas City: Sheed and Ward, 1976. p. 167.

[77] Ver: CROCE, Benedetto. "On the Economic Principle". *International Economic Papers*, Volume 3 (1953): 172-79 (Parte 1), 197-202 (Parte 2). Ver, também: PARETO, Vilfredo. "On the Economic Principle. A Reply to Benedetto Croce". *International Economic Papers*,

noções de lógica e racionalidade são justificações teóricas básicas para a proibição. O tipo de "irracionalidade" descrito por Raul Fernandez[78], entretanto, constitui uma base de ataque, ao invés de uma justificação para a proibição.

Definindo a posição da Escola de Chicago sobre os gostos, George S. Stigler (1911-1991), laureado com o Nobel de Economia em 1982, e o já mencionado Gary S. Becker também elaboraram comentários sobre a natureza da dependência[79]. Eles descobriram que os vícios benéficos e prejudiciais dependem de se o uso prolongado aumenta ou diminui o consumo futuro. Vícios bons envolvem o consumo de bens, tais como a música clássica, que aumentam a utilidade ao longo do tempo e não desfazem a utilidade derivada de outros bens. Vícios prejudiciais envolvem uma redução na capacidade de consumo futuro. O álcool diminui a utilidade futura porque reduz a utilidade de uma dada quantidade de consumo futuro bem como a utilidade decorrente de outros bens. A dependência é um hábito racional consistente com as preferências e oportunidades, mas que depende do tipo de efeito capital que o bem produz[80].

Thomas A. Barthold e Harold M. Hochman contestam o ponto de vista de Stigler e Becker acerca do dependente racional: "Se a dependência é um comportamento racional [...] parece não

---

Volume 3 (1953): 180-96. Para uma crítica inicial de Croce, ver TAGLIACOZZO, Giorgio. "Croce and the Nature of Economic Science". *Quarterly Journal of Economics*, Volume 59 (May 1945): 307-2. Para uma discussão geral e uma crítica moderna, ver: KIRZNER, Israel M. *The Economic Point of View. Op. cit.*, p. 167-72; KIRZNER, Israel M. *Perception, Opportunity, and Profit: Studies in the Theory of Entrepreneurship*. Chicago: University of Chicago Press, 1979. p. 120-33.

[78] FERNANDEZ, Raul A. "The Clandestine Distribution of Heroin, Its Discovery and Suppression: A Comment". *Op. cit.*

[79] STIGLER, George J. & BECKER, Gary S. "De Gustibus Non Est Disputandum". *American Economic Review*, Volume 67 (March 1977): 76-79.

[80] Para um desenvolvimento completo da integração dos hábitos na análise econômica neoclássica, ver: AULT, Richard & EKELUND, Robert B., Jr. "Habits in Economic Analysis: Veblen and the Neoclassical". *History of Political Economy*, Volume 20 (Fall 1988): 431-45.

vir ao caso"[81]. Eles começam pela premissa de que o comportamento de vício é um comportamento extremo, "nem normal, nem típico"[82]. Acreditam que a compulsão é a principal força por trás da dependência, mas que um indivíduo precisa ser um "desejoso de extremos" para que a compulsão se transforme em dependência. O consumo pode ter efeitos capitais que causarão dano irreversível caso ultrapasse um certo patamar.

Barthold e Hochman tentam modelar o consumo em múltiplos períodos, planos e preços, identificando a dependência com curvas de indiferença côncavas (preferências atípicas). Eles concluem que mudanças nos preços relativos podem levar a soluções de canto (decisões de consumo peculiares), que as decisões de consumo são "viscosas" em preços baixos, e que o consumo pode levar à dependência.

Robert J. Michaels[83] modela o comportamento compulsivo por meio de uma integração da literatura psicológica sobre a dependência com o modelo de consumo desenvolvido por Kelvin Lancaster[84]. A autoestima é incluída na função-utilidade do dependente. Michaels é, dessa forma, capaz de explicar muitos dos padrões de comportamento observados que são associados à dependência, tais como a ineficiência dos programas de tratamento, a agonia da abstinência, mudanças radicais do dependente (tais como a conversão religiosa), a utilização de substitutos e o padrão típico de dependência do uso, descontinuação e recaída.

---

[81] BARTHOLD, Thomas A. & HOCHMAN, Harold M. "Addiction as Extreme-Seeking". *Economic Inquiry*, Volume 26 (January 1988): 89-106. Cit. p. 90.

[82] Eles não o consideram nem típico, nem normal, apesar do fato de que citam números que sugerem que o uso de heroína entre os soldados norte-americanos durante a Guerra do Vietnã era típico. Também citam números que sugerem que, enquanto nenhum vício em particular é comum em toda a população, alguma forma de vício ou compulsão é normal, seja vinho, romances de mistério ou chocolate.

[83] MICHAELS, Robert J. "Addiction, Compulsion, and the Technology of Consumption". *Economic Enquiry*, Vololume 26 (January 1988): 75-78.

[84] LANCASTER, Kelvin J. "A New Approach to Consumer Theory". *Journal of Political Economy*, Volume 74 (April 1966): 132-57.

OS ECONOMISTAS E A PROIBIÇÃO • **71**

A interpretação do comportamento do consumidor de acordo com a tecnologia de consumo de Lancaster reafirma a racionalidade da escolha por parte dos dependentes. Em acréscimo, o faz sem assumir preferências não usuais dos consumidores ou propriedades incomuns dos bens que causam "dependência"[85]. Michaels conclui que a proibição é uma política inconsistente com respeito ao comportamento de dependência no sentido de que uma política que tenta "convencer os usuários de que são fracassados muito provavelmente falhará [...] e poderá induzir aumentos no nível no qual [o consumo] é realizado"[86]. O modelo, entretanto, é deficiente em muitos aspectos. Não leva em consideração o lado da oferta do mercado (seja legal ou ilegal), e tampouco considera problemas tais como as externalidades do comportamento dos dependentes[87]. Finalmente, Michaels fundamenta a função-utilidade no entendimento corrente do comportamento do dependente, o qual, conforme aponta, está sujeito a mudanças[88].

---

[85] Michaels critica os pressupostos de Barthold e Hochman a respeito das preferências dos consumidores "de que há um pequeno número de pessoas repugnantes no mundo cujas preferências caracterizam-se pela não-convexidade extrema. Tal pressuposto dificilmente seria considerado aceitável em outras áreas da economia. Felizmente, não é necessário aqui". MICHAELS, Robert J. "Addiction, Compulsion, and the Technology of Consumption". *Economic Enquiry*, Volume 26 (January 1988): 75-88. Cit. p. 86-87.

[86] Idem. *Ibidem*, p. 85.

[87] Michaels trata de vários desses pontos. Ver: MICHAELS, Robert J. "The Market for Heroin before and after Legalization". Em: HAMOWY, Ronald (Ed.). *Dealing with Drugs: Consequences of Government Control.* Lexington: Heath, 1987. p. 289-326.

[88] Conforme Barthold e Hochman destacam: *"Psicólogos e sociólogos reivindicam pouco sucesso na descrição de uma 'personalidade do dependente', encontrando no máximo que 'alcoólatras (e dependentes de drogas) parecem ser [...] diferentes dos demais', de acordo com Lang* [LANG, Alan R. "Addictive Personality: A Viable Construct?" *In*: LEVINSON, Peter K. & GERSTEIN, Dean R. (Eds.), *Commonalities in Substance Abuse and Habitual Behavior.* Lexington: Lexington Books, 1983. p. 207]*; porém não de uma maneira perceptível e sistemática (ao menos desde a variável que examinam)"*. BARTHOLD, Thomas A. & HOCHMAN, Harold M. "Addiction as Extreme-Seeking". *Op. cit.*, p. 91. Há, atualmente, um debate entre a abordagem da doença e a do livre-arbítrio em relação ao vício. Dentro do campo do livre-arbítrio, há um desacordo em se a dependência representa uma perda da vontade ou simplesmente a sua falta.

Gary S. Becker e Kevin M. Murphy[89] levaram adiante o desenvolvimento da teoria da dependência racional tal como introduzida por Stigler e Becker[90], na qual a racionalidade significa um plano consistente para maximizar a utilidade no transcurso do tempo. Seu modelo baseia-se em "estados estacionários instáveis" para entender a dependência ao invés de basear-se na alteração dos planos ao longo do tempo. Utilizam os efeitos de capital do consumo, a complementaridade adicional entre o consumo presente e futuro, a preferência temporal e o efeito das mudanças de preço permanentes contra as temporárias para explicar os comportamentos anormais tais como a dependência, o consumo excessivo e a decisão de parar o consumo de uma vez só.

Becker e Murphy observam que "a dependência é um grande desafio para a teoria do comportamento racional"[91]. Eles afirmam que a dependência desafia tanto a abordagem da Escola de Chicago para o comportamento racional, quanto para a abordagem geral para a racionalidade de acordo com a qual indivíduos tentam maximizar a utilidade o tempo todo. Becker e Murphy defendem com sucesso a racionalidade de Chicago e são capazes, por meio de mudanças nas variáveis econômicas, de explicar o comportamento associado à dependência. A introdução dos estados estacionários instáveis defende o comportamento racional contra a crítica original de Croce e representa um movimento marginal na direção da concepção da Escola Austríaca de racionalidade. De acordo com a perspectiva austríaca, os planos são feitos pelos indivíduos sob condições de informação limitada e incerteza. Planos são feitos em momentos do tempo, mas a escolha não pode ser independente da escolha real. Becker e Murphy ajustam sua noção de racionalidade de "um plano consistente para maximizar a utilidade ao longo do tempo"[92] para

---

[89] BECKER, Gary S. & MURPHY, Kevin M. "A Theory of Rational Addiction". *Op. cit.*

[90] STIGLER, George J. & BECKER, Gary S. "De Gustibus Non Est Disputandum". *Op. cit.*

[91] BECKER, Gary S. & MURPHY, Kevin M. "A Theory of Rational Addiction". *Op. cit.*

[92] Idem. *Ibidem*, p. 675

uma na qual "'racional' significa que os indivíduos maximizam a utilidade de maneira consistente no decorrer do tempo"[93].

Esta literatura explora a questão da racionalidade em relação à dependência e às drogas perigosas. Em sua maior parte, compartilha da herança comum da tradição da Escola de Chicago. Racionalidade é uma questão crucial tanto para a proibição quanto para a teoria econômica em geral. Enquanto esta literatura está de acordo, em geral, com Fernandez sobre a dificuldade de fazer a proibição funcionar, suas conclusões baseiam-se na racionalidade do consumidor em vez de na sua falta. Como resultado, conclui-se que a proibição é custosa, inconsistente, incompleta ou de valor limitado.

---

[93] Idem. *Ibidem*, p. 694.

CAPÍTULO II

As Origens da Proibição

"O estranho fenômeno da Proibição, após ter aparecido entre nós por mais de três anos, ainda não é compreensível para a maior parte de um povo grande e dito livre. É uma das manifestações mais espantosas que o mundo jamais testemunhou. Recaiu sobre nós como um fantasma, rapidamente; como um ladrão na noite, tomando-nos de surpresa. Ainda assim, os Proibicionistas dirão que ninguém deveria se espantar, dado que durante anos – por quase um século – forças silenciosas estiveram trabalhando para produzir exatamente isto".

— Charles Hanson Towne,
The Rise and Fall of Prohibition

O EPISÓDIO DA PROIBIÇÃO NACIONAL do álcool é um dos mais intrigantes na história americana. Conforme sugerido por Charles Hanson

Towne (1877-1949)[94], o movimento pela proibição teve início muito antes que a medida constitucional chegasse mesmo a ser vislumbrada. O álcool era o estímulo de todo o movimento proibicionista, o qual promoveu o uso do Estado para erradicar o pecado e a impureza de modo a fortalecer o livre-arbítrio contra a devastação causada pelo individualismo. As proibições presentes contra os narcóticos e o movimento para banir o álcool e o tabaco originaram-se na batalha do século XIX contra o álcool.

Dois aspectos das origens da proibição desempenham papeis preponderantes nas políticas correntes da proibição. Primeiramente, proibicionistas acreditam que, uma vez iniciadas, as proibições são difíceis de parar. Mesmo alguns oponentes da proibição consideram a legalização como indesejável pois, acreditam, o vício e o crime nos mercados ilegais iria se difundir pela sociedade. Em segundo lugar, oponentes da proibição alegam que se trata de uma tentativa, por parte de uma maioria, de discriminar contra certas minorias. A evidência de tal discriminação erode a autoridade moral da proibição e coloca em questão os objetivos de civismo dos proibicionistas.

Em acréscimo a esses assuntos, respostas para um grande número de questões importantes são necessárias para um entendimento completo da economia política da proibição. Por exemplo, qual é a fonte da demanda pela proibição? Como as proibições são adotadas como políticas públicas? Que fatores explicam por que algumas proibições tornam-se estáveis (narcóticos) enquanto outras não (álcool)?

Utilizarei uma abordagem baseada em grupos de interesse para responder a essas questões. Os avanços realizados por Bruce Benson[95] e Jennifer Roback[96] possibilitam uma explicação da proibi-

---

[94] TOWNE, Charles Hanson. *The Rise and Fall of Prohibition*. New York: Macmillan, 1923.

[95] BENSON, Bruce L. "Rent Seeking from a Property Rights Perspective". *Southern Economic Journal*, Volume 51 (Outubro 1984): 388-400.

[96] ROBACK, Jennifer. "Racism as Rent Seeking". *Economic Inquiry*, Volume 27 (October 1989): 661-83.

ção que captura tanto as motivações da busca de lucros por parte de empresas e associações industriais, bem como os "ganhos não--pecuniários" e as "rendas psíquicas" perseguidas pelos grupos de reforma. O sucesso da proibição repousa na habilidade dos grupos de "espírito cívico", interesses comerciais, organizações profissionais e burocracias para formarem coalizões eficientes contra os consumidores e produtores de certos produtos.

Algo que é crucial para determinar e avaliar a direção da política pública é a fonte do propósito de "espírito cívico" da proibição. Antes da Proibição, os mercados de álcool, narcóticos, maconha e tabaco não eram livres. Produtos de tabaco eram proibidos em muitos estados durante os anos 1920[97]. Pelo contrário, eram os mercados mais fortemente regulados e taxados na economia. Mostrarei que grande parte do descontentamento bem-intencionado com relação ao consumo desses produtos está conectado a essas políticas de regulação.

1 - A Proibição do Álcool (Lei Seca)

O desenvolvimento do proibicionismo será dividido em três períodos. O nascimento da proibição cobre o período desde a época colonial até a Guerra de Secessão. A politização e o crescimento do proibicionismo ocorre desde a Guerra de Secessão até por volta de 1900. A adoção de proibições nacionais ocorre durante a Era Progressiva, grosseiramente entre 1900 e 1920. A proibição nacional da maconha, que não aconteceu até 1937, é tratada como uma consequência da adoção das proibições do álcool e dos narcóticos e da revogação da proibição do álcool.

---

[97] Em relação à intervenção sobre o tabaco, ver: BROOKS, Jerome E. *The Mighty Leaf: Tobacco through the Centuries*. Boston: Little, Brown, 1952.

1.a - A Experiência Americana Inicial

Na América do Norte colonial, o álcool costumava ser visto como uma questão normal e prática. Três exceções a esta regra proporcionam lições que dizem respeito ao controle do consumo de álcool.

Primeiro, enquanto o álcool era aceito na sociedade, a ética puritana desencorajava seu consumo excessivo. Puritanos estabeleceram uma suntuária legislação designada para limitar o consumo de álcool e proibir o consumo de tabaco. Descobriu-se que este tipo de legislação era ineficiente e autodestrutiva, então posteriormente foi abolida[98].

Em segundo lugar, foi aprovada legislação para impedir a venda de álcool para índios, escravos, serventes e aprendizes. Essas restrições mostraram-se ineficientes e em alguns casos contraproducentes. Trabalhadores livres frequentemente recebiam rações de álcool no trabalho, enquanto mandavam os escravos, serventes e aprendizes realizar seus trabalhos sem elas. Isso os encorajava a fugir de seus mestres ou a consumir álcool sob condições decadentes. A proibição contra a venda de álcool para os índios foi frequentemente evitada, negligenciada ou revogada, dado que as bebidas abriam oportunidades valiosas no comércio de peles[99].

Terceiro, a colônia da Georgia foi organizada como uma sociedade experimental por George Oglethorpe (1696-1785) para promover a abstinência. Em 1735, foram estabelecidas restrições contra bebidas destiladas e foram concedidos subsídios para a cerveja. A madeira e as matérias-primas da colônia eram ansiosamente demandadas nas Índias Ocidentais, que não poderiam

---

[98] WEEDEN, William B. *Economic and Social History of New England: 1620-1759*. New York: Hillary House, 1963 [1890]. 2 v.; NORTH, Gary. *Puritan Economic Experiments*. Fort Worth: Institute for Christian Economics, 1988.

[99] Esta proibição beneficiava os mercadores de peles dispostos a contorná-la, o que pode explicar sua existência.

oferecer, em troca, muito mais do que rum[100]. O contrabando de rum deu mostras de ser uma tarefa fácil, e mesmo aqueles que eram apreendidos pouco tinham a temer, pois os jurados frequentemente absolviam os violadores da lei[101].

Outros métodos de intervenção nas vendas de álcool eram o licenciamento e o protecionismo, características proeminentes da filosofia mercantilista. O sistema de licenciamentos proporcionava monopólios locais de venda de álcool na maior parte da América do Norte colonial. Tais monopólios eram garantidos aos estalajadeiros para encorajar o estabelecimento de estalagens, controlar a distribuição de álcool e proporcionar receitas do governo.

As estalagens estavam associadas à extensão do comércio, ao desenvolvimento econômico e a altos padrões de vida. Eram o lugar onde os magistrados dos condados estabeleciam os tribunais, onde as audiências públicas eram realizadas e onde ocorriam as votações. Assim, ao encorajar as estalagens, o sistema de licenciamentos era considerado como uma ajuda ao desenvolvimento econômico, judicial e político. Este sistema, contudo, frequentemente beneficiava privilegiados políticos que tinham vantagens para obter tais licenças por meio de disposições de "boa posição pública".

A corrupção, os serviços deficientes e os produtos inferiores eram com frequência o resultado deste sistema de monopólio. Foram estabelecidas regulamentações em relação à qualidade e quantidade das acomodações dessas estalagens. Dado que os estalajadeiros reduziam os serviços que não eram lucrativos (mas que eram requeridos) bem como a qualidade de seus produtos (alojamento, comida, álcool), regulamentações elaboradas detalhando a qualidade e os preços do álcool foram estabelecidas. Apesar das penalidades rigorosas, essas regulamentações mostraram-se difíceis de

---

[100] BOORSTIN, Daniel J. *The Americans: The Colonial Experience*. New York: Random House, 1958. p. 91-92.

[101] KROUT, John Allen. *The Origins of Prohibition*. New York: Knopf, 1925. p. 56-59.

monitorar e aplicar. É irônico que o tipo de instituição promovida por essa legislação – o bar – viria a se tornar o foco central da causa da Proibição.

A legislação protecionista foi promulgada em diversos estados e localidades para promover a destilação e a fabricação de cerveja. O álcool era um produto extraordinariamente importante no comércio doméstico e internacional. De acordo com Harold Underwood Faulkner (1890-1968), "nossos antepassados eram grandes bebedores"[102]. Rações de álcool eram proporcionadas a soldados e trabalhadores como uma questão prática dos contratos de trabalho e dos costumes econômicos. Destilar rum era um importante negócio nas colônias norte-americanas. De acordo com John Spencer Bassett (1867-1928), 1.260.000 galões de rum eram produzidos anualmente na área de Boston no início do século XVIII[103]. O rum era um componente vital do comércio triangular entre a Costa dos Escravos na África, as plantations de açúcar nas Índias Ocidentais e as áreas produtoras de rum na América do Norte.

John Allen Krout (1896-1979) conclui:

Às vésperas da Revolução, portanto, as bebidas destiladas eram um dos maiores fatores na movimentação do comércio colonial. Em qualquer ramo comercial no qual o mercador investisse seu capital, ele baseava-se no rum ou em algum outro tipo de aguardente para obter lucros. Dado que o tráfico de bebidas inebriantes era consistentemente lucrativo para todos aqueles que se engajassem nessa atividade, o público concedeu-lhe a aprovação que atribui à maior parte das coisas que são indispensáveis para o mundo dos negócios. Nada menos do que uma revolução na

---

[102] FAULKNER, Harold Underwood. *American Economic History*. New York: Harper and Brothers, 1924. p. 94.

[103] BASSETT, John Spenser. *A Short History of the United States: 1492-1929*. New York: Macmillan, 1932. p. 141.

AS ORIGENS DA PROIBIÇÃO • **81**

opinião pública poderia removê-lo de seu importante lugar na vida americana[104].

Conforme observado por Krout, o álcool de alta potência era o que dominava a primeira experiência americana com o álcool, embora as "aguardentes" que dominavam o mercado fossem de baixa qualidade pelos padrões modernos. Considerações de armazenamento e transporte deram ao rum, e posteriormente ao uísque, uma vantagem natural sobre a cerveja. Assim, a produção de cerveja e de malte era rara e, por conseguinte, cara. Era mais fácil transportar o uísque do que cerveja ou grãos, e o uísque poderia ser armazenado por muito mais tempo do que a cerveja.

Em acréscimo a essas condições naturais, uma infinidade de intervenções governamentais distorceram este mercado. Medidas protecionistas, subsídios e monopólios locais tendiam a promover a produção de produtos alcoólicos, enquanto a taxação e as regulamentações tendiam a controlar seu uso. A regulamentação e o licenciamento eram forças repressivas ao desenvolvimento do álcool. O monopólio, a taxação e a intervenção excessiva exerceram efeitos de distorção previsíveis nos preços, quantidades, qualidade dos produtos, escolhas dos consumidores e qualidade da competição[105].

1.b - Da Abstinência à Proibição: Lembre-se das Leis do Maine

A vantagem econômica das bebidas fortes, combinada com os abusos e distorções criadas pelo sistema de licenciamentos, produziram uma preocupação crescente a respeito da insobriedade na sociedade americana. Reformadores começaram a ver o sistema de licenciamentos como um apoio governamental para o

---

[104] KROUT, John Allen. *The Origins of Prohibition. Op. cit.*, p. 50.

[105] O serviço militar, particularmente na Guerra da Independência, aumentou o desejo dos indivíduos pela bebida e expôs os soldados às bebidas fortes e ao comportamento barulhento.

álcool ao invés de um controle sobre o consumo. Os primeiros reformadores, como Cotton Mather (1663-1728), Increase Mather (1639-1723), Benjamin Rush (1746-1813) – um signatário da Declaração de Independência – e Lyman Beecher (1775-1863) lideraram a batalha contra a insobriedade. A Massachusetts Society for the Suppression of Intemperance [Sociedade de Massachusetts para a Supressão da Insobriedade] foi organizada para conter a bebedeira associada à guerra de 1812, e a American Temperance Society [Sociedade Americana de Abstinência] foi organizada em 1826. O movimento da abstinência evoluiria para um movimento efetivo que estabeleceria a proibição em treze estados e territórios, para depois recuar durante o desenvolvimento do Partido Republicano, o movimento abolicionista e a Guerra de Secessão.

O movimento da abstinência cresceu até atingir mais de um milhão de membros por volta de 1833, consistindo em grande parte de evangélicos do norte das igrejas Batista, Congregacionalista, Metodista e Presbiteriana. Nascida dos movimentos de reavivamento dos anos 1820 e 1830, o Protestantismo evangélico é melhor descrito como pietismo pós-milenarista porque seus seguidores acreditavam que haveria um reino de Deus que duraria mil anos na Terra e que seu trabalho seria preparar o mundo para o retorno de Jesus. Não é de surpreender que, na medida em que este grupo amadureceu, voltou-se cada vez mais para o poder estatal para fortalecer a batalha contra o álcool. Ian R. Tyrrell observa que, além dos ministros evangélicos e seus rebanhos, empreendedores jovens em ascensão apoiavam a abstinência para melhorar a economia.

Os Washingtonianos eram outro grupo importante dentro do movimento da abstinência, consistindo em grande parte de ex-alcoólatras. Eles formavam uma organização voluntária para proporcionar caridade aos alcoólatras e apoio para aqueles que desejavam se abster da embriaguez. O grupo era similar aos Alcoólicos Anônimos (AA) em sua estrutura organizacional, características de filiação e princípios. Esses ativistas atacavam o uso da persuasão legal como uma tática e criticavam o clero

AS ORIGENS DA PROIBIÇÃO • **83**

por pregarem para as classes superiores convertidas, em vez de trabalharem com aqueles que mais precisavam de ajuda. Os Washingtonianos doavam mais dinheiro para os necessitados do que outras organizações de abstinência, embora geralmente possuíssem recursos modestos. Eles atraíram muitos membros, levantaram muito dinheiro e converteram muitos alcoólatras. As sociedades Washingtonianas foram, posteriormente, cooptadas pela recém-formada Sons of Temperance [Filhos da Abstinência] (uma organização fraternal) e outras organizações de abstinência e proibicionistas[106].

É útil ilustrar a transição da abstinência para a proibição como um processo de quatro etapas. Na primeira fase, a insobriedade era entendida como a bebedeira e a embriaguez excessivas. A solução consistia em educar o público a respeito dos perigos do álcool. Os reformadores enfatizavam que as bebidas destiladas deveriam ser consumidas com moderação e que a educação por meio de exemplos poderia levar a sociedade a alcançar a abstinência. A cerveja e o vinho geralmente eram de nenhuma ou pouca preocupação para os reformadores neste momento.

A segunda fase envolveu uma virada na direção da abstinência das bebidas destiladas. Novamente, este objetivo deveria ser atingido por meios voluntários e pela educação através dos exemplos. Foi durante esta fase que as sociedades de abstinência foram criadas e se fortaleceram. O compromisso com a abstinência se tornou uma ferramenta importante e proeminente para a organização e a radicalização do movimento da abstinência.

A fase seguinte começou como uma batalha entre as forças da abstinência. A nova força que em última análise tornou-se dominante foi o elemento radical, que reivindicava a abstinência total de todas as bebidas alcoólicas, inclusive o vinho e a cerveja. Esta facção foi vista inicialmente como uma ameaça aos costumes

---

[106] Ver: HAMPEL, Robert L. *Temperance and Prohibition in Massachusetts: 1813-1852*. Ann Arbor: UMI Research Press, 1982. Capítulos 6-9.

sociais, liberdade individual e tradição religiosa, e como desnecessária para a consecução da abstinência. Os grupos de abstinência total dominaram outros grupos através de uma organização superior, levantamento de fundos e recrutamento de novos membros.

Um desenvolvimento e debate simultâneo se seguiram a respeito da escolha entre meios voluntários e coercitivos para atingir a abstinência. A filosofia tradicional tinha sido que os meios para alcançar a abstinência deveriam ser voluntários. A educação, liderando por meio do exemplo, e a obtenção de assinaturas em compromissos de abstinência, eram as ferramentas do movimento da abstinência. A estratégia teve sucesso enquanto mensurada pelo número de membros, o número de grupos locais e o número de signatários dos vários compromissos de abstinência.

A estratégia coercitiva, entretanto, ganhou cada vez mais atenção e importância na medida em que as forças da abstinência se tornavam cada vez mais frustradas e impacientes com o longo e difícil processo associado à sua estratégia. A conversão dos não bebedores, abstêmios, alcoólatras reformados e protestantes evangélicos era relativamente fácil quando comparada com a conversão daqueles que abusavam do álcool e dos membros de grupos de imigrantes nos quais o álcool era parte dos costumes sociais e religiosos. Esses proibicionistas impacientes frequentemente jogavam a culpa de suas frustrações no atrativo do álcool e nos lucros obtidos pelos vendedores de bebidas.

Esta fase representou uma mudança estratégica na direção dos meios coercitivos do governo. O sistema de licenciamentos, que tolerava o consumo de álcool, deveria ser substituído por alguma forma de restrição direta sobre esse consumo. A história desta fase se caracteriza pelas forças da abstinência organizando coalizões para aprovar legislações restritivas, tais como a opção local, requisitos de quantidade de vendas e proibições locais. Em última instância, essas restrições fracassaram em atingir seus resultados pretendidos, mostraram-se difíceis de implementar e levaram a consequências não pretendidas, tais como um aumento da insobriedade, álcool de baixa qualidade e a existência de estabelecimentos de bebida desagradáveis.

Os estrategistas radicais tinham cada vez mais sucesso no estabelecimento dessas medidas intervencionistas. As verdadeiras organizações de abstinência, tais como os Washingtonianos, tornaram-se mais fracas, enquanto os proibicionistas se fortaleciam politicamente através de alianças com os movimentos abolicionista e anti-imigração.

O intervencionismo, assim como as organizações de abstinência, era incapaz de implementar a abstinência total na sociedade. Após cada fracasso, os grupos de abstinência defendiam políticas mais restritivas. Tipicamente, a estratégia radical começava com requisitos mínimos de compra, então se movia para opções locais de licenciamento e, finalmente, para as proibições locais[107]. Cada uma dessas medidas ou fracassou em atingir os resultados desejados, ou se mostrou de difícil implementação. Pressões competitivas e o atrativo dos lucros mantiveram o fluxo do fornecimento de álcool. Este foi o processo que levou à proibição em todo o estado do Maine em 1851[108].

O autor da lei, Neal Dow (1804-1897), promoveu-a como um modelo a ser difundido pela nação e, de fato, muitos dos estados e territórios do norte adotaram-na entre 1851 e 1855. Em diversos casos, as "Leis do Maine" eram simplesmente versões mais fortes de leis existentes contra o álcool. As leis do Maine permitiam a busca e apreensão, reduziam as exigências para condenação, aumentavam as multas e exigiam a apreensão e destruição obrigatória das bebidas capturadas.

---

[107] Restrições mínimas de compra exigiam que uma pessoa comprasse ao menos uma certa quantidade (grande) de bebidas destiladas, como por exemplo quinze galões (56,7 litros). As exigências tinham por objetivo desencorajar o consumo de bebidas nas classes de renda média e baixa.

[108] BYRNE, Frank L. *Prophet of Prohibition: Neal Dow and His Crusade*. Gloucester: Peter Smith, 1969.

No entanto, o rápido sucesso deste movimento de proibição teve vida curta. Por volta de 1880, somente Vermont, Maine e New Hampshire permaneciam secos em um nível estadual. Dentre as diversas razões para o fracasso das leis do Maine, havia a oposição dos grupos de imigrantes irlandeses e alemães. Esses grupos de imigrantes em rápido crescimento, bem como a população bebedora nativa, opuseram-se e frequentemente violaram abertamente a proibição.

As leis do Maine sofreram diversas derrotas nos tribunais. Em diversos estados, as cortes de justiça determinaram que as leis ou certos aspectos legais (especialmente as características da busca e apreensão) eram ilegais. Ironicamente, o nascimento do Partido Republicano (o lar político de muitos proibicionistas) e a maré contrária à escravidão também reduziram o proibicionismo. Republicanos entendiam que a adoção imediata do proibicionismo causaria divisões no novo partido[109]. A questão da escravidão estava desviando uma quantidade cada vez maior da atenção pública para longe do problema do álcool.

De longe, o aspecto mais revelador das leis do Maine foi a sua aplicação ineficiente. Forças policiais profissionais existiam em somente algumas poucas cidades grandes, as quais tendiam a ser dominadas por populações de imigrantes bebedores. Isto significava que os proibicionistas teriam que organizar e financiar os esforços de implementação. Inicialmente, os proibicionistas foram ativos na implementação das leis, mas consideraram isso custoso. Eles também consideraram que muitos bebedores simplesmente não aceitavam a autoridade da moralidade determinada democraticamente.

Um evento notável envolveu o pai da lei do Maine e prefeito de Portland, Neal Dow. Dow foi acusado por seus oponentes de obter lucros pessoais com o controle governamental da venda de álcool para propósitos industriais e medicinais. Tal como descrito por Ian R. Tyrrell, a confrontação entre Dow e seus

---

[109] GIENAPP, William E. *The Origins of the Republican Party, 1852-1856*. New York: Oxford University Press, 1987.

AS ORIGENS DA PROIBIÇÃO • **87**

acusadores exerceu um efeito dramático no ímpeto dos movimentos proibicionistas:

> Uma turba ensandecida reuniu-se na agência de bebidas na noite de 2 de junho de 1855, depois que a existência de bebidas se tornou de conhecimento comum. A multidão exigia a destruição das bebidas e ameaçou invadir o estabelecimento caso a demanda não fosse satisfeita e Neal Dow fosse preso pela violação de sua própria lei. Dow, que sempre fora ágil em recorrer à força em defesa da moralidade, reuniu os Guardas de Rifle locais. Na confrontação que se seguiu contra a multidão que atirava pedras, Dow ordenou às suas tropas que atirassem quando diversos manifestantes invadiram a agência de bebidas[110].

Dow foi chamado de fanático e assassino[111]. Os interesses emergentes das destilarias, bares e produtores de cerveja tornaram Dow um "tirano" e as leis do Maine um assunto central nas eleições subsequentes. Assim, o movimento da proibição recuou rapidamente da proeminência política.

2 - A Coalizão da Proibição

A segunda metade do século XIX foi um período de entrincheiramento e de construção de coalizões para o movimento proibicionista. Após a derrota dos Confederados e a "reconstrução" do Sul, reformadores sociais voltaram toda a sua atenção mais uma vez para a eliminação, da sociedade, das bebidas do mal[112].

---

[110] TYRRELL, Ian R. *Sobering Up: From Temperance to Prohibition in Antebellum America, 1800-1860*. Westport: Greenwood Press, 1979. p. 295-99.

[111] BYRNE, Frank L. *Prophet of Prohibition. Op. cit.*, p. 60-69.

[112] Para as importantes mudanças políticas na segunda metade do século XIX, ver: JENSEN, Richard. *The Winning of the Midwest: Social and Political Conflict, 1888-1896*. Chicago: University of Chicago Press, 1971. JENSEN, Richard. *Grass Root Politics: Parties,*

As partes importantes deste movimento de reforma consistiam do movimento das mulheres, o partido da Proibição, a Anti-Saloon League [Liga Antibares] e organizações profissionais. Mudanças estruturais dentro dos principais partidos políticos também proporcionaram um elemento catalisador para a proibição nacional. Tal como fora o caso antes da Guerra de Secessão, o protestantismo evangélico foi uma força central em todas essas partes, e o álcool não era mais do que o principal vilão para um movimento proibicionista que estava preparando a Terra para o retorno de Jesus.

As mulheres foram uma importante fonte de apoio para a proibição. O movimento pelo sufrágio feminino, nascido antes da Guerra de Secessão, reemergiu com força total em 1869. Naquele ano, a National Woman Suffrage Association [Associação Nacional para o Sufrágio Feminino] e a American Woman Suffrage Association [Associação Americana para o Sufrágio Feminino] foram formadas, e as mulheres obtiveram o direito de votar nos territórios do Wyoming e Utah. Diversas líderes do movimento sufragista, tais como Susan B. Anthony (1820-1906), Elizabeth Cady Stanton (1815-1902) e Lucy Stone (1818-1893) estavam envolvidas com o movimento da abstinência[113]. Entre as sufragistas e as abolicionistas, as mulheres engrossaram as fileiras das organizações proibicionistas.

Em 1873 a Women's Christian Temperance Union [União Cristã das Mulheres pela Abstinência] foi criada para reunir as

---

Issues, and Voters, 1854-1983. Westport: Greenwood Press, 1983; SILBEY, Joel H. *The Transformation of American Politics, 1840-1860*. Englewood Cliffs, N.J.: Prentice-Hall, 1967; SILBEY, Joel H. *Political Ideology and Voting Behavior in the Age of Jackson*. Englewood Cliffs, N.J.: Prentice-Hall, 1973; SILBEY, Joel H. ; BOGUE, Allan G. & FLANIGAN, William H. (Eds). *The History of American Electoral Behavior*. Princeton: Princeton University Press, 1978.

[113] ROSENSTONE, Stephen J. ; BEHR, Roy L. & LAZARUS, Edward H. *Third Parties in America: Citizen Response to Major Party Failure*. Princeton: Princeton University Press, 1984. p. 75.

AS ORIGENS DA PROIBIÇÃO • **89**

mulheres protestantes na causa da proibição. As mulheres acreditavam que seriam as principais beneficiárias da abstinência, pois a insobriedade era geralmente um problema masculino, mais especificamente um problema dos maridos[114]. As mulheres também desempenharam um papel proeminente tanto no partido da Proibição quanto na Anti-Saloon League [Liga Antibares]. A relação entre o sufrágio e a proibição era uma via de mão dupla: proibicionistas e nativistas apoiavam o sufrágio feminino porque acreditavam que as mulheres votariam a favor da proibição e das restrições à imigração[115].

A formação do Partido da Proibição em 1869 e sua primeira campanha presidencial foram as manifestações mais tangíveis da politização do movimento da abstinência. O terceiro partido mais antigo na história dos Estados Unidos é geralmente caracterizado como ineficiente e de pouca importância para o movimento da Proibição. Esta interpretação, entretanto, negligencia o papel dos movimentos de terceiros: a introdução da política pública, a atração da atenção pública para os problemas sociais, a demonstração precisa das preferências dos eleitores, a criação de pressões por mudanças nos principais partidos políticos e a provisão de experiência política e de treinamento para os reformadores.

O partido da Proibição foi o primeiro partido a endossar a proibição do álcool, as leis sobre o trabalho infantil, a eleição direta dos senadores, um imposto sobre a renda e o sufrágio feminino. Todas essas "reformas" foram eventualmente incorporadas às plataformas dos principais partidos e aprovadas como leis. Defensores da abstinência melhoraram suas percepções acerca da política e ganharam experiência política, a qual aplicaram a esforços posteriores. Tão tarde quanto em 1926, o partido da Proibição foi membro de uma coalizão consistindo da Women's Chistian

---

[114] GRIMES, Alan P. *The Puritan Ethics and Woman Suffrage*. New York: Oxford University Press, 1967. p. 78.

[115] Idem. *Ibidem*, p. 140-44.

90 • MARK THORNTON

Temperance Union, a Anti-Saloon League e organizações locais que derrotaram James Wadsworth (1807-1864), senador republicano de Nova York, um dos principais apoiadores da revogação da Proibição. Vladimer O. Key (1908-1963) discute a divisão do trabalho entre partidos políticos e grupos de interesse especial:

> No funcionamento do sistema político, ocorre uma divisão de trabalho entre os partidos políticos e os grupos de pressão. Isto não é necessariamente uma separação nítida das funções. Partidos realizam algumas funções que quase nunca são empreendidas por grupos de pressão; e algumas das atividades dos grupos – e talvez a maior parte das atividades de muitos grupos – dizem respeito a assuntos sobre os quais os partidos raramente assumem uma posição. Por outro lado, em alguns temas, os partidos e ao menos alguns grupos trabalham ou em colaboração, ou em oposição[116].

Dada uma divisão do trabalho entre os grupos de pressão e os partidos políticos, seria fácil negligenciar a importância fundamental deste terceiro partido. Entretanto, Peter H. Odegard (1901-1966), um dos historiadores importantes da Anti-Saloon League, assinala que: "Obviamente, seria um equívoco minimizar a importância do Partido da Proibição na criação de um sentimento 'seco'. A longa e persistente batalha que empreendeu certamente tornou menos difícil a luta da Liga"[117]. Seria apropriado considerar o partido da Proibição como um importante componente da politização e do sucesso político do movimento da proibição.

A votação presidencial total do partido da Proibição aumentou de 0,05% em 1872 para 2,25% em 1892, atingindo o auge logo antes do movimento estatal de proibição. Os estados nos quais o partido da Proibição obteve o maior sucesso foram

---

[116] KEY, V. O. *Politics, Parties, and Pressure Groups*. New York: Crowell, 1958. p. 171.

[117] ODEGARD, Peter H. *Pressure Politics: The Story of the Anti-Saloon League*. New York: Octagon Books, 1966 [1928]. p. 101-03.

AS ORIGENS DA PROIBIÇÃO • **91**

aqueles nos quais a proibição foi implementada primeiro[118]. O que é mais importante, o partido da Proibição estava tirando votos dos republicanos[119]. Combinada com as vitórias do Partido Populista e a depressão econômica, a agitação do partido da Proibição ajudou a conseguir um dramático realinhamento dos principais partidos.

Durante os anos 1890, os Republicanos desistiram da proibição em favor da moderação e do sufrágio feminino para competir pelo crescente voto alemão. Ao mesmo tempo, William Jennings Bryan (1860-1925) venceu a indicação presidencial do partido Democrata. Melhor conhecido pelo seu papel no julgamento de Scopes e pela sua posição em prol da prata livre, Bryan capturou o partido da Proibição e apelou aos protestantes pietistas do Oeste, Meio-Oeste e Sul[120].

3 - A Liga Antibares e a Adoção da Proibição

O crescente reconhecimento do fracasso das políticas partidárias no estabelecimento de uma proibição nacional e a impaciência natural dos reformadores levou à formação da Anti-Saloon League em 1895. A instituição era o braço político das igrejas Batista, Congregacionista, Metodista e Presbiteriana. Era esta organização que reunia e direcionava os esforços dos proibicionistas para obter vantagens das oportunidades proporcionadas pela Primeira Guerra Mundial.

A Anti-Saloon League dominada pelas igrejas consistia de uma complexa rede burocrática apoiada pelas taxas dos membros e

---

[118] Ver: BLOCKER, Jack S. (1914-2006) *Retreat from Reform: The Prohibition Movement in the United States, 1890-1913.* Westport: Greenwood Press, 1976. p. 44-47.

[119] KLEPPNER, Paul. *The Third Electoral System, 1853-1892: Parties, Voters, and Political Cultures.* Chapel Hill: University of North Carolina Press, 1979. p. 246-248.

[120] KLEPPNER, Paul. *Continuity and Change in Electoral Politics, 1893-1928.* Westport: Greenwood Press, 1987. p. 108-13; KLEPPNER, Paul. *Who Voted? The Dynamics of Electoral Turnout, 1870-1980.* New York: Praeger, 1982.

92 • MARK THORNTON

doações individuais. Seu principal meio de agitar em prol da proibição e da opção local era a operação de uma editora que produzia panfletos e pagava palestrantes para denunciarem o álcool no púlpito em qualquer oportunidade disponível. A própria Liga descrevia a campanha pela proibição como "a Igreja em ação contra o bar"[121].

A Anti-Saloon League cresceu rapidamente. Somente duas organizações estaduais da Liga foram estabelecidas em 1895, porém quarenta e dois estados ou territórios tinham organizações locais em 1904[122]. Peter Odegard estima que quando a Proibição foi promulgada, a instituição contava com a cooperação de 30.000 igrejas e 60.000 agências[123].

A atividade da Anti-Saloon League começou com uma ênfase na opção local. Isto provou ser uma estratégia bem-sucedida no estabelecimento da proibição nas áreas rurais e nas jurisdições dominadas pelos protestantes. Posteriormente, a Liga se voltou para a proibição estatal e intimidação dos candidatos dos principais partidos. Utilizava o voto evangélico-proibicionista para direcionar as eleições para longe dos candidatos não-cooperativos e na direção dos apoiadores de sua causa.

A despeito de sua origem republicana ianque, o movimento da proibição e o sucesso da Liga se moveram para o Oeste e para o Sul. O Sul tornava-se cada vez mais "ianquizado" e evangélico. Odegard examinou os padrões de votação e descobriu que o apoio da Liga veio majoritariamente dos democratas no Sul e republicanos no Norte[124]. O movimento na direção da proibição estadual teve sucesso em grande parte nos estados rurais e protestantes, tais como aqueles no Sul que eram mais de 80% rurais e 80% protestantes, e nos estados menos

---

[121] ODEGARD, Peter H. *Religion and Politics*. New Brunswick: The Eagleton Institute of Politics, Rutgers University, 1960. p. 116.

[122] BLOCKER, Jack S. *Retreat from Reform: The Prohibition Movement in the United States, 1890-1913*. Westport: Greenwood Press, 1976. p. 157.

[123] ODEGARD, Peter H. *Pressure Politics: The Story of the Anti-Saloon League*. New York: Octagon Books, 1966 [1928]. p. 20-21.

[124] Idem. *Ibidem*, p. 81.

AS ORIGENS DA PROIBIÇÃO   • **93**

populosos do Oeste. Os estados e grandes cidades do Nordeste, com exceção da Nova Inglaterra, permaneceram dominados pelos democratas irlandeses e republicanos "wets". Jack S. Blocker (1914-2006) indica que a Proibição nunca representou a opinião majoritária, sugerindo que seu sucesso se baseava na troca de favores.

Na realidade, a Anti-Saloon League contava com uma variedade de estratégias politicamente convenientes, inclusive a intimidação de candidatos políticos e de titulares de cargos. Por volta de 1915, a Liga tinha se separado completamente dos esforços voluntários e educativos de abstinência. Ela tornara-se um esforço organizado pelas igrejas protestantes evangélicas em utilizar a política para forçar a abstinência através da proibição.

A Liga era frequentemente criticada por causa de suas táticas por apoiadores, pelo partido da Proibição e por grupos de igrejas, bem como por seus opositores. A estratégia de oportunismo político da Liga, que consistia de grandes pagamentos para reformadores profissionais e a utilização direta dos púlpitos para propósitos políticos, foi muitas vezes criticada pelas igrejas que a integravam. A crítica da Liga aos negros e católicos, comparando-os ao Ku Klux Klan ou caracterizando-os como não-cidadãos ou não-humanos que venderiam seus votos por uma bebida, também foi criticada.

De acordo com Odegard, no ápice de sua campanha de propaganda, a Anti-Saloon League estava publicando quarenta toneladas de literatura a cada mês[125]. Esta abordagem indireta era imune aos encargos e restrições incidentes sobre a abordagem direta da indústria do álcool. A indústria do álcool estava sujeita à *Corrupt Practices Act* [Lei sobre Práticas de Corrupção] que fora criada para monitorar os esforços lobistas e para impedir a corrupção. Entretanto, a Liga não recaiu no âmbito da *Corrupt Practices Act* até depois da Proibição ter sido promulgada e, então, somente sob protesto. Odegard observa que "ao fracassar em produzir declarações [relatórios de contribuições e atividades] para o período entre 1910 e 1918, a organização nacional

---

[125] Idem. *Ibidem*, p. 74.

certamente violou o espírito da Corrupt Practices Act e possivelmente a letra da lei"[126]. A Liga era, portanto, capaz de gastar grandes somas de dinheiro (até US$ 2.500.000,00 – dois milhões e quinhentos mil dólares – por ano) para promover sua causa sem cair sob o mesmo escrutínio público da indústria de álcool[127].

O sucesso da Anti-Saloon League para obter fundos se baseava, em parte, em sua organização do apoio dos negócios contra o álcool. A chave para este sucesso era que os nomes dos principais contribuintes eram mantidos em segredo. Este segredo era crucial para o sucesso da campanha antibares e, conforme observado por Warburton, pesquisas estatísticas proporcionaram pouco respaldo para determinar a amplitude da busca de rendimentos comerciais contra a indústria do álcool[128].

É sabido que Amos I. Root (1839-1923) da Root Beer Company realizou contribuições substanciais durante a formação da Liga. John D. Rockefeller (1839-1937) admitiu ter contribuído com mais de US$ 350.000,00 (trezentos e cinquenta mil dólares) para a Liga, embora afirmações não embasadas coloquem essa cifra na casa das dezenas de milhões de dólares. A Brewer's Association [Associação dos Produtores de Cerveja] apresentou uma lista dos contribuintes "conhecidos", os quais incluíam dirigentes da Roger Peet and Company, diversos proprietários de companhias de veículos motorizados, James Horton (1835-1914) da Horton Ice Cream Company, a U. S. Steel Corporation, John Wanamaker (1838-1922) e muitos dirigentes importantes de grandes corporações. Proprietários e operadores de companhias tais como a Coca-Cola e a Welch's Grape Juice, que poderiam esperar se beneficiar com a proibição, são também suspeitas de terem sido grandes contribuidoras para a causa[129].

---

[126] Idem. *Ibidem*, p. 210.
[127] Idem. *Ibidem*, p. 181.
[128] WARBURTON. Clarke. *The Economic Results of Prohibition. Op. cit.*, p. 263.
[129] ODEGARD. *Pressure Politics: The Story of the Anti-Saloon League*, p. 271.

AS ORIGENS DA PROIBIÇÃO • 95

4 - A Era Progressiva e a Proibição

A Era Progressiva representou uma reformulação da sociedade americana. A combinação do pensamento "progressivo" com a Primeira Guerra Mundial proporcionou a oportunidade ideal para promulgar a proibição nacional do álcool. A Anti-Saloon League proporcionou tanto um objetivo claro (o fim dos bares) quanto a organização, de tal maneira que uma coalizão formada por protestantes evangélicos, mulheres, organizações profissionais e interesses comerciais poderia tirar proveito desta oportunidade[130].

A sociedade americana mudou em muitos aspectos importantes durante a Era Progressiva. Em termos políticos, a iniciativa, o referendo, a revogação, a eleição direta de senadores, o sufrágio feminino e a adoção da votação australiana (secreta) e do *shortened ballot*[131] eram tanto objetivos da maioria quanto meios para atingir outras reformas progressivas. Muitas dessas mudanças promoveram a causa do proibicionismo. Por exemplo, James Bryce (1838-1922) observa que a votação australiana colocava os eleitores analfabetos e imigrantes (que geralmente se opunham à proibição)

---

[130] Organizações profissionais serão discutidas com mais detalhes posteriormente. Organizações médicas profissionais foram um componente importante na direção da proibição do álcool e das drogas. Por exemplo, em 1914 um grupo de psiquiatras e neurologistas condenou o álcool como um "veneno definitivo" e instou as legislaturas estaduais a banirem seu consumo. Em 1915, o uísque e o *brandy* foram removidos da Farmacopéia dos Estados Unidos como drogas medicinais. Em 1918 a American Medical Association (AMA) aprovou por unanimidade uma resolução que reivindicava o fim da utilização do álcool como uma bebida e instigava que seu uso como agente terapêutico fosse ainda mais desencorajado. Na mesma convenção da AMA, seu presidente, dr. Charles H. Mayo (1865-1939), expressou apoio a uma proibição nacional sobre o consumo de álcool (TIMBERLAKE, James H. *Prohibition and the Progressive Movement: 1900-1920*. Cambridge: Harvard University Press, 1963. p. 47).

[131] Sistema de votação desenvolvido para facilitar a vida dos eleitores com base no princípio de que os únicos cargos a serem eleitos são os suficientemente importantes para merecer o escrutínio público e poucos cargos devem ser preenchidos de uma só vez em uma dada eleição. (N. T.)

em desvantagem considerável, dado que agora precisavam ser capazes de ler as cédulas. Além disso, a votação dos estrangeiros foi proibida e exigências de registro eleitoral foram estabelecidas em diversas cidades, tanto restringindo o poder dos imigrantes quanto fortalecendo a posição proibicionista.

Uma longa lista de reformas econômicas foi aprovada durante a Era Progressiva. Essas reformas incluíram leis sobre o trabalho infantil, leis sobre a educação pública, legislação trabalhista e sobre os sindicatos, restrições à imigração, reforma monetária e bancária a *Federal Reserve Act* [Lei da Reserva Federal], políticas antitruste e o imposto de renda.

O movimento progressivo se baseava grandemente nos temores dos cidadãos das classes média e alta em uma sociedade que passava por rápidas mudanças. O grande negócio era visto como uma ameaça ao sistema econômico e à estabilidade social. As populações da classe baixa e de imigrantes estavam crescendo e se congregando nas áreas urbanas em rápida expansão. Embora as políticas progressivas fossem novas para o governo norte-americano, elas resultavam em grande parte de um conservadorismo e de uma tentativa de consertar a sociedade, defender a moralidade da classe média e proteger o antigo modo de vida norte-americano. James Timberlake conclui que para "atingir tais fins, o Movimento Progressivo compreendeu uma ampla variedade de reformas individuais, sendo a proibição uma das mais importantes e menos compreendidas"[132].

Os argumentos científicos para a proibição se baseavam, em grande parte, nos estudos sobre os efeitos do álcool[133]. Foram reunidas evidências importantes que associavam o álcool com o crime, a pobreza, a doença, lares desfeitos, vícios sociais e outros males. A

---

[132] TIMBERLAKE, James H. *Prohibition and the Progressive Movement. Op. cit.*, p. 1.

[133] Uma visão geral de tais estudos é fornecida por: TIMBERLAKE, James H. *Prohibition and the Progressive Movement. Op. cit.*, p. 39-47. O peso desses estudos ajudou a impelir a AMA a adotar um posicionamento mais forte contra o álcool e a favorecer a proibição.

AS ORIGENS DA PROIBIÇÃO • **97**

correlação estabelecida nesses estudos iniciais transformou a ciência social de uma ciência que examinava o caráter individual com base no livre-arbítrio em uma que colocava a principal ênfase no ambiente. De acordo com Timberlake, "o principal efeito desses dados sociológicos foi persuadir muitas pessoas a se voltarem para a supressão dos bares e à proibição"[134] para melhorar o ambiente.

Os bares eram o alvo natural das forças da proibição. Eles serviam a uma variedade de funções para as pessoas das classes pobres, trabalhadoras e imigrantes. Era lá que encontravam conforto, entretenimento, jogos, discussões políticas, oportunidades de emprego e muito mais[135]. O dono do bar era o amigo, o confidente e o líder político de seus clientes regulares. A reputação do bar se tornou manchada, contudo, por causa de sua associação com a corrupção generalizada, atividades criminosas, compra de votos e poder de monopólio.

Donos de bares em diversos estados frequentemente enfrentavam dificuldades para pagar as taxas anuais de licenciamento. Um método para financiar essas taxas consistia em conseguir que um produtor de cerveja as pagasse em troca de direitos exclusivos de venda. Um outro método consistia em desafiar as leis que limitavam as transações comerciais aos domingos para gerar receitas adicionais. Abrir aos domingos não somente ajudava a pagar as taxas do governo, mas também ajudava a manter os clientes da classe trabalhadora, que bebiam nesse dia.

Para evitar as leis que limitavam as transações comerciais, subornos eram pagos à polícia e a oficiais eleitos. Tais propinas podiam vir na forma de dinheiro ou de votos. Uma outra prática era servir bebidas de má qualidade ou aguadas como se fossem marcas de tipo

---

[134] TIMBERLAKE, James H. *Prohibition and the Progressive Movement. Op. cit.*, p. 60.

[135] A obra fornece uma longa lista de serviços oferecidos por vários bares, inclusive comida grátis, mesas de jogo, salas de exercício, mesas de bilhar e materiais de leitura. O bar também era o centro da vida política. *"Em resumo, [o bar] era por excelência o clube do homem pobre, e por conseguinte do imigrante"*. TIMBERLAKE, James H. *Prohibition and the Progressive Movement. Op. cit.*, p. 118.

superior. Os donos dos bares também expandiam sua renda com comissões que recebiam de prostitutas, jogadores e, em uns poucos casos, batedores de carteira que permitiam que utilizassem suas facilidades. Novamente, o dono do bar se protegia pagando propinas à polícia local e aos oficiais eleitos. De acordo com Timberlake:

> A indústria da bebida se envolveu completamente com a corrupção política através de suas conexões com o bar. Aqui, a raiz do problema era que o dono de bar ordinário, tendo que enfrentar uma competição extrema, era praticamente forçado a desobedecer as leis para a venda de bebidas e a aliar-se ao vício e ao crime para poder sobreviver. Incapaz de ganhar a vida honestamente, fazia-o de maneira desonesta[136].

As forças de proibição se concentraram sobre esta indústria montada sobre o crime que era capaz de corromper tanto a liderança política da nação quanto as vidas dos pobres imigrantes. O sucesso da Proibição Nacional do Álcool dependia de maneira vital de definir seu objetivo como sendo livrar os Estados Unidos dos bares. Deve ser observado, contudo, que altas taxas de licenciamento, impostos sobre o consumo e outras exigências políticas eram as responsáveis por esta "competição extrema" e atividades desonestas.

Para se proteger da proibição, a indústria do álcool se organizou e estabeleceu a United States Brewers' Association [Associação Americana dos Produtores de Cerveja], em 1862, e a National Retail Liquor Dealers' Association [Associação Nacional dos Negociantes Varejistas de Bebidas], em 1893. Embora utilizasse seus tremendos recursos para afetar diretamente as eleições e a legislação, a indústria do álcool foi responsabilizada perante a *Corrupt Practices Act* e sofreu diversos contratempos com a lei eleitoral. Tais mudanças foram parcialmente responsáveis pelo sucesso da Proibição. Por exemplo, a votação australiana e outras mudanças que ocorreram

---

[136] Idem. *Ibidem*, p. 110.

AS ORIGENS DA PROIBIÇÃO • **99**

entre 1890 e 1910 não somente restringiram os votos dos imigrantes, mas também limitaram a capacidade da indústria de álcool de influenciar as eleições mediante a compra de votos. Gary M. Anderson e Robert D. Tollison argumentam que a incapacidade de alocar votos de maneira eficiente como resultado das leis sobre o voto secreto provoca instabilidade nos resultados eleitorais e assim contribui para o crescimento do governo[137]. As atividades políticas da indústria do álcool foram ainda mais reduzidas por uma condenação por fraude eleitoral no Texas e uma investigação na Pensilvânia que resultou em uma multa milionária[138].

A coalizão entre os interesses da bebida e os produtores de cerveja rompeu-se durante a Primeira Guerra Mundial com a implementação da Lever Act [Lei Lever]. Essa lei distinguia entre as bebidas pesadas, que deveriam ser proibidas, e o vinho e a cerveja, que seriam restritas para liberar recursos para os esforços de guerra. A indústria de cerveja tentou proteger seus interesses dissociando-se das destilarias:

> "A verdadeira relação com a cerveja", insistia a United States Brewers' Association, "é com os vinhos leves e as bebidas suaves – não com as bebidas pesadas [...]". Os fabricantes de cerveja afirmaram seu desejo de "romper, de uma vez por todas, os grilhões que prendem nossas produções saudáveis [...] aos aguardentes [...]". Mas esta atitude covarde não resultaria em benefícios para os fabricantes de cerveja[139].

Uma vez que a coalizão foi quebrada, proibicionistas voltaram suas atenções contra os fabricantes de cerveja, empregando o

---

[137] ANDERSON, Gary M. & TOLLISON, Robert D. "Democracy, Interest Groups, and the Price of Votes". *Cato Journal*, Volume 8 (Spring/Summer 1988): 51-70.

[138] SAIT, Edward G. *American Parties and Elections*. New York: Appleton-Century. 1939. p. 149n.

[139] ROTHBARD, Murray N. "World War I as Fulfillment: Power and the Intellectuals". *Journal of Libertarian Studies*, Volume 9 (Winter 1989): 81-125. Cit. p. 86.

100 • MARK THORNTON

sentimento antialemão e o patriotismo da época de guerra proporcionado pela Primeira Guerra Mundial para atingir seus objetivos[140].

Boa parte do sucesso político da Proibição pode também ser atribuído ao fato de que ela atacou os bares e não incluiu nenhuma prescrição contra os consumidores de álcool. Somente os produtores e os distribuidores dos produtos enfrentavam restrições legais. Esta tática eliminou o argumento da liberdade pessoal, não alienou a população geral e, o que é mais importante, aumentou o isolamento da indústria de álcool[141].

A história do álcool revela diversos componentes importantes da demanda pela proibição que são consistentes com a teoria dos grupos de interesse sobre as origens do proibicionismo. A demanda básica por abstinência é encontrada nos movimentos de reforma e no protestantismo evangélico pós-milenarista. Este movimento de abstinência foi, então, transformado em um movimento pela proibição através do acesso ao processo político. O movimento pela proibição se desenvolveu e a ele se uniram os buscadores de renda no comércio, tais como os competidores da indústria de álcool[142].

5 - A Proibição Nacional dos Narcóticos

A proibição nacional dos narcóticos foi adotada antes da proibição do álcool e continua até nossos dias. Esta proibição apresenta diversos fatores importantes em comum com a proibição do álcool – respaldo dos protestantes evangélicos e dos progressistas,

---

[140] Idem. *Ibidem*

[141] O único apoio para a indústria de álcool veio de seus banqueiros, e de seus próprios sindicatos. Outros líderes industriais apoiaram a Proibição por razões morais, econômicas ou de autointeresse. Muito pouco foi feito em relação aos "direitos" da indústria do álcool.

[142] É amplamente reconhecido que muitas religiões se opõem ao álcool e à venda de álcool aos domingos porque o álcool compete pela atenção e o dinheiro dos frequentadores das igrejas.

AS ORIGENS DA PROIBIÇÃO • 101

a impaciência geral com o progresso para neutralizar o abuso das drogas, discriminação contra grupos imigrantes minoritários, as consequências não pretendidas e não percebidas da intervenção governamental e a janela de oportunidade proporcionada pela Primeira Guerra Mundial. A proibição dos narcóticos também apresentava algumas importantes diferenças em relação à coalizão que a apoiava. Uma primeira diferença era o papel das profissões médica e farmacêutica, que utilizavam o controle dos narcóticos como um meio de unir e consolidar suas profissões em grupos de interesse poderosos. Conforme observado por David Musto (1936-2010):

> A medicina e a farmácia estavam em estágios ativos de organização profissional quando envolveram-se com a questão do controle dos narcóticos [...]. Suas intensas batalhas pelo avanço profissional e pela unificação exerceram um efeito sobre o progresso e a forma final da legislação antinarcóticos[143].

Políticos também desempenharam um papel ativo no controle dos narcóticos. De acordo com Arnold Taylor, o controle de narcóticos foi utilizado para obter influência nas relações com a China[144]. E, finalmente, burocratas ajudaram a transformar o papel regulador estabelecido por esta coalizão em uma proibição administrada por uma burocracia federal. Uma razão importante para a longevidade da proibição dos narcóticos é que os consumidores desses produtos, diferentemente dos consumidores de álcool, sempre têm sido uma pequena fração da população.

---

[143] MUSTO, David F. *The American Disease: Origins of Narcotic Control*. New York: Oxford University Press, 1987. p. 13.

[144] TAYLOR, Arnold H. *American Diplomacy and the Narcotics Traffic, 1900-1939: A Study in International Humanitarian Reform*. Durham: Duke University Press, 1969.

6 - O Problema dos Narcóticos

As matérias-primas para os narcóticos – o ópio e as folhas de coca – vinham sendo utilizadas por séculos nas culturas asiática e sul-americana antes de sua introdução nos Estados Unidos. Invenções tecnológicas e descobertas durante o século XIX, tais como a morfina em 1803, a seringa hipodérmica em 1844, a cocaína em 1859, o hidrato de cloral em 1868 e a heroína em 1898 aumentaram enormemente o uso e a aplicabilidade dos narcóticos. Inicialmente, esses desenvolvimentos aumentaram o prestígio da indústria farmacêutica e a capacidade da profissão médica para curar doenças e aliviar a dor. Deve ser lembrado que a profissão da cura ainda utilizava práticas tais como as sangrias, vesiculação e tratamentos com mercúrio. Também deve ser notado que, além de aliviar a dor (a aspirina não estava comercialmente disponível até 1899), os narcóticos eram anestésicos e agentes de cura valiosos. David Courtwright cita a profissão médica como a maior fonte de dependência de opiáceos[145].

Explicando o crescimento da dependência de narcóticos nos Estados Unidos, autoridades citam com frequência a Guerra de Secessão. Muitos soldados, tanto do Norte quanto do Sul, tornaram-se viciados durante a guerra. Enquanto muitos historiadores subestimam o papel da Guerra de Secessão, Courtwright relata que dez milhões de pílulas de ópio e 80,5 toneladas de pós e tinturas de ópio foram e emitidos somente para o exército da União[146]. Estatísticas indicam, entretanto, que o consumo de ópio já estava aumentando nos anos 1840.

O movimento pela proibição do álcool desempenhou involuntariamente um papel significativo na difusão da dependência de ópio. A falta de fornecimento de álcool e o estigma a ele associado

---

[145] COURTWRIGHT, David T. *Dark Paradise: Opiate Addiction in America Before 1940*. Cambridge: Harvard University Press, 1982.
[146] Idem. *Ibidem*, p. 55.

sem dúvida encorajou sua substituição por opiáceos em meados do século XIX. O dr. F. E. Oliver (1819-1892) abordou longamente este tema:

> Não nos propomos a considerar a questão do quanto a proibição de bebidas alcoólicas levou à sua substituição pelo ópio. É um fato significativo, entretanto, que tanto na Inglaterra quanto neste país, o movimento em prol da abstinência total tenha sido quase imediatamente seguido pelo aumento no consumo de ópio. Nos cinco anos após o início deste movimento na Inglaterra, as importações anuais desta droga mais do que dobraram; e foi entre 1840 e 1850, logo após a abstinência ter-se tornado um fato determinado, que nossas próprias importações de ópio inflaram, diz o dr. Alonzo Calkins (1804-1878), na razão de 3,5 para 1, e quando os preços aumentaram em 50%, "o hábito de mascar ópio", diz o dr. Alfred Stille (1813-1900), "tornou-se muito frequente nas Ilhas Britânicas, especialmente desde que o uso de bebidas alcoólicas foi abandonado em tão grande medida, sob a influência da moda introduzida pelas sociedades de abstinência total, fundadas pelo mero oportunismo social e não sob aquela autoridade religiosa que impõe a abstinência em todas as coisas, seja na comida ou na bebida, seja no álcool ou no ópio". Ademais, em outros países, descobrimos que onde o calor do clima ou decretos religiosos restringem o uso do álcool, os habitantes são levados a buscar estimulação no consumo de ópio. Também Samuel Morewood (1767-1846), em sua abrangente History of Inebriating Liquors [História das Bebidas Inebriantes], afirma que a utilização geral de ópio e de outras substâncias estimulantes entre os maometanos pode datar suas origens desde o ordenamento do Profeta proibindo o vinho. Essas afirmações estão de acordo com as observações de diversos de nossos correspondentes, que atribuem o maior uso de ópio à dificuldade em obter bebidas alcoólicas. É um fato curioso e interessante, por outro lado, que na Turquia, enquanto o

consumo de vinho tem aumentado nos últimos anos, o de ópio certamente declinou[147].

O progresso econômico geral também ajudou a colocar o norte-americano médio cada vez mais em contato com médicos, estabelecimentos de saúde e narcóticos polivalentes. Foi também este progresso que ajudou a trazer os problemas do abuso de drogas e da dependência para a atenção do público geral após a Guerra de Secessão:

> Os Estados Unidos sempre enfrentaram um "problema de drogas", embora o público tenha permanecido desinformado a respeito. Porém as comunicações rápidas erodiram essa ignorância após 1865. Assim como a estação de trens e o tribunal, o sanatório estava se tornando um monumento da civilização[148].

De fato, o termo "dependência" foi cunhado muito após a Guerra de Secessão pelo médico sueco Magnus Huss (1807-1890). A percepção da dependência em narcóticos trouxe esforços por parte de médicos e companhias de patentes de medicamentos para descobrir a causa, a cura e os métodos para reduzir o abuso. Algum progresso foi feito no entendimento da causa e da cura da dependência, mesmo segundo padrões modernos.

7 - O Movimento Profissional

A American Medical Association [Associação Médica Americana] (AMA), fundada em 1847, e a American Pharmaceutical Association [Associação Farmacêutica Americana] (APhA),

---

[147] OLIVER, F. E. *The Use and Abuse of Opium*. Boston: Wright and Potter, 1872. p. 162-77. Reimpresso em: MORGAN, H. Wayne. *Yesterday's Addicts*. *Op. cit.*, p. 43-52.

[148] MORGAN, H. Wayne. *Yesterday's Addicts*. *Op. cit.*, p. 3.

fundada em 1852, desempenharam papéis importantes no movimento pela proibição. Elas começaram como grupos dissidentes no interior das indústrias médica e de fornecimento de medicamentos. Seus objetivos se concentraram no estabelecimento de padrões profissionais para restringir a entrada. Inicialmente, o desejo de implementar padrões levantou tanto suspeitas quanto oposição dentro de suas próprias fileiras.

Um interesse comum das associações era a regulamentação dos vendedores de narcóticos como um meio para avançar os objetivos econômicos dos associados e como uma cura para os problemas sociais crescentes. Ambas as associações também apoiaram a chamada para a proibição do álcool. Um outro interesse comum era a destruição de um rival econômico – a indústria de patentes de drogas.

A indústria de patentes de drogas obtivera uma vantagem substancial sobre os médicos e os farmacêuticos como resultado das melhorias tecnológicas, das práticas comerciais, do transporte e das comunicações. Medicamentos patenteados poderiam ser comprados em qualquer lugar pelo correio, enquanto médicos e farmacêuticos se localizavam geralmente nas áreas populosas.

A AMA e a APhA não estavam totalmente unidas em questões de políticas. De fato, muitas das batalhas por rendimentos dependiam da competição entre farmacêuticos e médicos que prescreviam seus próprios medicamentos. Apesar desta rivalidade, David Musto afirma que

> Médicos e farmacêuticos eram francos e eficientes em seus esforços lobistas. Cada um desses grupos percebeu que, além de ajudar com o bem-estar do público, leis de narcóticos estritas poderiam ser uma distinta vantagem para o desenvolvimento institucional se um cuidado maior fosse tomado na sua elaboração[149].

---

[149] MUSTO, David F. *The American Disease. Op. cit.*, p. 14.

106 • MARK THORNTON

As duas profissões não eram os dois únicos grupos de pressão envolvidos no desenvolvimento da legislação de narcóticos. A National Drug Wholesalers Association [Associação Nacional de Atacadistas de Medicamentos], a Association of Retail Druggists [Associação de Farmacêuticos Varejistas] e outros grupos também participaram. A opinião pública era tal que, por volta da virada do século, não era tanto uma questão de se algo deveria ser feito, mas do que deveria ser feito, e mais especificamente como a proibição deveria ser estabelecida. Esta situação proporcionou um convite natural para que as indústrias médica e farmacêutica participassem, como peritos, do desenvolvimento da legislação antinarcóticos, e de fato o resultado legislativo final foi grandemente influenciado pelos interesses desses grupos[150].

8 - A Lei Harrison contra os Narcóticos

O Harrison Narcotics Tax Act contra os narcóticos foi aprovada em 1914. Ela representa a primeira regulamentação federal para restringir a venda de drogas e é a base da proibição corrente contra os narcóticos. O Harrison Narcotics Tax Act representa o apogeu do trabalho desordenado de uma variedade de grupos de interesse em conjunto contra os narcóticos. De acordo com William Butler Eldrigde:

A promulgação do *Harrison Narcotics Tax Act* assinalou o início de uma abordagem totalmente nova do problema dos narcóticos. Essa abordagem pode ser melhor descrita como um esforço estabelecido para controlar o uso não medicinal

---

[150] Estimativas da dependência de narcóticos variam amplamente, porém a maior parte das primeiras estimativas colocam a população de dependentes em 0,5% ou menos da população total. Para uma discussão aprofundada e revisão das evidências, ver COURTWRIGHT, David T. *Dark Paradise. Op. cit.*, p. 9-34.

dos narcóticos e evoluiu para uma proibição dos usos não medicinais e o controle dos usos medicinais[151].

As primeiras leis contra o fumo do ópio foram aprovadas nos estados do Oeste. O uso do ópio era difundido pelos chineses, que imigraram com a construção de ferrovias e usavam o ópio para uma variedade de propósitos medicinais e recreativos. As leis, com frequência explicitamente discriminatórias contra os imigrantes chineses, eram em grande parte ineficientes, pois os chineses formavam estruturas sociais muito coesas. Em acréscimo, não havia um mecanismo organizado de implementação. Na medida em que essas leis eram eficientes, contudo, elas tendiam a estimular o uso de formas menos conspícuas do ópio (ou seja, diferentes do fumo), o negócio da venda de drogas pelo correio, o contrabando e as casas de ópio ilegais.

A cocaína era vista como uma droga maravilhosa e era utilizada como ingrediente em uma variedade de produtos comerciais, tais como o vinho, a Coca-Cola e tônicos. Estados começaram a banir a venda livre de cocaína após 1900. No Sul, as proibições da cocaína baseavam-se em parte no medo de que os negros pudessem substituir o álcool pela cocaína após a venda de álcool ter sido proibida. Alegou-se que o uso de cocaína transformava os negros em criminosos ensandecidos e estupradores violentos, bem como impenetráveis pelas balas calibre 32.

Uma grande fonte de opiáceos eram os medicamentos patenteados. Somente uma pequena proporção desses medicamentos era consumida por pessoas que se tornaram dependentes. A maior parte dos medicamentos patenteados era utilizada para o alívio da dor e das doenças sem causar dependência, ou por bebês que não poderiam levar o hábito adiante. Muitos viciados deram continuidade a seus vícios com medicamentos patenteados, enquanto

---

[151] ELDRIDGE, William Butler. *Narcotics and the Law: A Critique of the American Experiment in Narcotic Drug Control*. Chicago: University of Chicago Press, 2nd ed., 1967. p. 9.

alguns fizeram isso inadvertidamente com tratamentos para a dependência baseados em ópio.

A verdadeira tragédia do episódio dos medicamentos patenteados foi o vício de consumidores desavisados (que, previamente, não eram dependentes). Muitos estados baniram o ópio, a morfina e a heroína por volta da virada do século, porém os banimentos foram em grande parte ineficientes devido a uma variedade de razões. A razão mais notável foi que as companhias de medicamentos patenteados poderiam rapidamente obter isenção dos banimentos. Essas isenções resultaram na disponibilidade amplamente difundida de uma substância proibida sem marca. A consequente dependência de muitos consumidores desavisados pode ser atribuída às proibições estatais e às isenções garantidas ao invés da insensibilidade ou estupidez das companhias de medicamentos patenteados.

O ano de 1906 foi um divisor de águas no desenvolvimento da proibição nacional dos narcóticos. O tratamento midiático do "abuso" das empresas farmacêuticas e o fracasso generalizado dos banimentos estatais ajudaram a promover um consenso sobre uma política contra o abuso das drogas. District of Columbia Pharmacy Act [Lei Farmacêutica do Distrito de Columbia] e a Pure Food and Drug Act [Lei de Pureza de Alimentos e Medicamentos] foram ambas aprovadas em 1906 para pôr um fim aos abusos das empresas de medicamentos patenteados e competidores não licenciados.

A *Pure Food and Drug Act* de 1906 foi o primeiro exemplo importante de legislação federal dirigida contra o abuso de drogas. Ela determinava que as empresas de medicamentos listassem, no rótulo, os ingredientes de seus produtos. O resultado atribuído a esta legislação foi o declínio nas vendas de medicamentos patenteados[152]. O sucesso da aprovação da lei deu experiência po-

---

[152] Nesta época, a substituibilidade geral dos entorpecentes foi novamente reconhecida. O dr. Hamilton Wright (1846-1916), o pai das leis norte-americanas de narcóticos, observou

lítica e encorajamento à AMA, à APhA e à indústria atacadista de medicamentos. O sucesso da lei na limitação da concorrência também os encorajou a ampliarem seus esforços legislativos.

A Lei Farmacêutica foi um balão de ensaio promulgado com o consentimento das associações de comércio, médicos e farmacêuticos. De fato, a lei se baseava em uma lei modelo desenvolvida pela APhA que isentava os médicos que vendiam medicamentos a seus próprios pacientes. Esta lei teve o efeito de controlar a competição dos vendedores de medicamentos não licenciados (e desorganizados), tais como os vendedores de porta em porta. A versão final da lei refletiu um meio-termo entre reformadores, médicos, farmacêuticos, a indústria de medicamentos e o Congresso[153].

A Guerra Hispano-Americana, entre 25 de abril e 12 de agosto de 1898, posicionou os Estados Unidos oficialmente nas fileiras das potências mundiais imperialistas coloniais. A dependência e a influência recém-descoberta no Extremo Oriente colocaram o uso de narcóticos em um novo patamar de importância. Países ocidentais tinham utilizado o poder militar para abrir o comércio de ópio e para ampliar as oportunidades comerciais na China. Os Estados Unidos buscaram aumentar sua influência na China, diminuir a preocupação chinesa a respeito da discriminação generalizada contra os imigrantes chineses e parar com a fonte de seus próprios problemas com as drogas mediante o estabelecimento de acordos internacionais sobre o controle dos narcóticos.

Theodore Roosevelt (1858-1919) promoveu a Segunda Conferência de Paz de Haia para estabelecer um acordo

---

que, nos estados da Proibição, o consumo de opiáceos aumentou em 150% (MUSTO, David F. *The American Disease. Op. cit.*, Capítulo 1, n. 42). Ademais, a diminuição nos medicamentos patenteados baseadas no ópio (de 25% a 50%) pode ter sido responsável pelo notável aumento no consumo *per capita* de álcool.

[153] MUSTO, David F. *The American Disease. Op. cit.*, p. 21-22.

internacional sobre a eliminação do abuso do ópio. Durante a conferência, em 1909, o Congresso rapidamente promulgou um banimento da importação de fumo de ópio para aliviar o constrangimento da delegação dos Estados Unidos em relação à falta de suas próprias leis federais. Esta foi a única legislação que não ofenderia os grupos de interesse especial e que poderia ser rapidamente aprovada pelo Congresso. Esta manobra para o resgate da reputação, entretanto, não alcançou os objetivos originais de Roosevelt nem aplacou aqueles que estavam interessados em utilizar aquele fórum internacional como um método para impor medidas domésticas mais restritivas quanto ao uso de narcóticos.

Tentativas contínuas do governo federal (políticos) para ganhar influência na China e para controlar as vendas domésticas de narcóticos levaram à elaboração do *Foster Anti-Narcotic Bill* [Projeto de Lei Anti-Narcóticos Foster]. Embora nunca tenha passado do Congresso, esse projeto de lei constituiu a base do *Harrison Narcotics Tax Act*. Baseado nos poderes de receita do governo federal, o projeto de lei era abrangente e determinava pesadas penalidades para os violadores. Este projeto deveria se aplicar a todos os produtos contendo até mesmo quantidades mínimas de opiáceos, cocaína, hidrato de cloral ou cannabis. Ele exigia que os vendedores mantivessem registros extensos, pagassem taxas de licenciamento e comprassem títulos e selos fiscais. As penalidades consistiam em multas de US$ 500,00 a US$ 5.000,00 e de um a cinco anos de prisão.

O *Foster Anti-Narcotic Bill* não era popular com os interesses da indústria de medicamentos, pois colocava a culpa e o ônus financeiro nos farmacêuticos, médicos e empresas de medicamentos. Farmacêuticos atacadistas e fabricantes de medicamentos atacaram a inclusão da cannabis, as custosas exigências de relatórios e as penalidades severas impostas pelo projeto de lei. A APhA, reformadores sociais e burocratas desejavam uma legislação forte, que cobrisse inclusive a cannabis e a cafeína. Devido a uma falta

AS ORIGENS DA PROIBIÇÃO • **111**

de acordo entre esses grupos, o *Foster Anti-Narcotic Bill* foi, eventualmente, derrotado[154].

O esforço para controlar os narcóticos foi colocado nas mãos do congressista Francis Burton Harrison (1873-1957). Em resposta, a APhA organizou a National Drug Trade Conference [Conferência Nacional sobre o Comércio de Medicamentos], que consistia da American Association of Pharmaceutical Chemists [Associação Americana de Químicos Farmacêuticos], da National Association of Medicinal Products [Associção Nacional de Produtos Médicos], da National Association of Retail Druggists [Associação Nacional de Farmacêuticos Varejistas] e da National Wholesale Druggists' Association [Associação Nacional de Farmacêuticos Atacadistas], todas as quais se opunham a aspectos de alguma lei como o *Foster Anti-Narcotic Bill*.

Na busca de um meio-termo entre os interesses políticos e os da indústria, Francis Harrison esmagou a influência dos reformadores e burocratas. Harrison procurou a assessoria direta do National Drug Trade Council [Conselho Nacional para o Comércio de Medicamentos] para poder reescrever o *Foster Anti-Narcotic Bill* e conseguir a aprovação. A AMA quase quadruplicou seus associados entre 1900 e 1913, e seu interesse era obter uma legislação que não afetasse os direitos dos médicos de vender medicamentos. O lobby dos farmacêuticos buscava há muito tempo o monopólio do fornecimento de medicamentos. A venda de medicamentos por médicos era, contudo, de importância decrescente e a APhA se contentava com exigências iguais e menos rigorosas para a manutenção de registros. David Musto descreveu a versão final do Harrison Narcotics Tax Act como uma série de meios-termos entre os interesses dos medicamentos, a profissão médica, os reformadores e burocratas:

---

[154] Idem. *Ibidem*, p. 40-48.

112 • MARK THORNTON

O *Harrison Narcotics Tax* Act de 1913, descendente do mais estrito *Foster Anti-Narcotic Bill*, incorporou diversos meios-termos. Registros foram simplificados; notas de encomenda seriam preenchidas por qualquer comprador de narcóticos e mantidas durante dois anos, para que os agentes da receita pudessem inspecioná-las à vontade. Médicos poderiam fornecer medicamentos sem manter registros caso estivessem atendendo seus pacientes. Inúmeros medicamentos patenteados contendo não mais do que as quantidades permitidas de morfina, cocaína, ópio e heroína poderiam continuar sendo vendidos pelo correio e em lojas de departamentos. Todos os envolvidos no comércio de narcóticos, com exceção dos usuários, teriam que ser registrados. Varejistas ou médicos no exercício da profissão poderiam obter um selo fiscal por um dólar por ano. Nenhum título seria exigido, as drogas não seriam tributadas por peso e o hidrato de cloral e a cannabis foram eliminados da versão final[155].

Em outras palavras, a legislação deu aos médicos e farmacêuticos um monopólio cuidadosamente dividido sobre a venda de narcóticos, sem ofender as indústrias relacionadas e sem impor muitos custos ou o fardo nos próprios monopolistas. Ao mesmo tempo, removeu a influência, o poder e o controle dos burocratas, o que era uma notável característica do *Foster Anti-Narcotic Bill*.

Com a aprovação do *Harrison Narcotics Tax Act*, o Bureau of Internal Revenue [Departamento de Receitas Internas] começou a administrar a nova lei. Ele tinha experiência no arrecadamento de impostos, na emissão de selos fiscais e no registro de participantes. O departamento começou a explorar sua autoridade e a responder questões práticas sobre a lei. Emitiu novas regulamentações que implicaram em fardos adicionais sobre os vendedores de narcóticos e isso entrou em conflito com a interpretação da lei pelos grupos de

---

[155] Idem. *Ibidem*, p. 51-65.

interesse. Em segundo lugar, e mais importante, foi seu ataque contra a manutenção dos dependentes de narcóticos.

O Bureau of Internal Revenue buscava eliminar a manutenção da dependência pelos médicos, porém esses esforços eram constantemente rejeitados pelos tribunais. Não foi até 1919 que a manutenção dos dependentes, e, portanto, a proibição estrita dos narcóticos, foi estabelecida. A proibição baseava-se em uma emenda que fortaleceu o Harrison Narcotics Tax Act e em uma decisão favorável da Suprema Corte que apoiou a eliminação dos programas de manutenção.

A mudança dramática na política está relacionada à promulgação da Proibição (do álcool) em 1919, dos esforços combinados dos burocratas e dos eventos relacionados à Primeira Guerra Mundial. A emenda da Proibição concedeu autoridade adicional aos argumentos em prol da proibição dos narcóticos. Ela também estabeleceu o medo de que as pessoas privadas do álcool poderiam se voltar para os narcóticos. O Special Committee on Narcotics [Comitê Especial sobre Narcóticos] do Treasury Department [Departamento do Tesouro] produziu um relatório, Traffic in Narcotic Drugs [Tráfico de Drogas Narcóticas], no qual estatísticas questionáveis (baseadas em informações de entrevistas) foram utilizadas para pintar um quadro sombrio da utilização futura de narcóticos na ausência de uma proibição total. Em acréscimo, a Primeira Guerra Mundial colocou ainda mais lenha na fogueira da proibição. A preocupação com a eficiência, a ameaça comunista e o patriotismo dos tempos da guerra ajudaram a proporcionar apoio público para as medidas que tinham sido consideradas inconstitucionais. Como resultado, a Narcotics Division of the Prohibition Unit [Divisão de Narcóticos da Unidade de Proibição] do Treasury Department foi capaz de estabelecer o que foi essencialmente uma proibição dos narcóticos.

Em retrospecto, o processo desordenado de busca de rendimentos que levou à atual proibição dos narcóticos não constituía uma fundamentação sensível para a legislação. A influência política

114 • MARK THORNTON

na China, a promoção dos grupos médicos de interesse, a Proibição e os problemas iniciais associados aos narcóticos foram fatores temporais que não mais existem para dar apoio à proibição.

9 - A Proibição Nacional da Maconha

A proibição parece ser incompatível com a importância histórica, cultural e econômica da maconha. Conforme observado por Ernest L. Abes:

> A cannabis é indubitavelmente uma das plantas mais extraordinárias do mundo. Praticamente todas as suas partes têm sido utilizadas e valorizadas em uma época ou outra. Suas raízes eram fervidas para produzir medicamentos; suas sementes foram consumidas como alimento por animais e pessoas, esmagadas para fazer óleos industriais e atiradas ao fogo para liberar seus diminutos canabinóides inebriantes; as fibras de seu caule têm sido valorizadas acima das demais fibras devido à sua força e durabilidade; e suas folhas repletas de resina têm sido mastigadas, fervidas em água ou fumadas como medicamento ou inebriante[156].

A proibição da maconha também é uma curiosidade porque foi promulgada antes que sua utilização como droga recreativa se tornasse difundida. Essas questões e a corrente importância da maconha na economia clandestina levaram os pesquisadores a examinar as origens da sua proibição.

Duas hipóteses têm dominado a discussão sobre as origens da proibição da maconha. A primeira é a "hipótese Anslinger", desenvolvida por Howard Becker na década de 1950. Howard Becker argumentou que o Federal Narcotics Bureau [Departamento Federal

---

[156] ABEL, Ernest L. *Marihuana: The First Twelve Thousand Years*. New York: Plenum Press, 1980. p. 269-270.

AS ORIGENS DA PROIBIÇÃO • **115**

de Narcóticos], liderado pelo ex-comissário da Proibição Harry Anslinger (1892-1975), desempenhou um papel empresarial ao chamar a atenção do público geral para a maconha. Por exemplo, Anslinger é responsável pelo desenvolvimento do conceito "erva assassina" e praticamente todos os artigos populares publicados antes da aprovação do Marijuana Tax Act [Lei Fiscal da Maconha] de 1o de outubro de 1937 reconhecem a ajuda de seu departamento e de suas publicações.

Howard Becker não diz que o departamento buscava esta legislação, ou por que o fez naquele momento. Joel Fort (1929-2015) argumenta que o departamento desejava publicidade[157], enquanto Erich Goode sustenta que o departamento queria impor à sociedade sua própria moralidade[158]. Donald T. Dickson argumenta que o departamento estava meramente seguindo seu autointeresse na forma do crescimento burocrático e sobrevivência devido aos cortes orçamentários da Grande Depressão[159]. Jerome L. Himmelstein argumenta que o departamento tentava se sustentar por meio da limitação de sua responsabilidade e mantendo somente o papel de formulador de políticas[160]. Todas essas hipóteses são válidas em alguma medida, embora nenhuma delas isoladamente, bem como nenhuma combinação delas, explique totalmente a origem da proibição da maconha.

A "hipótese mexicana", tal como desenvolvida por David Musto[161] e John Helmer[162], sugere que a proibição da maconha foi uma reação contra os imigrantes mexicanos e outros, tais como as classes urbanas mais baixas e os negros. Esta hipótese se baseava

---

[157] FORT, Joel. *The Pleasure Seekers*. New York: Grove Press, 1969.

[158] GOODE, Erich. *Drugs in American Society*. New York: Knopf, 1972.

[159] DICKSON, Donald T. "Bureaucracy and Morality". *Social Problems*, Volume 16 (1968): 143-56.

[160] HIMMELSTEIN, Jerome L. *The Strange Career of Marijuana: Politics and Ideology of Drug Control in America*. Westport: Greenwood Press, 1983.

[161] MUSTO, David F. *The American Disease. Op. cit.*, p. 51-65.

[162] HELMER, John. *Drugs and Minority Oppression*. New York: Seabury Press, 1975.

na difusão do uso da maconha na população geral durante os anos 1920 e início da década de 1930, na presença da intolerância contra os mexicanos e na disposição dos mexicanos para demandar pagamentos mais baixos do que os brancos nos mercados de trabalho durante a Grande Depressão.

É evidente que a intolerância possivelmente desempenhou um papel importante na demanda pela proibição. Os chineses, alemães e irlandeses são exemplos proeminentes de discriminação através da proibição. A partir das evidências apresentadas por Richard J. Bonnie e CharlesWhitebread II (1943-2008)[163], era claro que havia pouca preocupação pública generalizada com respeito ao uso de maconha em 1937, e tampouco havia um clamor público pela proibição da maconha que não estivesse ligado, de alguma maneira, ao departamento ou a suas publicações.

A aprovação do Marijuana Tax Act ocorreu sem muita publicidade e não se tornou uma política significativa até o aumento da utilização recreativa dessa droga durante os anos 1960. A hipótese Anslinger e a hipótese mexicana são complementares; juntas, melhoram nosso entendimento das causas, justificativas e propósitos para a proibição da maconha. Ao mesmo tempo, essas duas explicações parecem ser respostas incompletas para a questão das origens da proibição da maconha. Uma explicação mais completa pode ser atingida colocando as duas hipóteses rivais em contexto histórico, com referência às proibições precedentes.

Primeiramente, Anslinger foi comissário da Proibição durante a Proibição Nacional do Álcool. Quando a Proibição foi revogada, a Grande Depressão já estava criando pressões orçamentárias e o Federal Narcotics Bureau precisava de justificativas adicionais para preservar sua existência.

Anslinger aprendera importantes lições durante a Proibição. Primeiramente, burocracias que enfrentam dificuldades para

---

[163] BONNIE, Richard J. & WHITEBREAD II, Charles. *The Marijuana Conviction: A History of Marijuana Prohibition in the United States*. Charlottesville: University of Virginia Press, 1974.

AS ORIGENS DA PROIBIÇÃO • 117

assegurar dinheiro suficiente para realizar suas missões são, eventualmente, expostas como ineficientes. Segundo, Anslinger promoveu a ideia de punir o consumidor, bem como os produtores e distribuidores. Ele acreditava que a Proibição teria sido eficiente caso tais penalidades tivessem existido. A proibição da maconha proporcionou-lhe a oportunidade para testar sua abordagem. Terceiro, Anslinger estava convencido de que a publicidade e o apoio do público eram cruciais e que quaisquer meios deveriam ser utilizados para conseguir esse apoio.

No modelo de Anslinger para a proibição, uma maioria substancial deve ser lançada contra uma minoria pequena, em relação à qual exista desconfiança. Isto proporcionaria um nível estável de apoio do público e, assim, a continuidade dos fundos para a burocracia. A burocracia federal não deveria ser responsável pela aplicação efetiva da proibição. Seu papel deveria se restringir à elaboração de políticas e à criação de apoio do público para a proibição. Com a implementação concentrada no nível local, os problemas e imperfeições da aplicação seriam menos perceptíveis do que no nível nacional.

A proibição do álcool afetou o mercado de maconha. À medida que o preço dos produtos alcoólicos aumentou durante a Proibição, o preço relativo da maconha caiu e seu consumo começou a aumentar. A maconha provou ser particularmente popular nas classes de baixa renda incapazes de arcar com os elevados preços do álcool. A utilização de maconha difundiu-se mais rapidamente no Sudoeste e Meio-Oeste. A maconha também estava disponível em forma de haxixe nos bares clandestinos de muitas cidades grandes. Sem a exposição proporcionada pela Proibição, a maconha provavelmente não teria se tornado uma questão de interesse público ou de legislação nacional em 1937. Em acréscimo, o Harrison Narcotics Tax Act de 1914 deu mostras de ser valiosa para o departamento. Antes do Harrison Narcotics Tax Act, era difícil para a legislação da proibição permanecer dentro dos marcos constitucionais. O precedente da utilização dos poderes federais de tributação e a experiência dos desafios jurídicos enfrentados no passado pelo Harrison Narcotics Tax Act ajudaram a estabelecer a legalidade da proibição da maconha.

Esta perspectiva histórico-teórica sobre as origens da proibição da maconha atinge uma explicação abrangente que incorpora as hipóteses Anslinger e mexicana. A hipótese mexicana (da discriminação) é válida em parte. A maior parte das proibições envolvem um elemento de intolerância e a discriminação ajuda a explicar, por exemplo, o decréscimo nas penalidades pelo uso de maconha na década de 1970, quando adolescentes brancos de classe média foram detidos em grandes quantidades devido à posse de maconha. A hipótese Anslinger (burocrática) também ajuda a explicar a expansão da proibição para a maconha e a maneira como foi executada. As implicações históricas e empíricas das duas proibições precedentes, contudo, são necessárias para proporcionar um tratamento consistente e completo das origens da proibição da maconha.

A explicação da busca de rendimentos, mais tradicional, também contribui para nosso entendimento da proibição da maconha. A maconha (cânhamo) tem sido uma das plantas mais importantes para a civilização humana. Foi extensamente utilizada como fibra, ração para animais, medicamento, óleo e de outras formas ao redor do mundo. Por volta do século XX, substitutos tais como o petróleo e o algodão tinham substituído o cânhamo em grande medida como a principal fonte desses materiais. Sem embargo, eliminar a erva como um substituto seria consistente com uma atividade de busca de rendimentos.

Por exemplo, a indústria química e companhias tais como a E. I. du Pont de Nemours and Company, que produzia fibras artificiais e óleos de secagem baseados no petróleo (utilizados em tintas e na goma-laca) se beneficiariam potencialmente da proibição da maconha. Uma proibição contra a maconha proporcionaria vantagem econômica à produção química e a fontes naturais alternativas de óleos e fibras. Apesar do envolvimento ativo da família du Pont

AS ORIGENS DA PROIBIÇÃO • **119**

contra a proibição do álcool, sua empresa detinha uma nova patente em um processo de fabricação de papel de polpa de madeira que precisaria competir com o papel baseado no cânhamo caso não tivesse sido proibida em 1937[164].

A proibição é um fenômeno estranho, porém não mais misterioso. Suas origens podem ser encontradas nas boas intenções dos protestantes evangélicos, bem como na discriminação contra grupos minoritários[165]. A política proporcionou aos membros impacientes do movimento da abstinência um método mais direto e menos dispendioso para atingir seus objetivos – resultando na perda da sua natureza voluntária e de serviço público.

O proibicionismo se tornou um movimento oportunista de interesse especial que entrou no fórum público por meio de uma coalizão de grupos de interesse comercial e organizações profissionais. Embora a tradicional busca por rendimentos tenha sido minimizada como explicação para as proibições, foi sem dúvida um fator importante. Entre os efeitos duradouros do proibicionismo se encontra o estabelecimento de poderosos grupos de interesse médicos. A AMA tornou-se a força dominante no percurso em direção à proibição. Seu poder monopolístico permitiu-lhe fechar escolas de Medicina, controlar as escolas restantes e limitar novas entradas. Um importante segmento de médicos (homeopatas que utilizavam meios de tratamento mais baratos) foram expulsos do setor. Rubin A. Kessel[166] descreve algumas das consequências nega-

---

[164] Sobre os antecedentes históricos da questão da maconha, ver, também: SLOMAN, Larry. *Reefer Madness: The History of Marijuana in America*. Indianapolis: Bobbs-Merrill, 1979.

[165] Muitos dos pensadores progressistas da época eram racistas no sentido de que consideravam a raça branca como superior e dominante, e, portanto, responsável pelo bem-estar das raças inferiores. Sobre o papel dos pensadores progressistas, ver, também: WARBURTON, Clark. "Prohibition". *In*: SELIGMAN, R. A. (Ed.). *Encyclopaedia of the Social Sciences – Volume 12*. London: Macmillan, 1934.

[166] KESSEL, Rubin A. "Price Discrimination in Medicine". *Journal of Law and Economics*, Volume 1 (1958): 20; KESSEL, Rubin A. *The AMA and the Supply of Physicians*. Symposium on HealthCare, Part 1. Law and Contemporary Problems, 1970; KESSEL, Rubin A. "Higher Education and the Nation's Health: A Review of the Carnegie Commission Report on Medical

tivas que resultaram do estabelecimento deste monopólio. James Burrow[167] e John B. Blake (1922-2006)[168] também mostram que a organização médica e farmacêutica obteve o controle da indústria médica através das exigências de licenciamentos e controle sobre o fornecimento de medicamentos durante o caminho para a proibição. A organização, ou monopolização da medicina produziu importantes ramificações para a saúde, inovação, competição de preços e distribuição de renda.

Uma das conclusões mais importantes deste estudo é que as proibições não foram promulgadas sobre produtos previamente não-regulados, mas sim sobre produtos que já tinham estado sujeitos à intervenção massiva do governo. Os piores problemas com o álcool, tais como aqueles associados às estalagens e os bares, ou, no caso dos narcóticos, com os medicamentos patenteados, foram na realidade consequências não pretendidas das medidas intervencionistas, e não do livre mercado.

Verificou-se que as burocracias, uma vez estabelecidas, promoveram e ampliaram a política da proibição. Isto foi particularmente verdadeiro com a proibição dos narcóticos e da maconha. Também se verificou que guerras (Guerra da Independência em 1776, Guerra Anglo-Americana de 1812, Guerra de Secessão, Guerra Hispano-Americana e, particularmente, a Primeira Guerra Mundial) encorajaram o consumo de álcool e de narcóticos e desempenharam um papel importante no estabelecimento de proibições.

Education". *Journal of Law and Economics*, Volume 15 (April 1972): 115; KESSEL, Rubin A. 1974. "Transfused Blood, Serum Hepatitis, and the Coase Theorem". *Journal of Law and Economics*, Volume 17 (October 1974): 26.

[167] BURROW, James G. *Organized Medicine in the Progressive Era: The Move Towards Monopoly*. Baltimore: Johns Hopkins University Press, 1977.

[168] BLAKE, John B. (Ed.). *Conference on the History of Medicinal Drug Control*. Baltimore: Johns Hopkins University Press, 1970.

CAPÍTULO III

UMA
TEORIA
DA
PROIBIÇÃO

"As fontes históricas, biológicas e estatísticas, contudo, proporcionaram pouco na forma de fatos verificáveis ou dados adequadamente construídos. As conclusões tipicamente alcançadas após uma leitura desta literatura variam tão amplamente quanto os fatos que são alegados e são frequentemente derivadas sem o auxílio da lógica elementar".

– Robert J. Michaels, *The Market for Heroin before and after Legalization*

APESAR DO INFLAMADO DEBATE, pouco avanço foi conquistado na direção do entendimento teórico da proibição. Economistas e outros cientistas sociais têm despendido muito mais esforços em pesquisas empíricas e em análises de custo/benefício do que no desenvolvimento da teoria. A experiência histórica contribuiu de certa maneira para o nosso entendimento, porém somente ao custo de décadas de políticas públicas mal orientadas.

Proibições legais são atos legislativos que proíbem a produção, comercialização e consumo de um produto. Para proporcionar uma fundamentação sólida do entendimento a partir do qual eventos e episódios históricos específicos podem ser estudados, e como uma base para a formulação de leis e políticas públicas onde a permanência ao invés da transitoriedade seja desejada, uma teoria da proibição deveria permanecer geral. Não deveria se referir a um produto específico, causador ou não de "dependência", ou a uma época em particular, mais do que deveria uma teoria da inflação ou do controle de preços.

No segundo capítulo, verificou-se que interesses de busca de rendimentos são o elemento-chave para a adoção de proibições. Para estabelecer o argumento em prol da proibição, será pressuposto que tais interesses coincidem com o interesse público.

Os argumentos em favor da proibição incluem:

1) Despesas geralmente realizadas com bens proibidos serão destinadas a utilizações melhores em bens tais como seguro de vida, alimentação, abrigo e poupança.
2) A sobriedade dos trabalhadores aumenta a eficiência, reduz o absenteísmo e reduz acidentes relacionados ao trabalho.
3) O consumo de produtos proibidos causa dano à saúde do consumidor. A doença reduz a permanência no trabalho, aumenta a demanda por estabelecimentos de saúde e aumenta os custos dos cuidados de saúde proporcionados pelo governo.
4) A dependência, o comportamento compulsivo e os hábitos são problemas que vão além da capacidade de controle individual e devem, portanto, ser colocados sob controle estatal.

UMA TEORIA DA PROIBIÇÃO • **123**

5) A utilização de certos produtos causa violência e criminalidade em indivíduos que, de outra forma, não incorreriam em tais comportamentos. Proibições ajudam a reduzir o crime, a corrupção e os vícios sociais.

6) A utilização de certos produtos prejudica a educação, a vida familiar e a participação no processo democrático. Assim, a proibição é uma maneira de defender o modo de vida norte-americano.

7) A utilização de certos produtos é contagiosa e espalha-se rapidamente para todos os grupos socioeconômicos, levando possivelmente à dependência de segmentos substanciais da população.

8) A utilização dessas drogas é desnecessária e não apresenta função social benéfica.

9) A proibição é a melhor política disponível para os problemas mencionados acima. É eficiente e os benefícios de sua implementação superam em muito os custos.

10) Dada uma política estabelecida de maneira adequada, com penalidades apropriadas e recursos adequados, usuários em potencial serão desencorajados de experimentar, e usuários correntes serão isolados ou forçados a abandonar seus hábitos. Em longo prazo, então, a proibição pode praticamente eliminar o produto do mercado.

Os primeiros oito itens oferecem razões plausíveis para a proibição. Muitos dos objetivos expressos são louváveis, porém a maior parte resultaria em muita discordância[169]. Os pontos 9 e 10

---

[169] Por exemplo, o item 3 levanta a preocupação de que o consumo de um certo produto causa dano à saúde do consumidor. De acordo com uma pesquisa do Instituto Nacional para o Abuso de Drogas, entretanto, a maioria levou em consideração somente o consumo de heroína e o consumo diário de LSD, cocaína, anfetaminas, barbitúricos ou cinco doses de bebidas alcoólicas como sendo perigoso. Em nenhum caso mais de 90% dos entrevistados consideraram que o consumo dessas drogas representa um grande risco de danos para o usuário.

afirmam a superioridade da proibição sobre políticas alternativas e estabelecem as condições necessárias para o sucesso. É sobre esses pontos que concentro a análise a seguir. Ludwig von Mises descreveu a abordagem econômica para a análise de políticas públicas:

> Estamos preocupados exclusivamente com aquelas interferências que visam forçar os empresários e os capitalistas a empregarem os fatores de produção de maneira diferente da que empregariam se obedecessem unicamente às ordens do mercado. Não estamos levantando a questão de saber se uma tal intervenção é boa ou má, segundo um ponto de vista qualquer preconcebido. Estamos limitando-nos a perguntar se a intervenção pode ou não atingir os objetivos dos que a defendem e a recomendam[170].

Antes da análise, argumentar com as determinações do governo não é mais trabalho do economista do que seria argumentar com os gostos e preferências dos consumidores. Na verdade, o trabalho do economista é analisar as políticas e determinar sua capacidade de atingir os objetivos desejados.

1 - A Análise Básica da Proibição

A proibição é projetada para reduzir a produção, a comercialização e o consumo de um bem com o objetivo final de extingui-lo. Apesar da proibição ser uma forma extrema e não usual de intervenção governamental, seus efeitos podem ser analisados

---

[170] MISES, Ludwig von. *Human Action*. New Haven: Yale University Press, 1977 [1949]. p. 734. [Substituímos a citação original em inglês pela passage equivalente da seguinte edição brasileira: MISES, Ludwig von. *Ação Humana: Um Tratado de Economia*. Trad. Donald Stewart Jr. São Paulo: Instituto Ludwig von Mises Brasil, 3ª Ed., 2010. p. 834. (N. E.)]

dentro do marco de outras políticas intervencionistas tais como a taxação ou a regulação.

Penalidades tais como multas, confisco de ativos e períodos de prisão são estabelecidas para desencorajar a atividade no mercado. A implementação da proibição requer a utilização de recursos para tornar as penalidades eficientes no desencorajamento dessas atividades. O desvio das facilidades existentes para a aplicação pode envolver alguma economia, porém não elimina a necessidade de recursos adicionais. A quantidade de recursos dedicados à aplicação da proibição irá determinar (dentro de uma dada estrutura de penalidades) o grau de risco colocado sobre os participantes do mercado e, portanto, os efeitos que a proibição terá sobre a produção e o consumo.

A proibição é uma política de redução de oferta. Seu efeito faz-se sentir por tornar mais difícil para os produtores fornecerem um determinado produto para o mercado. A proibição exerce pouco impacto sobre a demanda porque não altera diretamente os gostos ou os rendimentos dos consumidores. Com a diminuição da oferta, contudo, o preço do produto irá se elevar, a quantidade demandada irá cair e a demanda irá se deslocar para substitutos próximos. Por exemplo, consumidores de narcóticos podem deslocar sua demanda para o álcool e tranquilizantes dado que seus preços se tornam mais baixos em relação aos narcóticos como resultado da proibição.

A consequência direta da proibição é prejudicar os consumidores e produtores do produto proibido. Os consumidores perdem utilidade devido aos preços mais altos e à substituição por bens de valor inferior. Os produtores perdem rendimentos e utilidade por aceitarem ocupações que diferem daquelas que são determinadas por suas vantagens comparativas. Os resultados são apresentados na Figura 1.

GRÁFICO 1
Impacto da proibição sobre o consumidor e o produtor

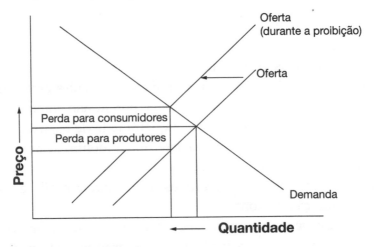

Na medida em que os recursos são alocados para a aplicação da lei, e a proibição torna-se efetiva, a oferta do produto é reduzida (deslocamentos para a esquerda). Os consumidores agora se encontram em situação pior como resultado dos preços mais elevados, perda do excedente e substituição por produtos de valor inferior. Os produtores também estão em situação pior, já que sofrem com maiores riscos e custos de produção, ou devido à transição para ocupações menos desejáveis.

O objetivo final da proibição é eliminar a oferta do bem. É difícil imaginar este resultado sem mudanças fundamentais no "modo de vida norte-americano" que a proibição pretende preservar. Como uma questão de ordem prática, busca-se atingir um nível de aplicação ideal ou eficiente na relação custo/benefício, ao invés da implementação total.

A eficiência na economia é a tentativa de equacionar o custo marginal de uma atividade com seu benefício marginal. Para o indivíduo, isto significa que a quantidade de maçãs consumidas depende de cada maçã ser valorizada mais do que o seu custo. Nas políticas públicas, a situação é mais problemática.

Em termos simples, o custo marginal para proibir uma unidade de um certo produto é o custo de aplicação da lei necessária para atingir este resultado. Cada dólar gasto na aplicação da proibição significa um dólar a menos que pode ser gasto em políticas públicas alternativas tais como defesa nacional, abrigos para os sem-teto ou privilégios postais dos congressistas. Se os impostos são aumentados para financiar a aplicação da proibição, os indivíduos terão menos para gastar em alimentos, seguros de saúde e bilhetes de loteria. Inicialmente, a declaração da proibição, a utilização de capacidades excessivas para a implementação da lei e a existência de usuários marginais tornam os dispêndios com a aplicação da proibição altamente produtivos. Ao mesmo tempo, esses recursos podem ser desviados das políticas menos importantes ou das despesas dos consumidores e, portanto, podem ser obtidos a um custo baixo. Após essas condições iniciais, o preço da aplicação adicional aumenta, sua produtividade decresce e o custo dos recursos despendidos também aumenta. O custo marginal da maior proibição está, portanto, aumentando, conforme ilustrado na Figura 2.

Gráfico 2
Abordagem Tradicional para Determinar o Nível Ideal de Aplicação da Proibição.

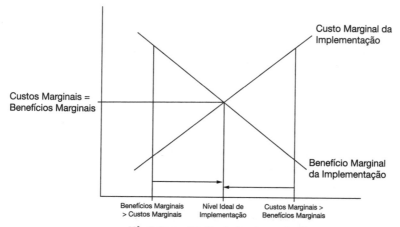

Desconsiderando as perdas dos consumidores, os benefícios da proibição também podem ser generalizados. O valor da primeira unidade de um bem é o mais elevado. Unidades adicionais proporcionam a um indivíduo níveis decrescentes de satisfação (utilidade). Esta lei da utilidade marginal decrescente é uma asserção econômica básica sobre a qual se baseia esta descrição dos benefícios da proibição[171].

O formulador de políticas precisa encontrar o nível ideal de aplicação determinando os benefícios proporcionados pela implementação da lei (em deter a produção e o consumo do produto proibido) e os custos deste esforço (que, no momento, encontram-se limitados aos custos diretos de aplicação). Utilizando a "abordagem tradicional" descrita acima para realizar essas determinações, pode-se esclarecer a relação entre o custo da aplicação da lei e o preço e quantidade do produto proibido. Os resultados explicam por que as proibições nunca são totalmente implementadas nas nações democráticas – os custos para a aplicação total ultrapassam em muito os benefícios.

A abordagem tradicional para a política, baseada na análise precedente, concentra o foco na determinação dos níveis ideais de aplicação e do tipo e administração adequada dessa aplicação. A abordagem também equilibra as despesas entre a aplicação e as políticas de redução da demanda, tais como a educação sobre drogas.

Muito mais veio a ficar conhecido acerca da proibição através de décadas de experiências caras e dolorosas. Por exemplo, uma

---

[171] Quando se desconsideram as perdas para os consumidores e produtores, esta é uma descrição razoavelmente precisa. Proibicionistas, tais como Irving Fisher, geralmente *afirmam*, entretanto, que os benefícios marginais de implementar a proibição aumentam na realidade. Esta inconsistência nas preferências declaradas (ao invés de demonstradas) também é revelada em uma pesquisa de opinião pública da *ABC News*, a qual indica que a maioria dos norte-americanos apoia gastar "quando dinheiro for necessário para parar com o fluxo de drogas para este país" e a maior parte percebe que "o abuso de drogas nunca será eliminado porque um grande número de norte-americanos continuará a desejar drogas" (ABC News, Nova York, 8-13 de maio de 1985).

observação notável é que os dependentes de drogas às vezes recorrem a atividades criminosas para conseguir pagar os altos preços dos produtos proibidos. A abordagem tradicional é uma análise estática que retém os pressupostos da análise neoclássica, tais como um produto homogêneo de uma dada qualidade. Esta supersimplificação impõe importantes limitações à análise. Um conhecimento teórico mais detalhado da proibição é proporcionado pela abordagem econômica da Escola Austríaca, ou do processo de mercado.

2 - A Abordagem do Processo de Mercado

A abordagem austríaca, ou do processo de mercado para a análise econômica é melhor exemplificada nas obras dos economistas Ludwig von Mises[172], F. A. Hayek[173] e Israel M. Kirzner[174].

---

[172] MISES, Ludwig von. *A Critique of Interventionism*. Intr. e trad. Hans F. Sennholz New Rochelle: Arlington House, 1977 [1929]; Idem. *Socialism: An Economic and Sociological Analysis*. Trad. J. Kahane. Londres: Johnathan Cape, 1951 [1936]; Idem. *Bureaucracy*. New Rochelle: Arlington House, 1969 [1944]; Idem. *Human Action. Op. cit.* [Além da já citada tradução em português do livro *Human Action* (*Ação Humana*), estão disponíveis, também, em língua portuguesa os livros *A Critique of Interventionism* (*Crítica ao Intervencionismo*), nas seguintes edições: MISES, Ludwig von. *Crítica ao Intervencionismo: Estudo sobre a Política Econômica e a Ideologia Atuais*. Apres. Richard M. Ebeling; prefs. Adolfo Sachsida e F. A. Hayek; intr. Hans F. Sennholz; posfs. Don Lavoie & Murray N. Rothbard; trad. Arlette Franco. São Paulo: LVM, 3ª ed., 2017; Idem. *Burocracia*. Ed. e pref. Bettina Bien Greaves; apres. Jacques Rueff; pref. Alex Catharino; posf. William P. Anderson; trad. Heloísa Gonçalves Barbosa. São Paulo: LVM, 2017. (N. E.)]

[173] HAYEK, F. A. "Economics and Knowledge". *Economica*, Volume 4 (February 1937): 33-54; Idem. "The Use of Knowledge in Society". *American Economic Review*, Volume 35 (September 1945): 519-30. [Os dois artigos foram publicados, respectivamente, em português nas seguintes edições: HAYEK, F. A. "Economia e Conhecimento". Trad. Claudio A. Téllez-Zepeda. *MISES: Revista Interdisciplinar de Filosofia, Direito e Cultura*, Volume III, Número 1 (Edição 01, Janeiro-Junho de 2015): 55-70; Idem. "O Uso do Conhecimento na Sociedade". Trad. Philippe A. Gebara Tavares. *MISES: Revista Interdisciplinar de Filosofia, Direito e Cultura*, Volume I, Número 1 (Edição 01, Janeiro-Junho de 2013): 153-62. (N. E.)]

[174] KIRZNER, Israel M. *Competition and Entrepreneurship*. Chicago: University of Chicago Press, 1973; Idem. *Discovery and the Capitalist Process*. Chicago: University of Chicago

Ela começa pelo truísmo de que a ação humana é dotada de propósito e tem por objetivo aumentar a utilidade do indivíduo em um ambiente de incerteza e conhecimento imperfeito. O desenvolvimento econômico ocorre através da troca, aprendizado, empreendedorismo, inovação e evolução institucional. A economia de mercado gera soluções para os problemas sociais; por exemplo, a introdução (ou evolução) da moeda reduz os custos de transação nas trocas. A geração de tais soluções é um processo de descoberta porque requer um estado de alerta para as oportunidades e a interação entre um grande número de indivíduos ao longo do tempo[175].

A abordagem do processo de mercado emprega uma visão multidimensional da competição, enquanto os economistas ortodoxos geralmente se baseiam em pressupostos simplificadores, tais como a homogeneidade dos produtos. A abordagem do processo de mercado nos recorda que os bens são avaliados subjetivamente pelos indivíduos, que baseiam suas avaliações em diversas características dos produtos. Por exemplo, um automóvel é avaliado com base na idade, design, estilo, cor, tamanho, potência, materiais utilizados, eficiência no consumo de combustível e confiabilidade, e várias dessas categorias apresentam múltiplas dimensões. O mercado produz uma variedade de produtos – determinados em grande parte pelas escolhas subjetivas dentre as possibilidades tecnológicas disponíveis.

A elaboração do processo capitalista indica que os empreendedores fazem mais do que conduzir os preços para os níveis de equilíbrio. A busca empreendedora por lucros resulta em uma competição baseada não somente no preço, mas também em alterações do

---

Press, 1985. [O primeiro trabalho se encontra disponível em língua portuguesa como: KIRZNER, Israel M. *Competição e Atividade Empresarial*. Trad. Ana Maria Sarda. São Paulo: Instituto Ludwig von Mises Brasil, 2ª Ed., 2012. (N. E.)]

[175] A mais ampla e sistemática introdução às teorias econômicas e sociais da Escola Austríaca, escrita em linguagem acessível ao leitor não especializado, é a seguinte obra: IORIO, Ubiratan Jorge. *Ação, Tempo e Conhecimento: A Escola Austríaca de Economia*. Pref. Helio Beltrão. São Paulo: Instituto Ludwig von Mises Brasil, 2011.

UMA TEORIA DA PROIBIÇÃO • **131**

produto e no desenvolvimento de novos produtos. A abordagem do processo de mercado vê as perturbações do equilíbrio como movimentos empreendedores para criar novos produtos e mercados, para melhorar os produtos ou a informação sobre o produto, ou para reduzir custos. Por exemplo, um elemento-chave do processo de mercado e do desenvolvimento econômico é a propaganda[176]. A propaganda aumenta o conhecimento sobre um produto, permitindo que o consumidor tome decisões melhores enquanto reduz seus custos de busca[177]. A propaganda também ajuda no desenvolvimento e introdução de novos produtos e de produtos com novas características.

Elementos da abordagem do processo de mercado têm sido integrados à moderna ortodoxia econômica. Um aspecto importante desta integração é a "síntese microeconômica moderna", na qual elementos do processo de mercado têm sido sintetizados com o paradigma neoclássico. Uma contribuição notável nesta área foi realizada por Kelvin Lancaster[178]. Sua "nova abordagem para o comportamento do consumidor" melhorou o entendimento da diferenciação de produtos, complementos e substitutos, propaganda e diversos outros aspectos da análise econômica que tinham se tornado os "buracos negros" do paradigma neoclássico[179].

---

[176] A propaganda também é um bom exemplo da distinção entre a abordagem austríaca subjetivista para o processo de mercado e a abordagem neoclássica para os mercados. Os economistas austríacos consideram a propaganda como sendo um elemento importante, benéfico e de fato crucial no processo de mercado. De um ponto de vista neoclássico, contudo, a propaganda é inerentemente redundante, perdulária e uma ferramenta para manipular o consumidor. A ortodoxia moderna parece ter se alinhado com a abordagem da Escola Austríaca. Para algumas dessas questões, ver HAYEK, F. A. "The Non Sequitur of the Dependence Effect". *Southern Economic Journal*, Volume 27 (April 1961): 346-48; EKELUND, Robert B. & SAURMAN, David S. *Advertising and the Market Process*. San Francisco: Pacific Institute, 1988.

[177] Mesmo a propaganda "enganosa" pode transmitir conhecimento acerca dos produtos e, portanto, melhorar a consciência dos consumidores. Ver EKELUND & SAURMAN. *Advertising and the Market Process. Op. cit.*

[178] LANCASTER, Kelvin J. "A New Approach to Consumer Theory". *Op. cit.*

[179] A análise de Lancaster não fecha completamente a lacuna entre os economistas orientados pelo processo de mercado e os ortodoxos neoclássicos. Seu marco é, por natureza, estático, e o valor é determinado objetivamente.

132 • MARK THORNTON

Esta nova abordagem começa com a noção de que os bens econômicos consistem de atributos e que esses atributos (e não os bens em si mesmos) são o que proporcionam utilidade para os usuários. Os atributos dos bens podem ser alterados de maneira a aumentar a utilidade obtida a partir deles. A oferta e a demanda por atributos seguem as leis econômicas normais e ao longo do tempo proporcionam uma melhoria na utilidade para o consumidor (dada a livre entrada).

3 - Intervencionismo e o Processo de Mercado

O intervencionismo é uma forma de organização econômica alternativa ao capitalismo ou socialismo, uma forma que envolve o controle governamental ou o direcionamento dos recursos que eram de propriedade privada. Esta forma popular de organização inclui os controles de preços e as regulamentações que, conforme sabemos, impõem pesados custos diretos sobre a economia, tais como carências e excedentes, ineficiência e desperdício. A proibição é uma forma extrema da intervenção governamental que apresenta importantes implicações no processo de descoberta do empreendedor.

Em acréscimo aos efeitos diretos do intervencionismo, economistas descobriram importantes "consequências não pretendidas" das intervenções, tais como a discriminação racial que resulta das leis de salário mínimo. Frequentemente, verificou-se que os custos dessas consequências não pretendidas são maiores do que ou os custos diretos do intervencionismo, ou os benefícios percebidos a partir da intervenção. Formuladores de políticas e economistas ortodoxos não preveem (teoricamente) tais consequências indesejáveis, pois não estão cientes da relação causal entre o intervencionismo e esses efeitos, ou simplesmente negam a existência dessas relações[180].

---

[180] Formuladores de políticas podem não estar preocupados com as consequências não pretendidas, podem não estar cientes de sua possibilidade, ou mesmo da conexão entre as

UMA TEORIA DA PROIBIÇÃO • **133**

Essas consequências são previsíveis quando a abordagem do processo de mercado é utilizada para modelar o intervencionismo. Embora todas as consequências não pretendidas não possam ser antecipadas detalhadamente, elas podem ser categorizadas de uma maneira sugerida por Israel M. Kirzner[181]. As quatro categorias de resultados de Kirzner podem ser proveitosamente aplicadas à política da proibição. Como uma forma extrema de intervencionismo, pode-se esperar que a proibição apresente efeitos mais pronunciados do que outras formas de intervenção, tais como a regulação ou os controles de preços.

4 - O Processo de Descoberta não-Descoberto

O processo de descoberta não-descoberto refere-se à ignorância do mercado ou à impaciência com o progresso na direção de soluções. É difícil imaginar soluções políticas, entretanto, sem a descoberta do mercado. Atributos de segurança nos veículos ou seções para não-fumantes em restaurantes, por exemplo, não poderiam ser obrigatórios a menos que o mercado os tivesse, primeiramente, descoberto.

A demanda por políticas intervencionistas tais como a proibição surge da percepção de que o processo de mercado produziu um resultado ineficiente ou que o mercado não irá corrigir as ineficiências. Também pode ser o resultado da percepção de que o mercado deveria corrigir ineficiências de uma maneira "perfeita", instantânea e completa.

A tendência do mercado para a correção ocorre sob condições de conhecimento imperfeito. Correções tomam tempo, podem não

---

políticas intervencionistas e as consequências não pretendidas resultantes. Economistas podem saber da existência desses resultados, porém frequentemente fracassam em incorporar essas consequências às análises de políticas e às suas recomendações.

[181] KIRZNER, Israel M. *Discovery and the Capitalist Process. Op. cit.*

ser reconhecidas imediatamente e nunca serão completas em um mundo no qual o equilíbrio nunca é efetivamente atingido. Em outras palavras, o mercado corrige as ineficiências de uma maneira eficiente, isto é, recursos são direcionados para longe dos usos menos valorizados e na direção das aplicações mais valorizadas. Conforme demonstrado por F. A. Hayek, a informação no mercado se encontra dispersa e o formulador de políticas pode esperar obter somente uma pequena fração da vasta quantidade de informações importantes que existem[182]. O mercado, em contraste, utiliza a totalidade desta informação.

Conforme exposto anteriormente, as proibições foram frequentemente precedidas por longos períodos de intervenção governamental, ao invés de por um processo puro de mercado. As proibições foram impostas devido aos prejuízos causados pelas intervenções anteriores e porque os benefícios das medidas voluntárias e baseadas nos mercados não foram entendidos.

O processo de descoberta do mercado resulta em produtos menos dispendiosos, de qualidade mais elevada e mais seguros. A proibição coloca um fim ao processo de descoberta e o substitui pelo mercado negro e por processos burocráticos, cada qual com seus pontos negativos.

5 - O Processo de Descoberta não-Simulado

A proibição estabelece a burocracia não para intervir no mercado, mas para substituí-lo. A condução governamental da atividade econômica é inerentemente distinta do processo de mercado. Enquanto a atividade do mercado (produção) ocorre em um ambiente competitivo e orientado pela busca do lucro, a direção do governo (aplicação da proibição) é efetuada em um ambiente burocrático e orientado por regras. Os empreendedores são motivados

---

[182] HAYEK, F. A. "The Use of Knowledge in Society". *Op. cit.*

UMA TEORIA DA PROIBIÇÃO • **135**

e orientados por lucros; os burocratas são orientados por regras e são impedidos de lucrar.

A ineficiência geral da burocracia é bem conhecida e inevitável. Devido à falta de incentivos para fazê-lo, burocratas não minimizam os custos de produção. William Niskanen (1933-2011) descobriu que as burocracias poderiam se comportar como os monopólios devido à sua vantagem informacional sobre os políticos. As próprias burocracias proporcionam a maior parte da informação sobre a qual os representantes eleitos baseiam seus votos em relação a requisições orçamentárias. George J. Stigler verificou que as burocracias foram capturadas pelos interesses das indústrias reguladas[183]. C. M. Lindsey verificou que as burocracias deslocam a produção das atividades desejadas para atividades observáveis[184]. Burocratas veem como uma vantagem (orçamentária) para eles alocar recursos para produzir resultados "observáveis" em vez de serviços não contáveis, porém mais valiosos. Mesmo no evento improvável de que nenhum desses problemas de incentivos estivesse presente, as burocracias ainda enfrentariam os problemas de informação descritos por Ludwig von Mises[185].

Os negócios são estimulados a implementar novos métodos de produção, técnicas para cortar custos, melhorias nos produtos e novos serviços para evitar perdas e obter lucros. O processo de descoberta ocorre mais facilmente porque o mercado consiste de diversos empreendedores que desenvolvem inovações geralmente reconhecíveis e rapidamente copiadas.

Os burocratas não contam com esse luxo. Os departamentos são dirigidos de maneira centralizada e orientados por regras; têm

---

[183] STIGLER, George J. "The Theory of Economic Regulation". *The Bell Journal of Economics and Management Sciences*, Volume 2 (Spring, 1971): 3-21.

[184] LINDSEY, C. M. "A Theory of Government Enterprise". *Journal of Political Economy*, Volume 84, Number 5 (1976): 1061-77.

[185] MISES, Ludwig von. *Bureaucracy. Op. cit.*

136 • MARK THORNTON

pouco acesso a inovações de fontes externas. Não há um processo sistemático que teria como resultado a substituição dos burocratas menos eficientes ou a promoção dos mais eficientes, mesmo se presumirmos que os burocratas sejam bem-intencionados. De fato, o "Princípio de Peter"[186] sugere o oposto – burocratas ascendem ao nível mais alto de sua incompetência. Ademais, há pouco espaço para encorajar as descobertas ou para recompensar os burocratas que as realizam.

Assim, as burocracias não podem simular a descoberta ou os sucessos do mercado. Elas não têm como saber o que o mercado faria em certas circunstâncias e têm poucos incentivos para tentar descobrir. A falta de incentivos resulta em menos descobertas de técnicas de redução de custos e de produção. De fato, as burocracias bem-sucedidas frequentemente têm seus orçamentos cortados, e burocratas inovadores são geralmente repreendidos, rebaixados ou demitidos. Por exemplo, dois dos agentes da Proibição que obtiveram o maior sucesso, Izzy Einstein (1880-1938) e Moe Smith (1887-1960), foram demitidos por terem feito seu trabalho de maneira honesta e eficiente.

Ambos invadiram três mil bares clandestinos e prenderam 4.900 pessoas. Confiscaram cinco milhões de garrafas de bebidas ilegais e destruíram centenas de alambiques. Em todos os lares, de costa a costa, Izzy e Moe eram a prova viva de que os agentes da proibição

---

[186] O chamado "Princípio de Peter", também conhecido como "Princípio da Incompetência de Peter" ou "Princípio da Incompetência", foi apresentado pelo educador e administrados canadense Laurence J. Peter (1919-1990), a partir de exemplos históricos, como o de Adolf Hitler (1889-1945), e fictícios como o da personagem Macbeth de William Shakespeare (1564-1616). Ao longo dos 15 capítulos do livro satírico *The Peter Principle: Why Things Always Go Wrong* [*O Princípio de Peter: Por Que as Coisas Sempre Dão Errado*], lançado em 1968, o autor desenvolveu uma nova proposta de estudo denominado "Hierarquiologia", que pode ser resumido na respectiva sentença: "Em um sistema hierárquico, todo funcionário tende a ser promovido até ao seu nível de incompetência". (N. E.)

poderiam ser honestos e incorruptíveis. Mas ser famoso por causa de honestidade pode ter parecido uma realização vazia quando foi recompensada com a demissão[187].

6 - O Processo de Descoberta Sufocado

Além dos burocratas serem incapazes de fazerem descobertas, também sufocam o processo de descoberta do mercado. A proibição termina completamente com o processo de descoberta do mercado no que diz respeito aos bens proscritos.

Alguns dos efeitos diretos da intervenção do governo são bem conhecidos. Controles de aluguéis levam à escassez de imóveis; leis de salário mínimo provocam desemprego. Esses resultados podem ser vistos nos diagramas de oferta e demanda, porém esses efeitos básicos não são os únicos custos da intervenção governamental.

Em acréscimo, a intervenção também desencoraja o desenvolvimento de novas técnicas, produtos, características de produtos, características de segurança e fontes de fornecimento. Esses são os verdadeiros tipos de descobertas que, com o tempo, tornariam desnecessário recorrer à intervenção, mas que não podem ocorrer por causa da intervenção.

Embora não possamos conhecer a magnitude dessas oportunidades sufocadas, elas são custos da intervenção. No caso da proibição, o custo é significativo porque o processo de descoberta do mercado não é meramente sufocado, mas sim completamente destruído para o bem em questão e é severamente limitado ou distorcido para bens relacionados.

---

[187] COFFEY, Thomas. *The Long Thirst: Prohibition in America, 1920-1933*. New York: Norton, 1975.

7 - O Processo de Descoberta Completamente Supérfluo

A eliminação ou controle de uma dada atividade econômica produz oportunidades de lucro que não existiam anteriormente. Essas oportunidades provavelmente destruirão os planos das agências e prejudicarão os objetivos dos reguladores e dos formuladores de políticas do governo. A severidade da intervenção determinará a extensão dessas novas oportunidades de lucros (mercado negro). Portanto, o processo de descoberta completamente supérfluo é particularmente relevante para a proibição.

As oportunidades de lucro criadas pela proibição resultarão em novos métodos de produção, transporte, inventário, distribuição e marketing. O produto, sua qualidade e seus atributos irão experimentar tremendas mudanças na passagem de um ambiente de mercado competitivo para outro dominado pela proibição. Essas mudanças deveriam, obviamente, ser atribuídas à intervenção e não ao mercado. Jonathan Cave e Peter Reuter verificaram que os empreendedores (contrabandistas) aprendem a partir da experiência[188]; esse aumento no conhecimento pode resultar em preços mais baixos mesmo durante períodos de aumento dos esforços de aplicação da lei.

Burocratas também estão sujeitos a este processo totalmente supérfluo de descoberta. Burocratas são em geral legalmente incapazes de aproveitar as oportunidades de lucro como requerentes residuais de suas burocracias. As oportunidades de lucro criadas pelas proibições, contudo, podem ser estendidas aos burocratas pelos operadores do mercado negro em troca de proteção e aplicação seletiva da lei. A propina e a corrupção são resultados não pretendidos, porém esperados da intervenção governamental. Novamente, como a proibição é uma forma extrema de intervenção do governo, a corrupção devida à proibição ocorrerá em uma

---

[188] CAVE, Jonathan A. K. & REUTER, Peter. "The Interdictor's Lot: A Dynamic Model of the Market for Drug Smuggling Services". *Rand Note*. February 1988. N-2632-USDP. Santa Monica: The Rand Corp.

medida maior do que a corrupção associada com o controle de preços ou a regulação.

Para comparar a severidade da proibição com as demais intervenções, imagine um subsídio sobre o preço do leite estabelecido em US$ 150,00 por galão. Mesmo nos níveis correntes, o programa de subsídios atrai novos fornecedores de leite para o mercado. Ele estimula o desenvolvimento de vacas leiteiras especiais, a utilização de hormônios e produtos químicos especiais e técnicas caras de alimentação. Mesmo pequenas quantidades de contrabando e corrupção podem ser detectadas. No nível do subsídio de US$ 150,00 por galão, pode-se imaginar que mísseis contendo leite em pó seriam atirados contra os Estados Unidos, que formas artificiais de leite seriam produzidas em laboratórios químicos de porão e que os economistas se tornariam produtores de leite.

Em suma, a proibição é defendida com base em um entendimento equivocado da capacidade do mercado para resolver problemas sociais (embora a busca de rendimentos seja normalmente exigida para que as proibições sejam decretadas, conforme mostrado no segundo capítulo). Burocracias estabelecidas pela proibição são inerentemente ineficientes e incapazes de descobrir o conhecimento necessário para resolver os problemas sociais. A proibição também suprime a capacidade do mercado de resolver problemas sociais e dessa forma pouco ou nenhum progresso é obtido enquanto as proibições estão em funcionamento. Finalmente, as proibições criam oportunidades de lucro que aumentam os problemas que a proibição deveria resolver[189].

---

[189] Aplicarei esta teoria principalmente às proibições contra as drogas e contra o álcool durante os anos 1920. Os resultados são, entretanto, igualmente aplicáveis à proibição de outros bens, tais como livros, pornografia, prostituição, jogo etc.

8 - A Economia Política da Proibição

A tendência geral para que um ato de intervenção do governo leve a mais ações de intervenção foi modelado por James M. Buchanan e Gordon Tullock[190]. Mais recentemente, Bruce L. Benson observou que cada mudança nos direitos de propriedade estabelece um novo conjunto de possibilidades de busca (e defesa) de rendimentos[191]. O processo deste intervencionismo "progressivo" está descrito na Figura 3.

Gráfico 3
O Processo de Intervencionismo Progressivo (e saída)

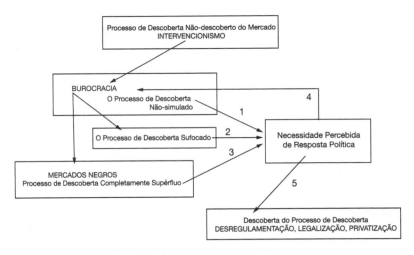

Aqui, a expansão da intervenção ocorre por três razões. A burocracia é inerentemente ineficiente para conseguir os resultados desejados da política, e o fracasso inicial leva à necessidade de empregar mais poder e recursos para que a burocracia possa

---

[190] BUCHANAN, James M. & TULLOCK, Gordon. *The Calculus of Consent: Logical Foundations of Constitutional Democracy*. Ann Arbor: University of Michigan Press, 1965.
[191] BENSON, Bruce L. "Rent Seeking from a Property Rights Perspective". *Southern Economic Journal*, Vol. 51 (October 1984): 388-400.

completar sua missão (1). O mercado foi sufocado e, portanto, é incapaz de lidar com os problemas sociais (2). E as atividades da burocracia criam distorções e novos problemas no mercado que "precisa" (nas mentes dos burocratas e formuladores de políticas) de mais intervenção (3).

A conexão entre a necessidade percebida de uma resposta política e mais intervencionismo (4) fundamenta-se nos incentivos baseados institucionalmente dos burocratas, políticos e eleitores. Burocratas buscam expandir sua influência e poder para cumprir melhor suas tarefas originais. Esta tendência de crescimento das burocracias não depende dos burocratas serem egoístas ou de terem espírito comunitário. De qualquer forma, os burocratas não percebem o "fracasso" como resultado de sua própria ineficiência. Também é improvável que culpem sua própria burocracia por problemas gerados a partir do processo de descoberta completamente supérfluo. Políticos que são, em última análise, responsáveis pelos departamentos recebem benefícios deles, e é improvável que admitam o fracasso ou que se engajem no processo custoso e incerto de desmantelar uma burocracia. Eleitores irão perceber os ganhos facilmente reconhecíveis da aplicação das soluções burocráticas, porém não verão o custo total. Burocracias tendem a colocar o preço de seus produtos abaixo do custo (geralmente zero), resultando em um ganho para o eleitor e uma perda para o contribuinte. Um resultado desta política de precificação são as longas filas para os serviços do governo e a percepção de que mais governo é necessário. No caso das proibições, nunca há agentes suficientes para a aplicação da lei para pôr um fim ao problema.

O processo da intervenção progressiva somente pode ser revertido (5) por meio da descoberta do eleitorado tanto da verdadeira causa do problema (a intervenção) quanto de uma solução alternativa (o mercado). Devido aos extensos custos de transição e realinhamento, é improvável que os representantes eleitos possam agir para desmantelar uma proibição sem amplo apoio do público.

No evento da revogação de uma intervenção, as burocracias devem ser rápida e completamente dissolvidas; do contrário, elas provavelmente "descobririam" alguma nova justificativa para sua existência.

O intervencionismo progressivo é um tema recorrente na literatura de economia política. É um tema no qual a política da proibição é citada frequentemente como uma ilustração crítica. F. A. Hayek, Ludwig von Mises e James M. Buchanan assinalaram as consequências perniciosas de utilizar as instituições políticas para intervir na atividade econômica e na liberdade pessoal.

O clássico livro de F. A. Hayek, *Road to Serfdom* [*O Caminho da Servidão*][192], lançando originalmente em 1944, foi um aviso de que a planificação governamental da economia era uma ameaça às liberdades fundamentais e que a aceitação do planejamento resultaria no socialismo e no totalitarismo. O economista austríaco observou:

> A impaciência crescente em face do lento progresso da política liberal, a justa irritação com aqueles que empregavam a fraseologia liberal em defesa de privilégios antissociais, e a ilimitada ambição aparentemente justificada pela melhoria material já conquistada fizeram com que, ao aproximar-se o final do século, a crença nos princípios básicos do liberalismo fosse aos poucos abandonada[193].

A proibição era somente uma parte da aceitação de um sistema de economia planificada por parte do povo "ter-se deixado persuadir de que tal sistema contribuirá para criar uma grande

---

[192] HAYEK, F. A. *The Road to Serfdom*. Chicago: University of Chicago Press, 1977 [1944]. [Ao longo de todo o livro as citações utilizarão a passagem equivalente da seguinte edição am língua portuguesa: HAYEK, F. A. *O Caminho da Servidão*. Trad. Ana Maria Copovilla, José Ítalo Stelle e Liane de Morais Ribeiro. São Paulo: Instituto Ludwig von Mises Brasil, 6ª ed., 2010. (N. E.)]

[193] HAYEK, F. A. *O Caminho da Servidão*. *Op. cit.*, p. 44.

prosperidade"[194]. De acordo com Hayek, a aceitação do planejamento e do intervencionismo é uma quebra do Estado de Direito, uma condição primária para o bom funcionamento da economia. O economista austríaco escreveu que este mesmo Estado de Direito é a base para a preservação de outras liberdades[195]. Ele cita Max Eastman (1883-1969), um ex-socialista, com respeito à relação entre o planejamento econômico e as "liberdades democráticas":

> [Karl Marx (1818-1883)] informou, remontando ao passado, que a evolução do capitalismo privado com o mercado livre foi a condição prévia da evolução de todas as nossas liberdades democráticas. Nunca lhe ocorreu, considerando o futuro, deduzir que, se assim acontecia, essas outras liberdades poderiam desaparecer com a abolição do mercado livre[196].

Discutindo os resultados econômicos do planejamento, do intervencionismo e da "estreita interdependência entre todos os fenômenos econômicos", Hayek levanta uma questão para a qual os planejadores não são capazes de proporcionar uma resposta fácil: como o planejamento pode ser controlado ou limitado? Ele observa que:

> A íntima interdependência de todos os fenômenos econômicos torna difícil deter o planejamento exatamente no ponto desejado e que, ao impedir que o livre funcionamento do mercado se estenda além de certo limite, o planejador será forçado a ampliar os seus controles até estes abrangerem todos os aspectos da sociedade[197].

---

[194] Idem. *Ibidem*, p. 79.
[195] Idem. *Ibidem*, p. 89-100 e em outros lugares.
[196] Idem. *Ibidem*, p. 115.
[197] Idem. *Ibidem*, p. 116.

Outro economista que enfatizou este importante aspecto do intervencionismo foi Ludwig von Mises. Lidando com o tema, Mises enfatizou as importantes consequências políticas da interferência direta no consumo no que se refere à proibição das drogas:

> O ópio e a morfina são certamente drogas nocivas que geram dependência. Mas, uma vez que se admita que é dever do governo proteger o indivíduo contra sua própria insensatez, nenhuma objeção séria pode ser apresentada contra outras intervenções. Não faltariam razões para justificar a proibição de consumo de álcool e nicotina. E por que limitar a providência benevolente do governo apenas à proteção do corpo do indivíduo? Por acaso os males que um homem pode infringir à sua mente e à sua alma não são mais graves do que os danos corporais? Por que não o impedir de ler maus livros e de assistir a maus espetáculos, de contemplar pinturas e esculturas ruins e de ouvir música de má qualidade? Os prejuízos causados por ideologias nocivas são, certamente, muito mais perniciosos, tanto para o indivíduo quanto para a sociedade, do que as causadas pelo uso de drogas narcóticas.
>
> Estes temores não são meramente fantasmas imaginários aterrorizando doutrinários reclusos. É um fato que nenhum governo paternalista, antigo ou moderno, jamais se absteve de regimentar as mentes, crenças e opiniões de seus súditos. Se alguém abole a liberdade do homem para determinar seu próprio consumo, ele retira todas as liberdades. Os defensores ingênuos da interferência governamental no consumo iludem a si mesmos quando negligenciam o que chamam desdenhosamente de aspecto filosófico do problema. Inadvertidamente, eles apoiam a causa da censura, da inquisição, da intolerância religiosa e da perseguição de dissidentes[198].

---

[198] MISES, Ludwig von. *Ação Humana. Op. cit.*, p. 833.

Assim, as consequências da proibição incluem seus efeitos diretos, as consequências não pretendidas, e a tendência da intervenção para influenciar a filosofia, o tamanho e o escopo do governo.

Este aspecto da teoria política recebeu atenção recentemente por parte de James M. Buchanan, que mostrou que indivíduos podem restringir o comportamento de outros a um baixo custo utilizando o processo democrático. Este método de resolução de conflitos é, contudo, enganador e perigoso.

> As instituições majoritárias da política democrática moderna são armas extremamente perigosas para invocar em quaisquer tentativas de reduzir conflitos em áreas de interdependência social. São perigosas precisamente porque as instituições são democráticas e abertas a todos os cidadãos em igualdade de condições [...] [e] preferências são tão suscetíveis de serem impostas como aplicadas abusivamente[199].

Buchanan prossegue discutindo a economia das questões de partilha que envolve a proibição de várias atividades. Ele observa que, enquanto a maioria pode se beneficiar de uma proibição, a minoria pode sofrer enormemente. O sistema democrático como um método de solução de conflitos permite que as coisas sejam partilhadas e que a liberdade para consumir seja retirada. No sistema puramente democrático não há nada para parar este processo depois que a caixa de Pandora é aberta. Buchanan afirma:

> Que aqueles que são propensos a recorrer ao processo político para impor suas preferências sobre o comportamento de outros estejam cientes da ameaça às suas próprias liberdades, tal como descrito

---

[199] BUCHANAN, James M. "Politics and Meddlesome Preferences". *In*: TOLLISON, Robert D. (Ed.). *Smoking and Society: Toward a More Balanced Assessment*. Lexington: Lexington Books, 1986. p. 339.

nos possíveis componentes de seu próprio comportamento que podem também estar sujeitos ao controle e à regulação. O custo aparentemente inexistente para restringir as liberdades dos demais através da política é enganador. As liberdades de alguns não podem ser facilmente restringidas sem limitar as liberdades de todos[200].

Antes de voltar a atenção para os resultados específicos da proibição, é importante observar que suas implicações são muito mais abrangentes do que a análise econômica básica revela. Não é mera especulação ou acaso que as implicações macropolíticas descritas acima caminhem de mãos dadas com a proibição e que essas consequências sejam maiores do que aquelas geradas no interior de um mercado proibido.

---

[200] Idem. *Ibidem*, p. 340.

CAPÍTULO IV

A POTÊNCIA DAS DROGAS ILEGAIS

"Um outro fator que contribui com as piores consequências para a saúde do consumo de maconha é o aumento da sua potência ao longo dos últimos anos".
— Gabinete de Políticas para o Abuso de Drogas da
Casa Branca, *1984*
*National Strategy for Prevention of
Drug Abuse and Drug Trafficking*

A PROIBIÇÃO DAS DROGAS estabelece um processo de descoberta completamente supérfluo com relação à potência das drogas ilegais. Os empreendedores do mercado negro são estimulados pelas oportunidades de lucro artificiais e produzidas pela proibição da mesma forma que os empreendedores em um mercado livre respondem às oportunidades de lucro. Em um nível, o empreendedor fornece uma quantidade maximizadora de lucro do produto, nos mercados legal e ilegal. Em outro nível, a motivação do lucro incita os empreendedores a alterarem as técnicas de produção, a qualidade do produto, e o próprio produto.

As forças do mercado levam a determinados padrões industriais, tais como 350 mililitros em uma lata de refrigerante e os quatro rolos de papel higiênico por pacote. Cada linha de produtos no mercado, sejam cereais para o café da manhã ou lâmpadas, move-se na direção de um nível eficiente de diversificação dos produtos (heterogeneidade), do custo de produção mínimo, e de níveis de qualidade ideais para o produto. No mercado negro, tendências similares existem. Entretanto, nos mercados proibidos, os consumidores enfrentam menos escolhas em um momento específico, mas uma grande variabilidade dos produtos ao longo do tempo.

A potência dos narcóticos, cocaína, álcool e maconha aumentaram significativamente após o decreto da proibição. Nos Estados Unidos, durante o século XIX, o ópio foi praticamente substituído pela morfina e, posteriormente, a morfina pela heroína. A Coca-Cola original continha pequenas concentrações de cocaína. Na atualidade, a cocaína é vendida na forma de um pó de alta potência ou como pedras concentradas chamadas de crack. Durante a Proibição, o consumo de cerveja despencou e o de bebidas destiladas e de aguardentes ilegais aumentou. A potência da maconha aumentou várias centenas de vezes após a promulgação de uma taxa "proibitiva" em 1937. Foram também criados os narcóticos sintéticos e as combinações de drogas, tais como a "*speedball*" (mistura de heroína e cocaína) ou o "*moonshot*" (*crack* e PCP[201]).

Desde 1968, quando Simon Rottenberg publicou seu artigo seminal, "The Clandestine Distribution of Heroin: Its Discovery and Suppression" [A Distribuição Clandestina de Heroína: Sua

---

[201] Usada originalmente como agente anestésico, a droga dissociativa PCP ou Fenilciclidina, denominada cientidicamente como Fenilciclo-Hexilpiperidina ou Fenilcicloexilpiperidina, é popularmente conhecida como "pó de anjo" ou como "poeira da lua". (N. E.)

A POTÊNCIA DAS DROGAS ILEGAIS • **149**

Descoberta e Supressão], economistas investigam diversos aspectos dos mercados de drogas ilegais, como por exemplo a proibição do álcool, o problema da dependência e as políticas públicas voltadas para a dependência e os mercados negros[202]. Rottenberg examinou diversas hipóteses para a mudança na potência, porém concluiu que sua análise não foi capaz de responder a essa questão. "É como explicar por que os automóveis Falcon são fabricados assim como os Continental, mas não explicaria por que a fração dos Falcon aumenta e a dos Continental diminui"[203].

A questão da potência permanece sem resposta e em grande parte sem investigação apesar de suas implicações para as políticas públicas, a eficiência da aplicação da lei e a dependência, e a saúde dos usuários de drogas ilegais. As questões da potência e da qualidade do produto também apresentam importantes implicações para pesquisas básicas teóricas e empíricas da proibição e de outras políticas públicas. Dois artigos a cadêmicos, o primeiro de Gordon Crawford, Peter Reuter, Karen Isaacson e Patrick Murphy[204] e o segundo de Peter Reuter, Gordon Crawford e Jonathan Cave[205], verificaram (indiretamente) que os empreendedores migravam para o contrabando de drogas de alta potência quando enfrentavam um aumento na aplicação da lei.

---

[202] O artigo de Rottenberg não contém referências a economistas ou revistas acadêmicas de Economia. Grande parte da pesquisa recente sobre os mercados de drogas ilegais contém correções, melhoramentos e extensões a partir desse artigo de Rottenberg. A literatura moderna tem frequentemente ignorado a análise econômica e a experiência da Proibição Nacional do Álcool.

[203] ROTTENBERG, Simon. "The Clandestine Distribution of Heroin, Its Discovery and Suppression". *Op. cit.*, p. 83.

[204] CRAWFORD, Gordon B. ; REUTER, Peter ; ISAACSON, Karen & MURPHY, Patrick. "Simulation of Adaptive Response: A Model of Drug Interdiction". *Rand Note*. February 1988. N-2680-USDP. Santa Monica, Calif: The Rand Corp.

[205] REUTER, Peter ; CRAWFORD, Gordon & CAVE, Jonathan. "Sealing the Borders: The Effects of Increased Military Participation in Drug Interdiction". *Rand Note*. January 1988. R-3594-USDP. Santa Monica: The RandCorp.

150 • MARK THORNTON

A potência maior reduz a efetividade total da aplicação da lei porque significa que quantidades menores representam quantias mais eficazes do produto. Acredita-se que drogas de alta potência são mais perigosas e acarretam um risco maior para a saúde do usuário, mas na realidade a grande variação na potência de um produto é o que implica em um risco maior para o usuário. Também se acredita que drogas de alta potência causam mais dependência. No mercado negro, a potência de um produto não é fixada, consumidores têm menos informação sobre ela e sobre ingredientes que são adicionados ao produto, e os produtores não podem ser responsabilizados legalmente tal como as empresas farmacêuticas. Em um estudo recente sobre a legalização das drogas, James Ostrowski afirma que 80% das 3.000 mortes anuais associadas à heroína e cocaína são resultado da natureza ilegal do mercado, e não do uso de drogas por si só[206].

O que provocou o tremendo aumento na potência das drogas após a proibição? Mudanças tecnológicas exógenas e a modificação dos gostos dos consumidores podem fornecer explicações. Por exemplo, na figura 4 o mercado de drogas foi dividido em submercados de alta potência e de baixa potência. Se ocorresse uma mudança tecnológica que diminuísse o custo das drogas de alta potência, deslocando a curva de oferta para a direita, esta mudança causaria um decréscimo no preço e um aumento na quantidade demandada. As mudanças no mercado de alta potência levariam a uma diminuição da demanda pela potência baixa. Esses eventos explicariam também o tipo de resultado observado sob a proibição.

---

[206] OSTROWSKI, James. "Thinking about Drug Legalization". *Policy Analysis* 121 (25 de maio, 1989): 1-64. Washington, D.C.: Cato Institute. Ver também o Instituto Nacional sobre o Abuso de Drogas 1981-84.

Gráfico 4
Efeito de Aperfeiçoamento Tecnológico para a Produção de Drogas de Alta Potência

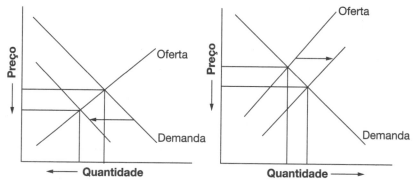

Mudanças tecnológicas tipicamente ocorrem após a instituição de proibições, porém o tipo de mudança tecnológica que acontece não é de nova tecnologia, mas sim de implementações diferentes da tecnologia existente[207].

A experiência da proibição, em particular da Proibição Nacional do Álcool, parece eliminar as mudanças nos gostos dos consumidores dentre as causas para o aumento da potência das drogas. Depois que a Proibição foi revogada, os padrões de despesas de antes da Proibição para o álcool de alta e de baixa potência ressurgiram. Parece que a mudança dramática na potência das drogas proibidas está diretamente relacionada com a própria proibição. O decréscimo da potência média das drogas legais ao longo do tempo, tais como a cafeína, a nicotina e o álcool reforça esta proposição[208].

---

[207] Ver: LITTLE, Arthur D. *Drug Abuse and Law Enforcement: A Report of the President's Commission on Law Enforcement and Administration of Justice.* Janeiro 18, 1967. Unpublished.

[208] IPPOLITIO, Richard A.; MURPHY, Dennis R. & SANT, Donald. *Staff Report on Consumer Responses to Cigarette Health Information.* Washington, D.C.: Federal Trade Commission, 1979.

A explicação da potência mais elevada que se oferece aqui depende crucialmente do efeito que a proibição exerce sobre os preços relativos da mesma droga de potência diferente, dos preços relativos de drogas diferentes e do incentivo para inovação com a introdução de novas drogas. A estrutura de penalidades, o nível da aplicação da lei e os incentivos dos oficiais da lei serão examinados como causas para a potência mais elevada e para drogas mais perigosas.

1 - A Economia da Potência

A abordagem de Kelvin Lancaster para o comportamento do consumidor[209] proporciona uma estrutura conveniente para analisar a economia da potência. Esta abordagem ajudou a resolver diversos problemas da economia neoclássica e permitiu que economistas pudessem empreender o estudo de vários problemas novos. A abordagem baseia-se na ideia simples de que os bens são valorizados devido a seus atributos, ou propriedades, e não são os objetos diretos da utilidade. Economistas começaram a pesquisar a composição de um bem com o mesmo zelo dos cientistas físicos que investigam os componentes do átomo.

Bens contêm uma variedade de atributos que podem ser combinados em um grande número de produtos finais. A potência não passa de um dos atributos das drogas, representando a força ou concentração da droga em sua forma final. Mesmo um produto de droga pura apresentaria atributos adicionais, tais como coloração, gosto e frescura.

Cada característica de um bem representa um custo de oportunidade diferente para o produtor. Da mesma maneira, consumidores avaliam cada característica para determinar o valor do produto e o quanto comprar. Dessa forma, para cada atributo, as condições

---

[209] LANCASTER, Kelvin J. "A New Approach to Consumer Theory". *Op. cit.*

de oferta e demanda existem e podem ou não ser independentes das demais características. Enquanto uma enorme variedade de produtos é possível, seria ineficiente que todos os produtos possíveis existissem de uma vez só. O trabalho do empreendedor consiste em reunir os atributos em um produto final que maximiza o lucro.

A abordagem de Lancaster ajuda a responder duas questões relacionadas no domínio das drogas ilegais. Primeiro, o que causa os tremendos aumentos na potência; e segundo, quando todos os atributos são levados em consideração, o que ocorre com a qualidade total?

Drogas apresentam uma série de características que podem ser alteradas, e novas características podem ser adicionadas. Consumidores demandam o produto final de acordo com o valor que atribuem à combinações de atributos que é fornecida. A oferta baseia-se nos custos para produzir um produto com uma certa combinação de atributos, com cada atributo apresentando seu custo específico. Os produtos que sobrevivem no mercado são aqueles que proporcionam as combinações de atributos mais eficientes em relação aos custos de produção.

2 - A Proibição como Imposto

Economistas utilizam a analogia da tributação para representar os efeitos da proibição. A aplicação da proibição cria risco para os fornecedores dos produtos ilegais. Este risco funciona como um imposto e, portanto, aumenta o preço e reduz a produção.

O teorema desenvolvido por Armen A. Alchian (1914-2013) e William R. Allen[210] proporciona um bom exemplo de como a proibição pode afetar os atributos das drogas ilegais. Na aplicação original do teorema, o custo constante de transporte foi aplicado a maçãs de vários preços, resultando em uma mudança nos preços

---

[210] ALCHIAN, Armen & ALLEN, William R. *University Economics*. Belmont: Wadsworth, 1964.

relativos que favorece as maçãs que apresentam preços mais elevados. As maçãs mais caras são, portanto, enviadas (Tabela 3)[211]. Uma alteração semelhante nos preços relativos deveria também ocorrer com a proibição se o "imposto" da proibição for semelhante a uma tarifa de transporte ou imposto por unidade.

Tabela 3
Enviando as Maçãs Boas para Nova York

PREÇO POR LIBRA (PREÇOS RELATIVOS)

CATEGORIA	CALIFÓRNIA	CUSTO DE TRANSPORTE	NOVA YORK
Selecionada	US$ 0,10 (2 para 1)	US$ 0,05	US$ 0,15 (1,5 para 1)
Padrão	US$ 0,05 (0,5 para 1)	US$ 0,05	US$ 0,10 (0,67 para 1)

ALCHIAN, Armen & ALLEN, William R. *University Economics*. p. 71.

Yoram Barzel examinou o efeito dos impostos sobre os atributos dos produtos por unidade e ad valorem, os preços após o imposto, e a qualidade total. Sua análise indicou que, dependendo do tipo, a tributação afeta a composição dos atributos do produto e, portanto, pode ser útil para entender a influência da proibição sobre a potência. Um imposto, dependendo do tipo, acarreta como resultado um preço e uma quantidade produzida que diferem daquelas previstas pelo modelo da qualidade constante. De acordo com Barzel:

---

[211] Thomas E. Borcherding (1939-2014) e Eugene Silberberg constataram que o teorema de Alchian e Allen é empiricamente confiável. Eles observaram que o efeito da renda poderia destruir a maior parte das proposições econômicas. Na proibição, o efeito da renda fortalece o efeito da potência e os dependentes tentam manter a renda constante recorrendo a atividades criminosas. BORCHERDING, Thomas E. & SILBERBERG, E. "Shipping the Good Apples Out: The Alchian and Allen Theorem Reconsidered". *Journal of Political Economy*, Volume 86 (February 1978): 131-38. Ver, também: GOULD, John P. & SEGALL, Joel. "The Substitution Effects of Transportation Costs". *Journal of Political Economy*, Volume 77 (January / February 1968): 130-37.

Mercadorias tais como as negociadas no mercado são complexas e as margens em relação às quais a otimização ocorre são numerosas. Como os estatutos fiscais das mercadorias em geral não cobrem todas essas margens, qualquer imposto induzirá mudanças múltiplas não somente no afastamento da alocação de recursos da mercadoria tributada e na direção de outras mercadorias, mas também na "qualidade" da mercadoria e em como ela é negociada, uma substituição para longe dos atributos tributados e para perto dos demais[212].

Uma tributação por unidade imposta sobre a mercadoria X que apresenta n características induzirá a inclusão de mais quantidades das características não tributadas. A mercadoria é definida pelo estatuto como contendo uma quantidade mínima das características 1, ..., e. As características restantes, e+1, ..., n, não são constrangidas pela tributação. A imposição do imposto resulta na inclusão de uma quantidade relativamente maior das características não constrangidas e não tributadas na mercadoria X. Os resultados são um aumento na qualidade e um preço maior do que o previsto[213]. O imposto por unidade, assim como o custo de transporte de alimentos frescos, induz um aumento na qualidade.

Uma tributação ad valorem imposta sobre uma mercadoria com n características apresenta resultados distintos do modelo de qualidade constante e do modelo de tributação constante por unidade. A tributação definiria a mercadoria como uma quantidade mínima das características 1, ..., e. A tributação ad valorem, contudo, tributa todas as características incluídas no produto. Assim, a inclusão de uma característica e de seus níveis dependerá de maneira crucial de se é mais barato incluí-la ou vendê-la separadamente para evitar a tributação. Os atributos não constrangidos (aqueles que não são definidos no estatuto) serão reduzidos,

---

[212] BARZEL, Yoram. "An Alternative Approach to the Analysis of Taxation". *Journal of Political Economy*, Volume 84 (December 1976): 1177-98. Cit. p. 1195.
[213] Idem. *Ibidem*, p. 1181.

eliminados ou vendidos separadamente para evitar a tributação. O produto será vendido por menos do que o previsto pelo modelo de qualidade constante e o resultado será um produto de qualidade inferior (com menos características). A tributação ad valorem, portanto, reduz a tributação ao eliminar características do produto de uma forma semelhante ao que acontece quando tarifas de transporte eliminam características. Por exemplo, laranjas frescas e suco de laranja fresco podem ser considerados produtos de qualidade mais alta do que o suco de laranja congelado ou reconstituído. Os fornecedores de produtos de laranja, contudo, podem reduzir enormemente a "taxa" de transporte sobre o suco de laranja enviando o concentrado congelado, que ocupa muito menos volume do que uma quantidade equivalente do produto fresco. O concentrado congelado é, então, reconstituído com a adição de água e trabalho no momento do consumo.

Yoram Barzel encontrou apoio para a sua hipótese na resposta do preço dos cigarros às mudanças nas tributações sobre cigarros. Impostos especiais de consumo tendiam a aumentar o nível de alcatrão e nicotina dos cigarros. Terry Johnson apresenta evidência adicional de que as tributações ad valorem resultam em preços mais baixos enquanto que as tributações por unidade resultam em preços mais elevados do que os previstos pelo modelo tradicional da tributação[214]. Jeffrey Harris também reconhece que aumentar a taxa por unidade dos cigarros leva à substituição dos cigarros de baixa potência por cigarros de alta potência[215]. Michael Sumner e Robert Ward questionam a aplicabilidade da evidência sobre os preços dos cigarros propondo explicações alternativas para as divergências de preços[216].

---

[214] JOHNSON, Terry R. "Additional Evidence on the Effect of Alternative Taxes on Cigarette Prices". *Journal of Political Economy*, Volume 86, Number 2, Part 1 (April 1978): 325-28.

[215] HARRIS, Jeffrey E. "Taxing Tar and Nicotine". *American Economic Review*, Volume 70 (June 1980): 300-11.

[216] SUMNER, Michael T. & WARD, Robert. "Tax Changes and Cigarette Prices". *Journal of Political Economy*, Volume 89, Number 6 (December 1981): 1261-65.

Robert Feenstra verificou que o efeito de uma tarifa ad valorem de 25% sobre caminhonetes importadas era ambíguo em relação à qualidade total, enquanto a cota de importação sobre os automóveis japoneses levou, conforme era esperado, a uma melhoria na qualidade[217]. Tais decisões baseiam-se nos custos de incluir uma dada característica contra a venda das características separadamente. O resultado ambíguo da tributação ad valorem, contudo, não era esperado neste caso específico. Yoram Barzel nota que o preço das partes de um autmóvel era de duas a duas vezes e meia o preço do mesmo automóvel montado[218]. Neste exemplo, a economia envolvida na compra de um carro montado ofusca os efeitos da tributação ad valorem de 25%. Produtores japoneses também responderam aos incentivos tributários acrescentando características adicionais a suas "caminhonetes" para poder classificá-las como vans, que estão sujeitas a uma tarifa de apenas 2%.

3 - O Impacto da Proibição sobre a Potência

O tipo de tributação e a definição da mercadoria tributada por meio do estatuto fiscal resultam em efeitos diferentes na qualidade e nos atributos contidos no produto. Os estatutos da proibição e sua aplicação desempenham um papel semelhante na determinação da composição, qualidade, preço e quantidade produzida do produto. As diretivas e incentivos dos oficiais da lei influenciam resultados do mercado tais como a composição dos produtos.

A proibição estabelece um ambiente de apostas ao invés de uma tributação explícita. Participantes efetivamente capturados enfrentam perdas enormes pela receita perdida, multas, confiscos e períodos na prisão. Aqueles que não são capturados obtêm grandes

---

[217] FEENSTRA, Robert C. "Quality Change under Trade Restraints in Japanese Autos". *Quarterly Journal of Economics*, Volume 103 (February 1988): 131-46.
[218] BARZEL, Yoram. "An Alternative Approach to the Analysis of Taxation". *Op. cit.*, p. 1183n.

retornos monetários. Todos os participantes do mercado, entretanto, incorrem em grandes custos para arcar com o risco. A tributação é avaliada como uma função das penalidades e a probabilidade de captura e condenação.

Os estatutos de proibição em geral consistem de três partes. Primeiro, para serem ilegais, os produtos devem conter uma quantidade mínima de uma certa droga. Durante a proibição do álcool, produtos contendo mais do que 0,5% de álcool eram ilegais. Um produto contendo qualquer quantidade detectável de heroína é ilegal. Em segundo lugar, as penalidades geralmente são cobradas com base no peso. Por exemplo, as penalidades máximas para a posse de maconha em Indiana são de um ano de prisão e multa de US$ 5.000,00 para quantidades acima de trinta gramas. Finalmente, penalidades são estabelecidas para a produção, distribuição e posse.

Os estatutos da proibição definem o produto de maneira consistente em termos de potência mínima (sem restringir o máximo). Ademais, quanto mais pesado for o carregamento, mais severa a penalidade. Dado que as penalidades baseiam-se no peso dos carregamentos, os fornecedores irão reduzir os atributos que não são tributados quando separados do produto[219]. A potência não é restringida e provavelmente aumentará enquanto os fornecedores elevam o valor do carregamento para reduzir os encargos relativos da tributação. Este aspecto dos estatutos de proibição, portanto, age como uma tributação por unidade constante.

Em acréscimo aos estatutos da proibição, a probabilidade de captura desempenha um papel importante no risco. A eficiência da aplicação da lei em relação ao tamanho do mercado negro para

---

[219] Um exemplo de tal atributo seria uma substância para reduzir a cocaína de um produto puro para uma potência que os consumidores desejariam na ausência da proibição. Isto é referido como o "corte". Este "corte" na potência acontece, porém, quando o produto prossegue para o consumidor final e o risco da captura e das penalidades decresce. O corte pode ser feito por diversos indivíduos diferentes ao longo da cadeia de distribuição e diversos "cortes" diferentes podem ser feitos para ajustar a potência.

drogas descreve (em parte) a probabilidade de captura. Fornecedores de drogas ilegais avaliam a aplicação da lei e as penalidades para determinar o risco que terão de enfrentar e a alocação de seus recursos para evitar a captura.

Uma chave para evitar a captura é a camuflagem do carregamento. Enquanto isto pode ser feito de várias maneiras, o tamanho do carregamento é um fator básico. O tamanho está relacionado ao peso e agirá como uma tributação por unidade constante, induzindo uma potência maior que a do mercado. Esforços para esconder os carregamentos aumentam na margem enquanto os recursos ou a eficiência da aplicação da lei são incrementados. Esses fatores, portanto, agem para aumentar a qualidade e resultam em um preço mais elevado do que o previsto pelo modelo da qualidade constante. A potência aumenta, e este aumento é grandemente responsável pelo aumento na "qualidade" total.

A proibição pode agir como uma tributação ad valorem como resultado das diretrizes das legislaturas e dos incentivos dos juízes e oficiais da lei. Lindsey mostrou que os burocratas têm o incentivo para produzir bens e serviços cujos atributos são facilmente monitorados e desejados pelo Congresso, enquanto se esquivam da produção de atributos que não são ou não podem ser monitorados pelo Congresso[220]. Por exemplo, Lindsey verificou que enquanto os hospitais da Administração dos Veteranos produziam resultados mensuráveis (pacientes por dia) a um custo mais baixo, hospitais particulares forneciam mais equipe por paciente, médicos "melhores", internações mais breves, menos lotação e esperas, e mais amenidades ambientais. Assim, da mesma forma que a taxação altera os atributos dos produtos, os incentivos dos burocratas podem alterar esses mesmos atributos.

Com a proibição, o tipo de serviço prestado pelos burocratas de implementação da lei para o Congresso e as legislaturas

---

[220] LINDSEY, C. M. "A Theory of Government Enterprise". *Journal of Political Economy*, Volume 84, Number 5 (1976): 1061-77.

estaduais podem exercer importantes efeitos na composição dos atributos nas drogas ilegais. Um exemplo de comportamento burocrático é a técnica de estimar o valor em dólares dos confiscos de drogas. O valor desses confiscos é estimado utilizando uma média do "preço das ruas". O preço das ruas é o maior preço por unidade, pois representa o último passo na distribuição da produção. Esta estimativa é equivalente a um fazendeiro que averigua quanta farinha é necessária para fazer uma fatia de pão e que então multiplica o preço de venda do pão no varejo (por libra) pelo preço total de seu trigo recém-cortado, incluindo o debulho, para determinar o valor de sua colheita.

Da mesma forma, os burocratas da aplicação da lei poderiam considerar que a apreensão de carregamentos grandes e de alta potência promove seu auto-interesse e satisfaz as diretivas da legislatura. A apreensão de grandes carregamentos proporciona à burocracia publicidade a respeito da eficiência de seu trabalho e pode ajudar a estimular a demanda pelo seu produto (aplicação das leis contra as drogas). A concentração dos recursos para a aplicação da lei na interdição das drogas de alta potência reduziria os riscos para os carregamentos de drogas de baixa potência e menos perigosas, tais como a maconha, e aumentaria o risco de enviar carregamentos de drogas de alta potência e perigosas, tais como a heroína. Como o risco aumentaria, o mesmo ocorreria com o valor de mercado. Este incentivo teria um efeito semelhante àquele de uma tributação ad valorem ou ad potere (de acordo com a potência).

Incentivos semelhantes podem existir no sistema judicial. Carregamentos de drogas de alta potência e drogas mais perigosas podem afetar a probabilidade de condenação. O sistema judicial tem alguma discricionariedade na determinação de penalidades. De acordo com as diretrizes condenatórias federais atuais, carregamentos de alta potência podem acarretar sentenças de prisão mais longas e multas mais elevadas. A discricionariedade da corte poderia, portanto, funcionar como um fator de restrição sobre a potência e como uma tributação ad valorem.

Os incentivos da aplicação da lei e do sistema judicial, tal como as tributações ad valorem, têm como resultado uma qualidade e preços mais baixos do que o esperado, mas será que restringem ou reduzem a potência? Esses incentivos – ou as tributações ad valorem – são empiricamente relevantes, tal como na pesquisa de Robert Feenstra[221] sobre as taxas de importação nas caminhonetes japonesas?

Vários pontos precisam ser levantados a respeito da existência ou força do efeito ad valorem sobre a potência. Primeiro, é possível que os oficiais da lei se beneficiem mais com a captura de grandes carregamentos que aumentam o valor estimado nas ruas do que com carregamentos de alta potência, que não fazem isso. Segundo, não há razão para acreditar que os oficiais da lei possuam os meios para discriminar entre a alta ou baixa potência dos carregamentos de uma droga específica, exceto em relação a que ponto, na cadeia de distribuição, a apreensão acontece. Terceiro, enquanto juízes têm alguma discricionariedade na determinação das sentenças de acordo com a potência da droga, esta discricionariedade se limita a interpretar a intenção do réu dentro da estrutura de penalidades baseada no peso. Por último, não se espera que a pura tributação ad valorem exerça um efeito acentuado sobre a potência, mas sim um efeito proporcional em todos os atributos do produto.

A aplicação da lei pode criar uma tributação ad valorem em um mercado ilegal com múltiplas drogas. A concentração nas drogas mais perigosas, tal como a heroína, produziria efeitos semelhantes aos de uma tributação ad valorem sobre a totalidade do mercado ilegal de drogas, dado que a probabilidade de apreensão de uma unidade de heroína seria maior do que de uma unidade semelhante de maconha. Este aspecto da aplicação da lei da proibição não restringe a potência como um atributo do produto – meramente foca em maiores recursos e penalidades para os tipos de drogas mais perigosas. Os resultados esperados são similares à

---

[221] FEENSTRA, Robert C. "Quality Change under Trade Restraints in Japanese Autos". *Op. cit.*

situação das penalidades mais altas para a heroína em relação às penalidades para a maconha. Esperaríamos que as penalidades mais altas para a heroína resultassem em uma maior potência em relação aos aumentos da potência da maconha, que está sujeita a penalidades mais baixas.

Diversos fatores, tais como a definição das drogas ilegais, penalidades baseadas no peso e probabilidade de captura não restringem a potência e, portanto, resultam em drogas de alta potência. Verificou-se que somente a discricionariedade limitada das cortes de justiça impõe uma pequena restrição na potência. Em um mercado ilegal com múltiplas drogas, diferenças nas penalidades e os incentivos dos burocratas da lei intensificam os efeitos da proibição contra a heroína e reduzem os efeitos na potência de drogas como a maconha.

A avaliação do risco, portanto, determina um forte incentivo para aumentar a potência das drogas ilegais. Empiricamente, o custo de arcar com o risco da proibição é alto em relação aos custos de produção e distribuição em um ambiente legal. Edward Erickson estimou a tributação da proibição da heroína em 20.000%[222]. O custo de 28 gramas de maconha se situa muito acima de cem vezes o preço de mercado de uma quantidade equivalente de cigarros. Essas altas taxas de tributação obviamente exercem um grande impacto na composição de atributos dos produtos.

4 - A Potência nos Mercados Proibidos

A falta de dados confiáveis relativos aos mercados proibidos torna impossível o teste econométrico rigoroso. Não obstante, a história proporciona diversas ilustrações instrutivas relativas à potência dos produtos em tais mercados. Dois episódios proeminentes,

---

[222] ERICKSON, Edward. "The Social Costs of the Discovery and Suppression of the Clandestine Distribution of Heroin". *Op. cit.*

A POTÊNCIA DAS DROGAS ILEGAIS • **163**

a Proibição e a moderna "guerra contra as drogas", são apresentados aqui.

Esses episódios fornecem informações suficientes para apresentar as correlações entre a proibição, preços relativos e potência, bem como as correlações entre mudanças nos recursos para a aplicação da lei, preços relativos e potência. Esta informação ilustra a alteração dos produtos e a inovação que ocorre durante a proibição. Em termos da análise de regressão, mesmo esses objetivos limitados são difíceis de estabelecer porque os dados adequados simplesmente não estão disponíveis. Nesses casos, utilizar substitutos para as variáveis é como utilizar bolas de pingue-pongue no lugar de ovos de tartaruga em uma receita.

5 - A PROIBIÇÃO DO ÁLCOOL

Um exame da proibição do álcool durante os anos 1920 proporciona evidências úteis e interessantes sobre o "contrabando de bebidas fortes". Durante a Proibição, uma variedade de recursos para a aplicação da lei foi mobilizada através do *Volstead Act* como uma tentativa de reduzir a produção, venda e consumo de álcool. A aplicação da lei criou riscos para os fornecedores de bebidas, riscos que exerceram efeitos profundos em como, onde, quando e que tipo de álcool era consumido.

A tabela 4 fornece informações que dizem respeito ao esforço federal de cumprimento da lei de proibição[223]. Dispêndios totais aumentaram de menos de quatro milhões de dólares na segunda metade de 1920 para quase 45 milhões em 1930. O orçamento anual do Prohibition Bureau [Departamento de Proibição] dobrou

---

[223] De acordo com Clarke Warburton, não há evidências que sugerem que o estado e os governos locais gastaram somas maiores durante a Proibição do que o que gastaram anteriormente nas leis regulatórias ou proibitórias. Ver: WARBURTON, Clarke. *The Economic Results of Prohibition. Op. cit.*, p. 247.

durante esta década, com o maior crescimento ocorrendo entre 1920 e 1925. Em 1925, o orçamento da *Guarda Costeira* foi aumentado para fazer cumprir a proibição, duplicando os recursos dedicados à interdição e aplicação da lei. O custo indireto, que incluía algumas despesas tais como os custos dos processos criminais, também aumentou no decorrer da década.

Tabela 4
Despesas Federais com a Aplicação da Proibição
(milhares de dólares)

Ano terminando em 30 de junho	Departamento de proibição	Guarda Costeira	Custo Indireto	Custo Total	Multas e Penalidades	Totais Líquidas Despesas
1920	2,200	0	1,390	3,590	1,149	2,411
1921	6,350	0	5,658	12,008	4,571	7,437
1922	6,750	0	7,153	13,903	4,356	9,547
1923	8,500	0	10,298	18,798	5,095	13,703
1924	8,250	0	10,381	18,631	6,538	12,093
1925	10,012	13,407	11,075	34,494	5,873	28,621
1926	9,671	12,479	10,441	35,591	5,647	26,944
1927	11,933	13,959	11,482	37,434	5,162	32,272
1928	11,991	13,667	16,930	42,588	6,184	36,404
1929	12,402	14,123	16,839	43,364	5,474	37,890
1930	13,374	13,558	17,100	44,032	5,357	38,675
Total	**101,493**	**81,193**	**118,747**	**301,433**	**55,406**	**246,027**

Fonte: WARBURTON, Clark. *The Economic Results of Prohibition.* p. 246.

Multas, penalidades e despesas líquidas não são relevantes para o propósito de determinar os recursos para a aplicação da lei. Multas e penalidades, contudo, proporcionam alguma evidência da eficácia dos recursos para o cumprimento da lei. Esta eficácia parece ter sido enfraquecida pelo desenvolvimento de

A POTÊNCIA DAS DROGAS ILEGAIS • **165**

especialistas na produção ilegal, de rigidez no interior da burocracia e pela corrupção dos funcionários públicos e oficiais da lei.

Clark Warburton e Irving Fisher eram opositores no debate acadêmico sobre a Proibição, porém ambos apresentavam evidências relacionadas à dramática mudança nos preços relativos que ocorreu durante a Proibição. Poderíamos esperar que a mudança nos preços relativos fosse resultante do risco imposto pela aplicação da lei.

Warburton demonstrou que o preço das bebidas destiladas caiu em relação ao preço da cerveja. Com base na média de quatro estimativas distintas dos preços prováveis caso a Proibição Nacional não tivesse sido decretada, a razão de preços em questão teria sido de 15,42 para 1. A razão estimada efetiva para os preços do varejo eentre 1929 e 1930 era de 11,78 para 1, enquanto a razão entre o custo do álcool caseiro e a cerveja produzida em casa era de 3,33 para 1[224]. Estimativas do custo total diminuiriam essas razões de preços sob a Proibição. Compradores enfrentavam o risco de apreensão, porém este risco era mais baixo para bebidas destiladas devido a seu tamanho compacto.

Conforme observado anteriormente, Irving Fisher foi um dos principais proponentes da Proibição. Ele utilizou observações dos preços mais elevados para afirmar que a Proibição estava secando a oferta de álcool. Fisher utilizou os dados da Tabela 5 para apoiar seu argumento. Os cálculos entre parênteses são meus. Os cálculos de Fisher à direita são de origem desconhecida. Ele de fato mostrou, em seu "índice de preços do álcool", que o álcool aumentou de preço. Também mostrou que a cerveja lager aumentou de preço em 700%, enquanto o uísque de centeio aumentou apenas 312%, novamente sustentando o argumento de que o preço relativo do álcool de alta potência tinha caído.

---

[224] WARBURTON, Clarke. *The Economic Results of Prohibition. Op. cit.*, p. 148-66.

Tabela 5
"Índice de Preços de Álcool" de Fisher, 1916-1928

	Preço médio por litro		Aumento no preço (%)
	1916	1928	
Cerveja Lager	US$ 0,10	US$ 0,80	600 (700)
Cerveja caseira	US$ 1,70	US$ 7,00	310 (312)
Uísque de milho	US$ 3,95		147
"White Mule" (uísque contrabandeado)		US$ 3,20	100
Gin	US$ 0,95	US$ 5,90	520 (521)
Gin (sintético)	US$ 3,65		285
Brandy	US$ 1,80	US$ 7,00	290 (289)
Vinho do Porto	US$ 0,60	US$ 3,90	550 (550)
Xerez	US$ 0,60	US$ 4,32	600 (620)
Claret	US$ 0,80	US$ 3,00	200 (275)
Porcentagem média do aumento do preço do álcool			360 (467)

Fonte: FISHER, Irving. *Prohibition at Its Worst*. p. 9

É geralmente aceito que como resultado do aumento no preço do álcool, a quantidade absoluta de álcool comprado diminuiu, um fato confirmado por Warburton. O consumo de produtos de álcool de alta potência, entretanto, aumentou em relação aos produtos de álcool de baixa potência, tais como a cerveja. O efeito da diminuição dos preços relativos das bebidas destiladas durante a Proibição sobre os dispêndios e o consumo é mostrado na Tabela 6. Sem fazer explicitamente a conexão com a mudança nos preços relativos, Clarke Warburton notou que a "Proibição aumentou a quantidade gasta com bebidas destiladas para três bilhões e meio de dólares e reduziu a quantidade gasta com cerveja para meio bilhão de dólares"[225]. Fisher também estava ciente do "fato bem conhecido de que a proibição

---

[225] Idem. *Ibidem*, p. 170.

A POTÊNCIADAS DROGAS ILEGAIS   • **167**

fora mais eficiente na supressão do consumo de cerveja do que de uísque"[226]. Tun-Yuan Hu, que carecia de um entendimento dos preços relativos, duvidou deste resultado.

O impacto da Proibição no consumo é melhor ilustrado colocando-o em uma perspectiva histórica (Tabela 7). Embora o consumo de álcool esteja relacionado a diversos fatores, tais como a renda e as taxas sobre o álcool, certas tendências são sugeridas. Primeiro, o consumo de cerveja aumentou durante a Proibição, em parte como resultado do declínio em seu custo relativo de produção e distribuição. Segundo, o consumo total de álcool puro ficou mais ou menos estável durante o período. Terceiro, as despesas diminuíram antes da Proibição devido ao aumento da tributação, das proibições do tempo de guerra e proibições estatais.

Tabela 6
Efeito da Proibição nas Despesas com Álcool
(milhões de dólares)

Ano	Despesa máxima provável sem a Proibição			Despesa atual estimada		
	Destilados	Cerveja	Proporção D:C	Destilados	Cerveja	Proporção D:C
1921	2.212	2.307	0.49	528	136	0.80
1922	2.245	2,069	0.52	2,704	188	0.93
1923	2,279	2,100	0.52	3,504	250	0.93
1924	2,313	2,131	0.52	3.168	321	0.84
1925	2,347	2,162	0.52	3,312	398	0.89
1926	2,381	2,193	0.51	3,568	490	0.88
1927	2,415	2,225	0.52	2.896	595	0.83
1928	2,449	2,256	0.52	3,360	726	0.82
1929	2,483	2,287	0.52	3,616	864	0.81
1930	2,516	2,318	0.52	2,624	850	0.76

Fonte: WARBURTON, Clark. *The Economic Results of Prohibition.* p. 170.

---

[226] FISHER, Irving. *Prohibition at Its Worst. Op. cit.*, p. 29.

Tabela 7

Consumo Per Capita de Bebidas Alcoólicas em Galões, 1840-1919

Ano	Destilados	Vinhos	Cerveja	Total de Álcool	Total Puro
1840	2.52	0.29	1.36	4.17	1.36
1850	2.23	0.27	1.58	4.08	1.22
1860	2.86	0.34	3.22	6.42	1.62
1870	2.07	0.32	5.31	7.70	1.31
1880	1.27	0.56	8.26	10.09	1.06
1890	1.39	0.46	13.57	15.42	1.34
1900	1.28	0.39	16.06	11.73	1.38
1901	1.31	0.36	15.95	17.62	1.38
1902	1.34	0.62	17.15	19.11	1.49
1903	1.43	0.47	17.64	19.54	1.53
1904	1.44	0.52	17.88	19.84	1.55
1905	1.41	0.41	17.99	19.81	1.53
1906	1.47	0.53	19.51	21.51	1.64
1907	1.58	0.65	20.53	22.76	1.75
1908	1.39	0.58	20.23	22.20	1.64
1909	1.32	0.67	19.04	21.03	1.56
1910	1.42	0.65	19.77	21.84	1.64
1911	1.46	0.67	20.69	22.82	1.70
1912	1.45	0.58	20.02	22.05	1.66
1913	1.51	0.56	20.72	22.79	1.77
1914	1.44	0.53	20.69	22.66	1.67
1915	1.26	0.73	18.40	19.99	1.46
1916	1.37	0.47	17.78	19.62	1.51
1917	1.62	0.41	18.17	20.20	1.64
1918	0.85	0.49	14.87	16.21	1.13
1919	0.77	0.51	8.00	9.28	0.80

Fontes: Johnson, W. E. *The Federal Government and the Liquor Traffic*. Westerville: American Issue Publishing Co., 2nd ed., 1917. p. 321 & WARBURTON, Clark. *The Economic Results of Prohibition*. p. 24.

A POTÊNCIA DAS DROGAS ILEGAIS • **169**

Gastos com álcool como uma porcentagem da renda nacional decresceram em 2% entre 1890 e 1910, com uma maior quantidade sendo gasta em cerveja do que em bebidas destiladas (55:45), uma razão que continuou de 1911 a 1916[227]. Este padrão de consumo de anterior à Proibição foi reestabelecido após a revogação da lei, com as bebidas destiladas voltando a representar somente quase a metade de todos os gastos com álcool. Durante a Proibição, entre 1922 e 1930, os gastos com bebidas destiladas como porcentagem de todos os gastos com álcool cresceram para entre 70% e 87%. Para o período entre 1939 e 1960, as bebidas destiladas representaram de 42% a 53% das vendas totais de álcool.

A Proibição levou à inovação de novos produtos que eram altamente potentes e perigosos? O "índice de preços do álcool" de Fisher apresenta alguma evidência disto (Tabela 5). Diversos produtos novos, tais como o uísque clandestino "White Mule", continham entre 50% e 100% a mais de álcool do que o uísque médio do mercado. Fisher observou que produtos altamente potentes e perigosos eram responsáveis pela distorção das estatísticas, tais como as prisões por embriaguez.

> Estou credivelmente informado de que um cômputo muito conservador estabeleceria os efeitos prejudiciais das bebidas clandestinas em dez para um, em comparação com as bebidas medicinais. Ou seja, é necessário apenas tanto quanto um décimo de bebida clandestina em comparação com as bebidas de antes da proibição para produzir um certo grau de embriaguez. A razão, obviamente, é que a bebida clandestina é muito concentrada e quase sempre contém outros e mais poderosos venenos do que o mero álcool etílico[228].

Milton Friedman e Rose Friedman também observam que os produtores desses novos produtos frequentemente utilizam

---

[227] WARBURTON, Clarke. *The Economic Results of Prohibition*. *Op. cit.*, p. 114-15.
[228] FISHER, Irving. *Prohibition at Its Worst*. *Op. cit.*, p. 28-29. Ênfase do autor.

substitutos perigosos, tais como álcool de madeira[229] ou desnaturado, para aumentar a potência do produto.

> Sob a proibição, tanto contrabandistas quanto produtores caseiros fabricando gin na banheira às vezes utilizavam álcool de madeira ou outras substâncias que transformavam o produto em um poderoso veneno, causando danos e às vezes inclusive a morte daqueles que o consumiam[230].

Os produtores tendiam a utilizar técnicas de má qualidade e realizavam poucos testes de seus produtos. Nos mercados proibidos, espera-se a adulteração devido à carência de um mercado para a reputação, algo que F. A. Hayek argumenta ser necessário para assegurar o desempenho da concorrência e dos contratos[231]. Além de impedir o recurso às leis de negligência e responsabilidade, a proibição também viola as condições descritas por Benjamin Klein e Keith Leffer que asseguram esse desempenho e a preservação da qualidade em um ambiente de puro mercado[232]. Com o declínio do consumo de álcool, o aumento na potência e a utilização de adulterantes pode de fato explicar por que as estatísticas sobre embriaguez e alcoolismo também não diminuíram significativamente durante a Proibição[233].

---

[229] Referência ao composto químico CH_3OH, denominado Álcool Metílico ou Metanol, que predominantemente costuma ser produzido a partir da destilação da madeira. (N. T.)

[230] FRIEDMAN, Milton & FRIEDMAN, Rose. *Tyranny of the Status Quo. Op. cit.*, p. 140-41. Ênfase do autor.

[231] HAYEK, F. A. *Individualism and Economic Order*. Chicago: University of Chicago Press, 1948. p. 97.

[232] KLEIN, Benjamin & LEFFLER, Keith. "The Role of Market Forces in Assuring Contractual Performance". *Journal of Political Economy*, Volume 89 (August 1981): 615-41.

[233] Enquanto o número de mortes por mil habitantes devido à cirrose do fígado diminuiu durante as décadas de 1920, essa cifra já estava caindo desde antes de 1920. Mudanças na distribuição etária (como resultado das mortes de homens durante a Primeira Guerra Mundial) e melhorias nos diagnósticos e cuidados médicos também contribuíram para esse declínio. Também deve ser lembrado que algumas pessoas largaram completamente

A POTÊNCIADAS DROGAS ILEGAIS • **171**

Está razoavelmente claro, a partir das evidências fornecidas, tanto por opositores quanto por proponentes da Proibição, que as mudanças nos preços relativos foram resultado da Proibição e essas mudanças levaram ao aumento do consumo de drogas de potência mais elevada (bebidas destiladas), bem como de outros produtos de alta potência e perigosos (moonshine – bebidas destiladas caseiras).

6 - A PROIBIÇÃO DA MACONHA: UM TESTE SIMPLES

O efeito da proibição sobre os preços relativos, a potência e os padrões de consumo do álcool também se aplicam para as drogas ilegais como a maconha, cocaína e heroína. A cannabis (maconha) é uma planta antiga, cultivada para fins comerciais, medicinais e recreativos. Essencialmente, é ilegal desde o Marijuana Tax Act de 1937. A maconha tornou-se uma grande preocupação das políticas públicas nos Estados Unidos durante a década de 1960, quando seu uso recreativo aumentou significativamente. Em 1969, recursos dedicados para o cumprimento da lei federal antidrogas foram aumentados para reduzir a importação e venda de drogas ilegais como a maconha e a heroína. O compromisso com a proibição resultou em orçamentos maiores para muitas agências federais, tais como Customs [Alfândega], Coast Guard [Guarda Costeira], Drug Enforcement Administration [Administração do Combate às Drogas], Federal Bureau of Investigation [Agência Federal de Investigações] (FBI), e Internal Revenue Service [Serviço da Receita Interna]. O orçamento combinado dessas agências (a parte que pode ser atribuída à aplicação das leis de combate às drogas) é utilizado para representar os esforços federais para o combate às drogas na Figura 5[234].

---

o álcool, então o número de mortes por bebedor, devido à cirrose e ao alcoolismo, foi provavelmente mais elevado durante a Proibição.

[234] O cumprimento estatal e local das leis contra as drogas é uma consideração importante para a qual não há informações detalhadas. Pode ser observado, contudo, que ajustados pela inflação, os gastos *per capita* com a polícia aumentaram 37% entre 1970 e 1980 (de

Gráfico 5
Orçamento Federal para a Aplicação de Leis Antidrogas, 1973-1984
(Em milhões de dólares de 1972)

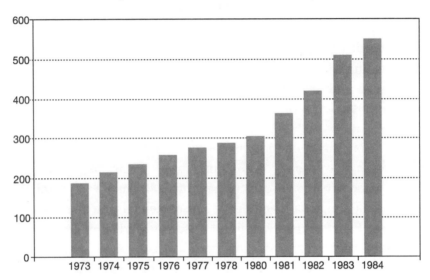

Fonte: Adaptado do apêndice "Departamento de Orçamento dos Estados Unidos" nas edições de 1973-1985 do documento *O Orçamento do Governo dos Estados Unidos* (Ver: *The Budget of the United States Governmente: Appendiz, U.S. Bureau of The Budget*. Washington D.C.: USGPO, 1973-1984).

Um efeito da maior intensidade dos esforços para o cumprimento da lei é o aumento do risco de fornecimento de drogas ilegais. Um modelo de teoria de preços baseado na mudança dos preços relativos devido ao risco preveria aumentos na potência

---

acordo com o *Bureau of Justice Statistics Special Report* [Relatório Especial de Estatísticas do Departamento de Justiça], "Police Employment and Expenditure Trends", fevereiro de 1986). O cumprimento das leis de combate às drogas é uma subcategoria da "proteção policial" e essas despesas aumentaram 85% no nível federal, 90% no nível estadual e 108% no nível local no período entre 1976 e 1985 (*Bureau of Justice Statistics Bulletin* [Boletim de Estatísticas do Departamento de Justiça]), "Justice Expenditure and Employment 1985", março de 1987). Embora não haja estatísticas disponíveis, a aplicação das leis contra as drogas como uma porcentagem do total da "proteção policial" aumentou durante o período deste estudo (entrevista telefônica com Ernie O'Boyle, Departamento de Estatísticas da Justiça, setembro de 1987).

média das drogas ilegais tais como a maconha. Informações sobre a potência da maconha são limitadas devido à natureza ilegal do mercado, porém dados têm sido coletados desde 1973 pelo Potency Monitoring Project [Projeto de Monitoramento da Potência] patrocinado pelo National Institute on Drug Abuse [Instituto Nacional sobre o Abuso de Drogas][235]. O aumento na potência média da maconha entre 1974 e 1984 pode ser visto claramente na Figura 6, porém a natureza complexa deste mercado e severas limitações nos dados impedem uma investigação estatística detalhada.

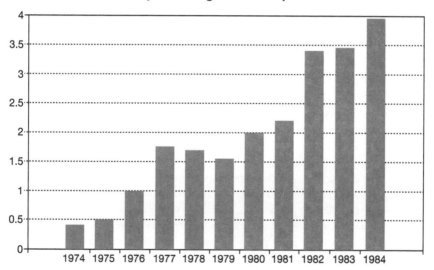

Gráfico 6
Potência Média da Maconha, 1973-1984
(Porcentagem de THC)

Fonte: Quarterly Reports of the Marijuana Potency Monitoring Project, National Institute of Drug Abuse. Oxford: University of Mississippi, 1974-1984.

Nota do autor: THC (Tetraidrocanabinol) é a substância ativa da maconha.

---

[235] Ver: ELSOHLY, M. A. & ABEL, C. T. *Quarterly Report of the Potency Monitoring Project.* National Institute on Drug Abuse Marijuana Project. January-March 1988. Oxford: University of Mississippi.

Para explorar a relação entre o cumprimento da lei e a potência da maconha, empreguei uma regressão simples utilizando o orçamento total para a aplicação da lei de combate às drogas de agências federais selecionadas como uma variável explicativa para a potência da maconha. Verificou-se que esta variável apresenta considerável poder explicativo para descrever mudanças na potência da maconha entre 1973 e 1984[236]. O coeficiente da variável independente indica que um aumento das despesas em um milhão de dólares em 1972 resulta em um aumento da potência de 0,01% a 1%. A estatística t de 11,4 indica que esta relação positiva é significativa no nível 0,01. A estatística R-quadrado indica que o orçamento federal dedicado à interdição explica 93% do aumento observado na potência (F = 129,8). Embora problemas com a regressão simples, tais como limitações nos dados e erros de especificação devam, obviamente, ser considerados, esses resultados indicam que há mais aqui do que meras anomalias nos dados[237]. Embora este teste não proporcione uma prova inquestionável, ele estabelece "inferências

---

[236] Nenhuma informação sobre a potência estava disponível antes de 1973. O orçamento para a aplicação da lei de combate às drogas aumentou entre 1985 e 1986 (e posteriormente), porém a informação é incompleta e é complicada por uma grande, porém não revelada, quantidade de recursos militares dedicados ao cumprimento dessa lei. A potência também continuou a aumentar no período de 1985 e 1986. A potência média relatada diminuiu como resultado do aumento dos programas de erradicação domésticos e de duração durante toda uma estação do ano, o que aumentou enormemente a porcentagem de maconha imatura e não utilizável que foi testada para a potência. Começando em 1985 e 1986, a maior parte das categorias da cannabis aumentaram em potência. Esses resultados foram apresentados originalmente em: THORNTON, Mark. *The Potency of Marijuana under Prohibition*. Manuscript. Auburn: Auburn University, 1983; Idem. *The Potency of Illegal Drugs*. Manuscript. Auburn: Auburn University, 1986.

[237] O teste RESET foi desenvolvido por James B. Ramsey para detectar erros de especificação. O teste foi efetuado no nível mais forte de significância disponível. No nível 0,10, o valor crítico para F foi de 3,07, enquanto a estatística F foi de 3,00, indicando que não houve erro de especificação. Para checagens adicionais de erros de especificação e problemas de tendência temporais, uma variável de tendência temporal foi adicionada à regressão original. Embora o coeficiente desta variável explicativa tenha diminuído, permaneceu significante no nível 0,05 ($t = 2,4$).

A POTÊNCIA DAS DROGAS ILEGAIS • **175**

razoáveis" a respeito da conexão entre o cumprimento da proibição, os preços relativos e a potência da maconha.

7 - PARA ALÉM DA MACONHA

A potência de diversas drogas ilegais além da maconha, tais como a cocaína, também aumentou. Adicionalmente, novas formas de cocaína de alta potência, tais como o crack, tornaram-se disponíveis.

Outra característica da proibição moderna das drogas é a substituição de uma droga por outra. Enquanto cada droga apresenta algumas características singulares, a maior parte das drogas ilegais também possuem atributos semelhantes. Mudanças nos preços relativos podem, portanto, estimular a substituição das drogas ilegais de preços mais elevados pelas de preços mais baixos. Por exemplo, Simon Rottenberg argumentou que indivíduos seriam propensos a substituir maconha por barbitúricos, com base no preço[238].

A recente tendência de aumento no consumo de cocaína pode, em parte, ser o resultado de mudanças nos preços relativos. Em 1973, o preço da cocaína era de US$ 410,00 por grama puro, enquanto o preço da maconha era de US$ 0,63 por grama (651:1). Por volta de 1983, o preço da cocaína caiu para US$ 110,00 por grama puro e o preço da maconha aumentou para US$ 2,50 por grama (44:1). Mesmo a maior potência da maconha não é capaz de compensar o tremendo declínio no preço relativo da cocaína[239].

---

[238] ROTTENBERG, Simon. "The Clandestine Distribution of Heroin, Its Discovery and Suppression". *Op. cit.*, p. 89n.

[239] U.S. Department of Justice. Bureau of Justice Statistics. *Sourcebook of Criminal Justice Statistics*. Washington, D.C.: Government Printing Office, 1984-1989. 1985, p. 437. Que o preço absoluto da cocaína possa cair com o aumento da aplicação da lei pode ser contraintuitivo. A mudança nos preços absolutos é uma mudança nos preços relativos. Em 1984, uma força tarefa de combate às drogas aumentou dramaticamente seus esforços

Outro aspecto significativo da proibição moderna das drogas é a formulação de produtos novos e altamente potentes. Tanto os novos produtos quanto as versões de potência aumentada das drogas existentes foram produzidos em grande parte utilizando técnicas e tecnologias já existentes. Opiáceos sintéticos, por exemplo, podem ser prontamente produzidos utilizando técnicas existentes. A composição química dessas drogas extremamente poderosas pode ser modificada pelos fornecedores para evitar completamente a punição (no curto prazo)[240]. Está claro que a disponibilidade de drogas extremamente potentes e perigosas, como os opiáceos sintéticos, resulta da proibição e não de fatores tecnológicos[241]. Existe a tecnologia para produzir o princípio ativo da maconha, o THC (tetraidrocanabinol) na forma pura, mas as penalidades são muito baixas para justificar o custo.

A relação de causa e efeito provável entre a proibição e a potência é um dos problemas que surgem com a utilização da proibição como uma ferramenta de política pública. Ela também pode ajudar a explicar a "sabedoria convencional" de que a maconha pode conduzir ao vício em heroína. Mudanças nos preços relativos em favor de drogas de alta potência levariam os consumidores de maconha

---

na cidade de Miami e praticamente eliminou o fornecimento de maconha, mas o preço da cocaína caiu consideravelmente, enquanto os contrabandistas de maconha passaram rapidamente a traficar cocaína.

[240] Ver: GALLAGHER, Winifred. "The Looming Menace of Designer Drugs". *Discover* (August 1986): 24-35.

[241] Em 1967, a Arthur D. Little Inc. advertiu a respeito do potencial dessas drogas: "Se as políticas para a aplicação da lei dos Estados Unidos se tornarem tão eficientes a ponto de impedir completamente o contrabando de heroína, o mercado negro pode rapidamente se voltar para concentrados de narcóticos que são mil ou até mesmo dez mil vezes mais potentes, miligrama por miligrama. Alguns poucos quilos desses concentrados poderiam suprir o mercado de dependentes dos Estados Unidos por um ano. As habilidades necessárias não ficam além daquelas possuídas pelos químicos clandestinos que atualmente extraem morfina a partir do ópio e a seguir transformam a morfina em heroína, ou por químicos melhores que podem ser recrutados" (Citado em: BRECHER, Edward M. *Licit and Illicit Drugs*. Boston: Little, Brown, 1972. p. 96).

A POTÊNCIA DAS DROGAS ILEGAIS • **177**

para a cocaína e da cocaína para a heroína. No extremo, a proibição, a aplicação da lei e a estrutura de penalidades podem ser mais importantes do que as propriedades físicas das drogas na determinação de quais são as drogas mais perigosas.

Por exemplo, a proibição da maconha é a proibição mais recente, impõe as penalidades mais fracas e pode-se argumentar que é a aplicada de maneira mais débil. Existem métodos para aumentar em cinco vezes a potência média da maconha. De fato, o ingrediente ativo da maconha, o THC, pode ser produzido quimicamente em sua forma quase pura, através de métodos que no momento não parecem econômicos. Contudo, esses métodos poderiam reduzir cinquenta quilos de maconha de antes da proibição para uma garrafa de Coca-Cola de 453 gramas. Poder-se-ia esperar que ingerir essa quantidade seria extremamente perigoso, senão fatal. Poder-se-ia especular adicionalmente que tal produto, produzido e consumido em um ambiente que não é de mercado, seria quase tão perigoso quanto a heroína. Inversamente, a proibição da heroína é a mais antiga das grandes proibições, envolve as penalidades mais severas e se pode argumentar que é a implementada com maior rigor, dado o tamanho do mercado.

Em comparação com seus antecessores legais, os produtos proibidos são dramaticamente inferiores em qualidade e mais fortes em potência. A severidade das penalidades e a intensidade do cumprimento da proibição também determinam, em grande parte, os danos à saúde relativos associados ao consumo de drogas ilegais[242]. Tais descobertas levantam questões fundamentais sobre a conveniência de empregar a proibição de um produto para reduzir a quantidade consumida.

---

[242] Dados coletados pela Rede de Alerta sobre o Abuso de Drogas, criada pelo Instituto Nacional sobre o Abuso de Drogas, indicam que mortes e episódios de atendimento hospitalar emergencial relacionados a drogas de alta potência como cocaína e heroína têm aumentado, mas o mesmo não ocorreu com o abuso de outras drogas.

CAPÍTULO V

Os
Efeitos
Corruptores
da
Proibição

"Aqueles que abusam da heroína são considerados infames dentro da sociedade americana como pessoas que vitimizam outras criminalmente. O envolvimento com a criminalidade não relacionada às drogas entre nossos abusadores da heroína era de fato comum e ainda mais frequente do que foi previamente documentado".
— B. D. Johnson et al. *Taking Care of Business: The Economics of Crime by Heroin Abusers.*

"A corrupção é um efeito regular do intervencionismo. Uma análise do intervencionismo seria incompleta se não se referisse ao fenômeno da corrupção".
— Ludwig von Mises, *Ação Humana.*

DIVERSOS ESTUDOS MOSTRARAM uma associação entre o consumo de determinadas drogas, tais como o álcool ou a heroína, e o comportamento criminoso. Esta relação foi uma razão crucial para a

180 • MARK THORNTON

implementação de diversas proibições, inclusive a Proibição Nacional do Álcool, a proibição da cocaína em vários estados do Sul dos Estados Unidos e a proibição da maconha em 1937.

Outro motivo para decretar legislações de proibição é reduzir a corrupção tanto de funcionários públicos quanto no processo democrático. As pessoas vendiam seus votos por dinheiro ou drogas e a indústria do álcool tentava influenciar eleições e políticas públicas. Políticos também poderiam estar sujeitos à corrupção e à chantagem devido ao álcool e às drogas, e o consumo de drogas pode exercer uma influência corruptora nas ações dos líderes políticos. Por essas razões, a proibição foi promovida como um meio de preservar a integridade da democracia e do governo.

Em geral, contudo, a proibição produz mais crime e corrupção, e não menos. Os mercados negros que resultam das proibições representam trocas criminosas institucionalizadas. Essas trocas criminosas, ou crimes sem vítimas, frequentemente envolvem atos criminosos violentos. As proibições também têm estado associadas ao crime organizado e às gangues. A violência é utilizada nos mercados negros e nas organizações criminosas para obrigar o cumprimento dos contratos, preservar a fatia do mercado e defender os territórios de venda. O crime e a violência que ocorreram entre o final da década de 1920 e início da década de 1930 foi uma das principais razões para a revogação da Proibição[243]. A atividade criminosa não relacionada às drogas dos dependentes de heroína tem sido associada aos efeitos econômicos das leis de proibição e é considerada por Edward Erickson[244] e outros como um dos grandes custos da proibição de heroína.

A corrupção dos oficiais da lei e de outros funcionários públicos também é uma manifestação familiar dos mercados proibidos. A

---

[243] KYVIG, David E. *Repealing National Prohibition*. Chicago: University of Chicago Press, 1979. p. 123, 167.

[244] ERICKSON, Edward. "The Social Costs of the Discovery and Suppression of the Clandestine Distribution of Heroin". *Op. cit.*

experiência com a proibição tem mostrado que ela é uma importante influência corruptora. A corrupção do Prohibition Bureau [Departamento de Proibição] deu mostras de ser um grande obstáculo para a aplicação efetiva da Proibição e também foi citada como uma das razões para a revogação. O que é mais importante, esta corrupção penetra além da burocracia da aplicação da lei e atinge o governo em geral. Experiências recentes mostram que a proibição de múltiplas drogas ao redor do mundo é uma importante força corruptora em diversos governos nacionais, tais como o da Colômbia e o do México.

A evidência histórica, portanto, parece entrar em conflito com as afirmações dos proibicionistas, ou ao menos apresenta evidências contrárias. Para que a proibição possa atingir seus objetivos de reduzir o crime e a corrupção, diversas condições devem ser satisfeitas. Primeiro, o consumo do produto precisa de fato produzir atos criminais e corrupção. Segundo, a proibição precisa alcançar uma redução significativa no consumo do produto proibido sem aumentar o consumo de outros produtos que provocam crime e corrupção. Terceiro, a proibição não deve levar a aumentos significativos de outras formas de crime e corrupção.

A utilização de certas drogas pode ser considerada uma contribuição para o crime. Esta associação, juntamente com diversos outros fatores, pode nos ajudar a descrever o crime e nas estatísticas criminais, mas ainda precisam ser estabelecidas como uma base sólida para as políticas públicas. Primeiramente, o uso ou abuso de certas drogas não é necessariamente uma causa de crimes, dado que o crime e a corrupção podem ocorrer sem as drogas. Em segundo lugar, as drogas também não são causa suficiente para o crime porque o uso de drogas não é, em si mesmo, capaz de gerá-lo. O consumo de drogas não é, portanto, nem uma condição necessária, nem suficiente, para as atividades criminosas que a proibição busca eliminar ou reduzir.

Se a proibição reduz de fato certos tipos de atividades criminosas enquanto, ao mesmo tempo, induz à prática de outros tipos de crimes, então análises adicionais se fazem necessárias. Diversos fatores, entretanto, argumentam contra a fundamentação em uma análise explícita de custo/benefício. Em primeiro lugar, considero que as políticas públicas deveriam se basear em uma abordagem generalizada para a proibição; as elasticidades específicas examinadas por meio de análises de custo/benefício são, por sua própria natureza, instáveis e sujeitas a mudanças ao longo do tempo. Em segundo lugar, dados sobre atividades criminosas não são confiáveis e, em muitos casos, estão indisponíveis. Terceiro, o tipo de atividade criminosa que a proibição espera reduzir difere, em alguns casos, do tipo de comportamento criminoso induzido pela proibição. Finalmente, podemos esperar um decréscimo no crime tradicional e na corrupção enquanto a proibição proporciona novas oportunidades e desvia os recursos para a aplicação da lei.

1 - CRIME

O crime é um importante problema social e uma diversidade de perspectivas e teorias têm sido desenvolvidas para explicar suas causas. Essas diversas abordagens podem ser divididas em duas categorias, econômicas e ambientais, cada uma das quais tendo servido como uma fundamentação para as políticas públicas.

O entendimento geral da ação humana, proporcionado pelo método do processo de mercado, é particularmente importante para elaborar uma avaliação dessas abordagens. Ele também proporciona uma estrutura na qual as pesquisas empíricas e as proclamações de políticas podem ser avaliadas e incorporadas. A proibição proporciona um valioso caso de estudo para melhorar nosso entendimento do crime e do controle social.

1.a - Duas Perspectivas sobre o Crime

As primeiras noções relacionadas às causas do crime estavam firmemente embasadas em fatores econômicos. Thomas More

(1478-1535), Cesare Beccaria-Bonesana (1738-1794), Adam Smith (1723-1790) e Friedrich Engels (1820-1895) verificaram que o crime está associado com a pobreza e as condições econômicas. O filósofo e economista utilitarista Jeremy Bentham (1748-1832) argumentou que o comportamento criminoso seria inteiramente racional[245]. A análise do prazer versus sofrimento de Bentham incorpora implicitamente tanto o baixo custo de oportunidade que o crime apresenta para os pobres quanto as oportunidades de valor relativamente alto proporcionadas pelo crime. O criminólogo e sociólogo holandês Willem A. Bonger (1876-1940) verificou que o trabalho de muitos dos primeiros estatísticos franceses apoiava a relação entre o crime e as condições econômicas[246].

Embora o crime fosse considerado como individualista e econômico em sua natureza, todos esses primeiros comentadores demandavam soluções que eram, em natureza, principalmente governamentais. Mesmo Adam Smith argumentou a favor da intervenção governamental na área do crime, entendendo-a como um dos três deveres fundamentais do governo, embora anteriormente tenha argumentado o oposto.

> Nada tende tanto a corromper a humanidade quanto a dependência, enquanto a independência ainda aumenta a honestidade das pessoas. O estabelecimento do comércio e das manufaturas, que traz como resultado esta independência, é a melhor política para a prevenção do crime. As pessoas comuns obtêm melhores salários desta maneira do que de qualquer outra, e em consequência disto uma probidade geral nos costumes ocorre por todo o país. Ninguém será louco o suficiente a ponto de se expor na estrada, quando pode obter um sustento melhor de uma maneira honesta e diligente[247].

---

[245] BENTHAM, Jeremy. *Theory of Legislation*. Londres: Kegan Paul, 1896.

[246] BONGER, Willem A. *Criminality and Economic Conditions*. Boston: Little, Brown, 1916.

[247] SMITH, Adam. *Lectures on Justice, Police, Revenue, and Arms*. New York: Kelley & Millman, 1956 [1763], p. 155-56.

As observações de Smith em 1776 aparentemente influenciaram mais as autoridades inglesas. Experimentos com a utilização de uma força policial começaram em 1786 na Irlanda e, de uma maneira menos cruel, na Inglaterra, começando com a Metropolitan Police Act [Lei da Polícia Metropolitana] de 1829. Conforme evidenciado por Stanley H. Palmer, muitas das forças nacionais de polícia foram formadas para lidar com aqueles que se opunham ao governo, em vez de para combater os crimes comuns[248].

Uma segunda teoria do comportamento criminoso coloca ênfase nos fatores ambientais e genéticos, questiona a relevância da teoria econômica do crime e afirma que o comportamento criminoso relaciona-se a características tais como a conformação do crânio, a atividade dos reflexos, a raça, a idade, o sexo e a classe social. Este paradigma sociológico começou a substituir a abordagem econômica inicial por volta da virada do século XIX. Por exemplo, Cesare Lombroso (1835-1909) argumentou que criminosos seriam uma subespécie da humanidade, possuindo características tais como uma estrutura facial singular ou braços anormalmente longos[249].

A associação do consumo de drogas com o crime seria classificada com a abordagem sociológica para o comportamento criminoso pois é baseada na observação e na probabilidade, em vez de na teoria. Esta teoria sociológica difere de versões anteriores por atribuir a causa do crime principalmente a fatores ambientais, em vez de a fatores genéticos.

James Timberlake observa que sociólogos e criminologistas progressistas que abraçaram este ponto de vista opunham-se ao consumo de bebidas devido à sua associação com um grande

---

[248] PALMER, Stanley H. *Police and Protest in England and Ireland, 1780-1850*. Nova York: Cambridge University Press, 1988.

[249] Conforme descrito em: PYLE, David J. *The Economics of Crime and Law Enforcement*. New York: Macmillan, 1983. p. 5.

OS EFEITOS CORRUPTORES DA PROIBIÇÃO • 185

número de atos criminosos e comportamentos indesejáveis[250]. Por exemplo, em um estudo com a população carcerária, John Koren (1861-1923) concluiu que o álcool era a única causa por trás de 16% de todos os crimes, a causa principal de 31% e uma causa auxiliar em 50%[251]. Esta teoria era, contudo, uma faca de dois gumes; ajudou no estabelecimento das proibições, porém removeu a causa e a culpa dos atos criminosos. Os prisioneiros começaram a exagerar o papel desempenhado pelo álcool nos crimes que cometeram e a ignorar as causas mais sérias[252]. Durante os primeiros anos da proibição da maconha, alguns condenados pediram clemência com base em seu consumo de maconha que, segundo disseram, fora a causa de seus crimes, e não eles próprios.

A perspectiva marxista sobre o crime tem sido uma justificativa tradicional para a teoria marxista. Como um ramo da abordagem ambiental, contém um elemento de abordagem econômica, considerando o crime como uma reação do proletariado ao desenvolvimento econômico. Em vez da genética, características físicas ou o uso de drogas, a classe social é o fator que identifica os criminosos em potencial.

Contrariamente ao pensamento inicial de Adam Smith[253], o desenvolvimento econômico é visto como a causa do crime em vez de como uma cura. Marxistas apontam para o aumento nas taxas de criminalidade nos países "capitalistas" e nas áreas urbanas como uma evidência da viabilidade da totalidade da filosofia e das crenças marxistas.

---

[250] TIMBERLAKE, James H. *Prohibition and the Progressive Movement. Op. cit.*, p. 56-61.

[251] KOREN, John. *The Economic Aspects of the Liquor Traffic.* New York: Committee of Fifty, 1899.

[252] TIMBERLAKE, James H. *Prohibition and the Progressive Movement. Op. cit.*, p. 68.

[253] SMITH, Adam. *Lectures on Justice, Police, Revenue, and Arms. Op. cit.*

1.b - A Economia do Crime

De acordo com Paul H. Rubin:

Até por volta de 1968, a maior parte da pesquisa acadêmica a respeito do crime era feita por sociólogos. A premissa básica deste trabalho parece ter sido que os criminosos eram de alguma forma diferentes dos não-criminosos, e a pesquisa mais importante consistia de buscar as maneiras pelas quais os criminosos eram diferentes[254].

Gary S. Becker restabeleceu o estudo do crime e da punição como racional e econômico. Sua contribuição foi questionada, refinada, testada e ampliada. Este corpo de pesquisa veio a dominar a abordagem moderna para o crime e exerceu alguns efeitos visíveis sobre as políticas públicas. Por exemplo, as publicações de Isaac Ehrlich baseadas em Becker foram citadas pela Suprema Corte no restabelecimento da pena de morte[255]. Três professores de Direito que ajudaram a ampliar a abordagem econômica de Becker para o crime [Robert Bork (1927-2012), Richard Posner e Antonin Scalia (1936-2016)] receberam altas nomeações judiciais.

O modelo de Becker da alocação temporal para o comportamento criminoso é formulado em termos da utilidade subjetiva esperada do indivíduo. Mostra-se que o indivíduo forma expectativas subjetivas sobre a probabilidade de prisão e a severidade e probabilidade de punição. O criminoso em potencial pondera o valor subjetivo dos ganhos esperados com o crime em relação a esses custos. O resultado obtido a partir deste modelo implica que aumentos na

---

[254] RUBIN, Paul H. "The Economics of Criminal Activity". Em: ANDREANO, Ralph & SIEGFRIED, John J. (Eds.). *The Economics of Crime*. Nova York: Wiley, 1980. p. 38.

[255] EHLRICH, Isaac. "Participation in Illegitimate Activities: A Theoretical and Empirical Investigation". *Journal of Political Economy*, Volume 81 (August 1973): 521-64; Idem. "The Deterrent Effect of Capital Punishment: A Question of Life and Death". *American Economic Review*, Volume 65 (June 1975): 397-417.

probabilidade de captura e na severidade das punições podem dissuadir o crime.

A modelagem explícita do crime em termos econômicos apresenta alguns problemas. Por exemplo, é difícil falar em uma oferta de mercado do crime, e mais difícil ainda falar em uma demanda de mercado pelo crime. Os mercados do crime raramente existiram (se é que chegaram a fazê-lo) e crimes tais como o estupro, o roubo e o assassinato simplesmente não podem ser chamados de transações voluntárias. Esses modelos transformam os benefícios do crime em termos puramente monetários, apesar do fato de que os benefícios dos crimes passionais e violentos são principalmente não-monetários e extremamente difíceis de traduzir em termos monetários.

Esses modelos se baseiam em avaliações determinadas subjetivamente, porém no "teste" econométrico são empregadas medidas objetivas ou reais da probabilidade de captura e punição esperada. Esses desvios da teoria que são necessários para obter a verificação empírica da teoria tendem a encobrir diferentes nuances do comportamento criminoso, da punição, do comportamento da polícia e da empresa criminosa, limitando, portanto, nosso entendimento acerca do crime. Samuel Cameron e outros verificaram, por exemplo, que as enigmáticas correções entre o crime, as taxas de prisão e os recursos da polícia "devem ser explicados, em grande parte, pelo fracasso dos economistas em mensurar as expectativas subjetivas dos criminosos no modelo da utilidade subjetiva esperada"[256].

1.c - A Economia do Crime da Proibição

A proibição cria novas oportunidades de lucros tanto para criminosos quanto para não-criminosos. Para as pessoas já engajadas em carreiras no crime, as proibições proporcionam oportunidades

---

[256] CAMERON, Samuel. "A Subjectivist Perspective of the Economics of Crime". *Review of Austrian Economics*, Volume 3, Number 1 (1990): 31-43. Cit. p. 36.

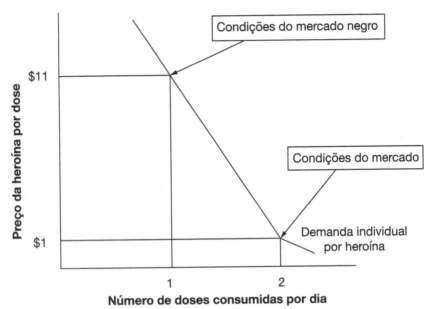

Gráfico 7
Impacto da Proibição no Consumo de Heroína

de lucros novas e melhoradas que podem aumentar o número ou alterar o tipo de crimes que cometem. Ladrões podem se tornar contrabandistas, ou agiotas podem expandir para o comércio de drogas. Por exemplo, durante a Proibição, Al Capone (1899-1947) expandiu seu negócio do jogo e da prostituição para o contrabando de bebidas. As novas e ampliadas oportunidades de lucros também atraem novos participantes para as atividades criminosas; é provável que esses novos entrantes venham dos consumidores do produto proibido.

O cumprimento da proibição resulta em preços mais elevados para os produtos ilegais, o que por sua vez provoca efeitos prejudiciais para os consumidores do produto proibido. Alguns consumidores responderão aos preços mais elevados reduzindo ou eliminando seu consumo do produto em questão – mas outros não o farão. Consumidores que adquiriram hábitos, ou que se viciaram em um determinado bem, permanecerão no mercado. Eles poderiam ser classificados como

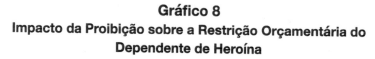

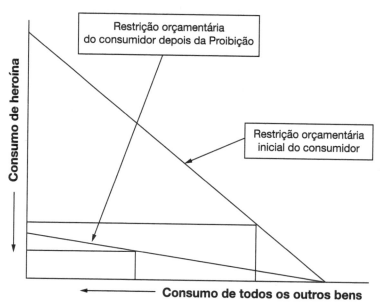

tendo uma demanda inelástica para os bens proibidos na faixa de preços relevante. Esses consumidores, portanto, consumirão menos de todos os outros bens (comida, roupas, abrigo, cuidados médicos) como consequência da proibição.

Por exemplo, um consumidor de heroína responde a um aumento de mil por cento no preço reduzindo seu consumo em 50% (Figura 7). Esta resposta inelástica acarreta uma redução no consumo de todos os demais bens, conforme mostrado pelo deslocamento da linha orçamentária na Figura 8.

A restrição orçamentária inicial do consumidor na Figura 8 foi predeterminada pela escolha entre trabalho e lazer. O trade-off entre trabalho e lazer, entretanto, também é afetado pela proibição de uma maneira não convencional. O aumento enorme do preço da heroína durante a proibição tem como resultado uma nova restrição orçamentária. Para o indivíduo que apresenta uma demanda altamente inelástica para a heroína, a proibição é semelhante a uma escassez que aumenta os preços dos alimentos várias centenas de vezes. O aumento no preço dos produtos proibidos exercerá pouco ou quase nenhum efeito sobre as taxas de salário nominal, então as taxas de salário real (poder de compra) caem. A queda nas taxas de salário real normalmente aumenta o tempo de lazer (pouco consolo para os dependentes de heroína), mas aqui podemos esperar mais tempo de trabalho ou uma mudança para um emprego que pague taxas de salário mais elevadas para compensar o aumento dos riscos (por exemplo, o crime). Em qualquer caso, o usuário de heroína fica em situação muito pior e sob estresse.

Na Figura 9, a renda das atividades legais e ilegais é mensurada em relação à quantidade de risco das atividades criminosas empreendidas pelos usuários de heroína. A renda legal (em termos de poder de compra) é medida ao longo do eixo vertical. A renda ilegal é medida como uma reta de renda esperada a partir do eixo vertical. Assume-se que a renda esperada do crime aumenta com o nível de atividade criminosa. Peter Reuter, Robert MacCoun, Patrick Murphy, Allan Abrahamse, e Barbara Simon completaram um estudo com traficantes de drogas em Washington D.C., o qual indica que os traficantes trocam risco por dinheiro[257]. Eles verificaram que vender drogas nas ruas apresenta um risco alto, enquanto os "lucros" são modestos.

As curvas de indiferença que indicam o crime (risco) como negativo foram superpostas ao gráfico. Na ausência da proibição, os consumidores com rendas elevadas terão mais aversão ao risco em relação ao crime devido à ameaça da perda da liberdade, renda, rendimentos futuros, reputação e assim por diante. Os efeitos de

---

[257] REUTER, Peter ; MacCOUN, Robert ; MURPHY, Patrick ; ABRAHAMSE, Allan & SIMON, Barbara. "Money from Crime: A Study of the Economics of Drug Dealing in Washington, D.C." *A Rand Note*. June. R-3894-RF. Santa Monica: The Rand Corp., 1990.

Gráfico 9
Impacto da Proibição sobre a Atividade Criminosa
(Relacionada com a Dependência)

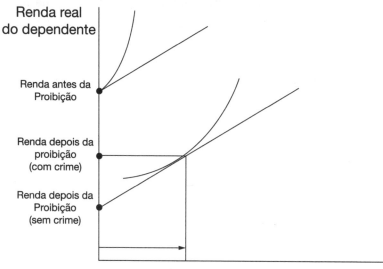

depreciação da proibição nas taxas de salário real dos consumidores de heroína os induzirá a entrarem para o crime à medida que seu custo de oportunidade das atividades criminosas declina.

No patamar de renda inicial, o indivíduo se engajará em poucas ou em nenhuma atividade ilegal. Conforme o preço da heroína aumenta, a renda real diminui. Neste nível baixo de renda, as recompensas relativas da renda ilegal são incrementadas. O indivíduo aumentará seu nível de atividades criminosas. Portanto, a proibição induzirá alguns não-criminosos a empreenderem atividades ilegais tais como roubos ou tráfico de drogas.

A oferta de atividades criminosas por parte de usuários de drogas não-criminosos pode ser vista como uma função da severidade do cumprimento da proibição. O nível de aplicação da proibição está positivamente relacionado com o preço do produto proibido e, portanto, está negativamente relacionado com a renda real dos dependentes e dos usuários habituais. A renda real diminuída pela proibição torna a renda ilegal mais atraente. Assim, o preço maior para a heroína resulta em mais atividades criminosas. George F. Brown e Lester P. Silverman apresentaram evidências desta relação em curto prazo[258]. Mudanças no nível de aplicação da lei podem também afetar o tipo de atividade criminosa. Por exemplo, quanto mais recursos são dedicados para os esforços da proibição, menos arriscados se tornam os crimes contra a propriedade (como os arrombamentos) e, portanto, aumentam em número. Bruce L. Benson, Iljoong Kim, David W. Rasmussen e Thomas W. Zuehlke mostraram que um aumento nos esforços para suprimir as drogas ilegais resultou em menos esforços de aplicação da lei contra crimes contra a propriedade, levando ao seu aumento[259].

1.d - A Tendência Histórica do Crime

Teoricamente, a proibição aumenta o crime tanto pelo "lado da oferta" quanto pelo "lado da demanda". Estatisticamente, também esperaríamos um aumento do crime devido aos "crimes" da proibição e aos crimes incidentais da economia do submundo, tais como aqueles relacionados com a definição de territórios de mercado e cumprimento de contratos. Pesquisas empíricas sobre as causas dos crimes e mudanças nas taxas de criminalidade têm sido notoriamente difíceis e imprecisas. Um panorama da tendência histórica do crime proporciona uma oportunidade para avaliar diversas teorias a respeito das atividades criminosas bem como a sua negligenciada relação com a proibição. De acordo com a abordagem econômica para o crime (processo de mercado), o

---

[258] BROWN, George F., Jr. & SILVERMAN, Lester P. "The Retail Price of Heroin: Estimation and Applications". *Journal of the American Statistical Association*, Vol. 69, No. 347 (Setembro 1974): 595-606.

[259] BENSON, Bruce L. ; KIM, Iljoong ; RASMUSSEN, David W. & ZUEHLKE, Thomas W. *Is Property Crime Caused by Drug Use or by Drug Enforcement Policy?* Typescript. Tallahassee: Florida State University, 1990.

OS EFEITOS CORRUPTORES DA PROIBIÇÃO • **193**

desenvolvimento econômico resultará em menos atividades criminosas e a proibição produzirá maiores quantidades de crime (além das violações à lei da proibição). O aumento esperado no crime devido à proibição é uma função do grau tanto dos esforços para o cumprimento da lei, quanto da demanda subjacente para o produto proibido.

A teoria marxista do crime tem sido um importante foco do estudo do comportamento criminoso. Esta teoria sustenta que o desenvolvimento econômico resulta em um hiato crescente entre os ricos e os pobres, e uma taxa crescente de "crises". Os trabalhadores respondem à exploração, à alienação, à urbanização e às crises cometendo mais crimes contra o capitalismo e as classes mais elevadas. Para apoiar sua teoria, os marxistas apontam para o aumento do crime durante o século XIX e em países capitalistas em épocas recentes. Lynn McDonald mostrou que os todos os teóricos do consenso, biológicos e do conflito concordam que o crime está relacionado com o desenvolvimento econômico (por diferentes razões) e que as taxas de criminalidade aumentaram durante o século XIX[260].

O século XIX foi de fato um período de fruição para o capitalismo, porém não foi uma economia de mercado pura. Nos setores bancário, de transportes e de educação, foram plantadas as sementes para enormes aumentos no intervencionismo governamental. Além disso, diversos pontos precisam ser levantados a respeito das evidências sobre o crime que supostamente apoiam o marxismo. Primeiramente, a urbanização e o desenvolvimento econômico que ocorreram entre os anos 1830 e o século XX vieram acompanhados por taxas menores de crimes graves e violentos. Segundo, o aumento nas taxas de criminalidade deveu-se em grande parte a aumentos em crimes menores, tal como embriaguez em público. As sociedades urbanas, aparentemente, tornam-se menos tolerantes ao comportamento pernicioso quando as

---

[260] MCDONALD, Lynn. *The Sociology of Law and Order*. Boulder: Westview Press, 1976.

concentrações populacionais aumentam e a atividade econômica torna-se mais organizada. Terceiro, forças policiais foram criadas nas principais áreas urbanas em meados do século XIX. Isto inquestionavelmente levou a um aumento tanto na consciência em relação à atividade criminal quanto na coleta de estatísticas criminais[261]. Quarto, e mais importante, verificou-se que, durante o século XIX, as taxas de criminalidade declinaram, em vez de terem aumentado, nos principais países capitalistas, inclusive nos Estados Unidos[262]. Esses dois últimos pontos sugerem que, contrariamente à explicação marxista, o desenvolvimento do capitalismo resulta em uma diminuição do crime e em mais mecanismos de controle social.

Um exemplo inicial do impacto da proibição sobre o crime (e um desvio do capitalismo) foi a legislação de controle de bebidas em Massachusetts entre 1838 e 1840, a *Fifteen Gallon Law* [Lei dos Quinze Galões]. Apesar desta legislação ter efetivamente estabelecido a exigência de compras mínimas de quinze galões (56,78 litros) e ter vigorado por somente dois anos, há várias lições instrutivas que perduram. O mínimo de quinze galões pode ser visto como uma tentativa de se aproveitar de um processo político para atingir de imediato o controle social que, sob o capitalismo, somente se desenvolve lenta e metodicamente. Esta impaciência com o capitalismo reflete, contudo, a diminuição da tolerância geral em relação ao comportamento público disruptivo mencionado anteriormente.

Se a proibição fosse uma consequência natural da intolerância, seu efeito pretendido – no curto prazo – não foi atingido. Nesta era mais turbulenta, as forças anti-abstinência enfrentaram o que consideravam ser uma agressão contra seus direitos (por exemplo,

---

[261] LANE, Roger. "Crime and Criminal Statistics in Nineteenth-Century Massachusetts". *Journal of Social History*, Volume 2 (Winter 1968): 156-63.

[262] MCDONALD, Lynn. "Theory and Evidence of Rising Crime in the Nineteenth Century". *British Journal of Sociology*, Volume 33 (September 1982): 404-20.

OS EFEITOS CORRUPTORES DA PROIBIÇÃO • **195**

a legislação de abstinência) recorrendo à agressão. Robert L. Hampel observa que a severidade da atividade criminal estava correlacionada com a severidade da legislação de abstinência:

> Antes e depois do experimento com a proibição, o vandalismo e a ridicularização eram os principais meios de assédio. Raspar os rabos dos cavalos, anelar as árvores ou desfigurar a frente das casas eram o padrão para os arruaceiros antiabstinência. Mas com a aprovação da *Fifteen Gallon Law*, ataques físicos e manifestações de turbas tornaram-se mais comuns. Enquanto um incidente em Taunton em 1834 envolveu atirar piche e penas contra diversas casas, os mesmos criminosos, em 1839, poderiam ter ido atrás dos proprietários[263].

A *Fifteen Gallon Law* era de aplicação difícil e custosa. O número total de crimes, especialmente de violações de licenças para a venda de álcool, aumentou significativamente. O maior número de violações, por sua vez, causou atrasos nas cortes de justiça e um rápido declínio na taxa de condenações de todos os crimes[264]. Este breve episódio com a proibição resultou em mais crimes, mais crimes violentos, atraso nos tribunais e uma taxa de condenação mais baixa em todos os crimes.

Contrariando os pontos de vista marxistas e as primeiras impressões, o crime diminuiu com o progresso econômico. Eric H. Monkkonen (1942-2005) revisou os estudos sobre o crime durante o século XIX e início do século XX e constatou que somente dois estudos (utilizando dados individuais de cidades) contradizem a tendência de diminuição dos crimes[265]. É somente durante a era da

---

[263] HAMPEL, Robert L. *Temperance and Prohibition in Massachusetts: 1813-1852*. Ann Arbor: UMI Research Press, 1982. p. 90.

[264] Idem. *Ibidem*, p. 99-100.

[265] MONKKONEN, Eric H. "A Disorderly People? Urban Order in the Nineteenth and Twentieth Centuries". *Journal of American History*, Volume 68 (December 1981): 539-59.

196 • MARK THORNTON

Proibição que as anomalias nas estatísticas criminais nacionais começam a ocorrer. Por exemplo, Monkkonen observa que a porcentagem de crimes que foram objeto de recurso diminuiu entre antes de 1870 e 1939, exceto durante a década de 1920[266]. Pode-se assumir razoavelmente que a taxa de crimes sérios estava diminuindo porque apelações geralmente representam crimes de natureza séria.

Alguns observadores sugeriram que a "onda de crimes" durante a Proibição não passou de uma impressão, uma fabricação dos exageros da mídia. Mesmo um dos principais "wets", o dr. Fabian Franklin (1853-1939), declarou que "a onda de crimes é um estado da mente"[267]. Observadores tais como Franklin, contudo, fracassam em dar conta da natureza das mudanças na composição do crime, do declínio de longo prazo nas taxas de criminalidade antes da Proibição, e da convulsão social que começou com a Primeira Guerra Mundial.

Por exemplo, Franklin observa que o crime decresceu em 37,7% durante o período entre 1910 e 1923. Isto, entretanto, pode ser atribuído a um declínio nos crimes menos sérios – os crimes envolvendo violência ou roubo de propriedade aumentaram em 13,2%. Os homicídios aumentaram em 16,1% e os roubos cresceram em 83,3% durante o período, enquanto crimes tais como vadiagem e injúrias maliciosas decresceram em mais de 50%[268]. Embora desconsiderasse a importância dos crimes da proibição do álcool e das drogas, Franklin observa que a maior taxa de homicídios pode estar relacionada "ao tráfico ilegal"[269].

O próprio Irving Fisher insinua que as mudanças nas estatísticas criminais podem ter resultado das novas oportunidades de lucros criadas pela Proibição e pelo Harrison Narcotics Tax Act. A

---

[266] Idem. *Ibidem*, p. 555.
[267] Citado em: FISHER, Irving. *Prohibition Still at Its Worst*. New York: Alcohol Information Committee, 1928.p. 76.
[268] Idem. *Ibidem*, p. 77.
[269] Idem. *Ibidem*, p. 80.

OS EFEITOS CORRUPTORES DA PROIBIÇÃO • **197**

"sugestão interessante" de Fisher consiste essencialmente em interpretar as estatísticas criminais da era da Proibição utilizando a perspectiva econômica, ou do processo de mercado. Primeiramente, os crimes sérios diminuíram durante um longo período de crescimento econômico (aproximadamente de 1800 a 1910), enquanto crimes menos sérios aumentaram. Padrões de vida mais elevados, uma expectativa maior quanto aos padrões de vida e o aumento da urbanização tornaram as pessoas menos tolerantes aos comportamentos públicos impróprios. O crescimento nos crimes menores foi, portanto, em parte o resultado de um número maior de ofensas ilegais. O subsequente decréscimo nos crimes menores e aumento nos crimes sérios podem, portanto, ser explicados pelo impacto das proibições nas oportunidades criminosas.

Clarke Warburton fornece evidências que indicam que as taxas de homicídios (nas grandes cidades) aumentaram significativamente entre 1910 e 1933[270]; este período inclui a terceira onda das proibições estaduais entre 1910 e 1919, o Harrison Narcotics Tax Act de 1914, restrições ao álcool no tempo da guerra entre 1918 e 1919 e a Proibição entre 1920 e 1933. O maior número de prisioneiros federais proporciona evidências adicionais de crimes mais sérios durante a Proibição. O número de prisioneiros nas prisões federais, reformatórios e campos de prisioneiros aumentou de 3.889 em 1920 para 13.698 em 1932[271].

O aumento no crime durante a década de 1920 foi descrito sem referências à Proibição. Por exemplo, John A. Pandiani observou: "Uma grande onda de crimes parece ter começado tão cedo quanto em meados dos anos 1920 [e] aumentou continuamente até 1933 [...] quando misteriosamente se reverteu"[272]. A mudança súbi-

---

[270] WARBURTON, Clarke. *The Economic Results of Prohibition. Op. cit.*

[271] WOODY, Carroll H. *The Growth of the Federal Government, 1915-1932.* Nova York: McGraw-Hill, 1934. p. 90-99.

[272] PANDIANI, John A. "The Crime Control Corps: An Invisible New Deal Program". *British Journal of Sociology*, Volume 33 (September 1982): 348-58. Cit. p. 349.

198 • MARK THORNTON

ta na direção das taxas de criminalidade foi misteriosa para muitos observadores, pois eles estavam predispostos às abordagens marxista e do ciclo de negócios para o crime. A descrição das estatísticas criminais produzida por Theodore A. Ferdinand também relata um declínio dramático e "misterioso" que começou em 1933 e continuou durante o restante da década de 1930[273].

Andrew F. Henry e James F. Short tentaram mostrar que o aumento do crime entre 1929 e 1933 foi o resultado de variações na atividade de negócios[274]. Philip J. Cook e Gary A. Zarkin, entretanto, verificaram que os "principais movimentos nas taxas de criminalidade durante o último meio século não pode ser atribuída ao ciclo de negócios"[275]. John A. Pandiani tentou explicar a diminuição do crime que começa em 1933 mostrando que o Civilian Conservation Corps [Corpo Civil de Conservação] (CCC) removeu da sociedade muitos criminosos em potencial[276].

Flutuações na atividade econômica e em grandes programas do governo, tais como o CCC, sem dúvida desempenharam algum papel nessas estatísticas criminais, porém a Proibição parece ser a variável explicativa significativa para variações na taxa e composição dos crimes. A revogação da Proibição parece ser a melhor explicação para a reversão dramática em 1933 e a volta do declínio de longo prazo nas taxas de criminalidade. As duas teorias alternativas enfrentam dificuldades para explicar o contínuo decréscimo do crime durante o restante dos anos 1930.

A retomada do declínio nas atividades criminosas após 1933 não é resultado da ausência de todas as proibições, mas sim da revogação da mais importante – a do álcool. O Harrison Narcotics

---

[273] FERDINAND, Theodore N. "The Criminal Patterns of Boston since 1849". *American Journal of Sociology*, Volume 73 (1967): 84-99.

[274] HENRY, Andrew E. & SHORT Jr., James F. *Suicide and Homicide: Some Economic, Sociological, and Psychological Aspects of Aggression*. New York: Free Press, 1954.

[275] COOK, Phillip J. & ZARKIN, Gary A. "Crime and the Business Cycle". *Journal of Legal Studies*, Volume 14 (January 1985): 115-22, 128.

[276] PANDIANI, John A. "The Crime Control Corps". *Op. cit.*

Tax Act ainda estava vigente e a maconha foi proibida em 1937. O uso de narcóticos e de maconha, entretanto, era insignificante se comparado com o consumo de álcool. Orçamentos para forçar o cumprimento das proibições de maconha e de narcóticos foram reduzidos e o cumprimento era frouxo. Adicionalmente, após a revogação da Proibição, a queda do preço do álcool proporcionou um substituto de preço baixo para as substâncias ilegais.

De acordo com a teoria de que o crime se baseia em sua associação com tóxicos tais como o álcool, o fácil acesso a essa substância após a revogação deveria ter produzido um aumento no crime. Conforme observado por Phillip Cook e Gary Zarkin, "durante muito tempo, acreditou-se que a embriaguez seria uma importante causa de crimes, em particular crimes violentos"[277]. As evidências que apresentam, contudo, sugerem que as taxas para assassinatos, arrombamentos, roubos e roubo de carros diminuíram após a revogação da Proibição, retomando o longo declínio secular. A taxa nacional de homicídios declinou desde o último ano da Proibição até o início dos anos 1960. Eric H. Monkkonen observa que a volta do consumo crescente per capita após a revogação está associada ao número menor de prisões por embriaguez e conduta desordeira[278]. De qualquer forma, o consumo de álcool parece ser uma variável explicativa fraca; frequentemente, encontra-se negativamente relacionada com as taxas de criminalidade.

Taxas de criminalidade se desviaram novamente das tendências de longo prazo em meados da década de 1960, quando a proibição voltou a se tornar uma política pública importante. O aumento da exposição dos militares às drogas durante a guerra do Vietnã, as manifestações contra a guerra e fatores demográficos aumentaram a demanda por drogas como a maconha. O aumento dos esforços para reprimir esses mercados deu início ao que ficou conhecido como a guerra contra as drogas.

---

[277] COOK, Phillip J. & ZARKIN, Gary A. "Crime and the Business Cycle". *Op. cit.*, p. 117.
[278] MONKKONEN, Eric H. "A Disorderly People?". *Op. cit.*, p. 556-557.

James Q. Wilson (1931-2012) e Richard J. Herrnstein (1930-1994) observam que a taxa de homicídios começou a crescer em meados dos anos 1960 e então passou a crescer a uma taxa alarmante[279]. De acordo com as estatísticas nacionais do crime, o número de assassinatos, arrombamentos, roubos e roubos de carros, que vinha decrescendo, passou a aumentar durante a década de 1960. O aumento do crime se tornou dramático no final dos anos 1960, levando a administração de Richard Nixon (1913-1994) a dar início à sua repressão às drogas. As taxas de criminalidade continuaram a crescer durante as décadas de 1970 e de 1980.

A proibição não é a única explicação para o aumento do crime durante o último quarto de século. Por exemplo, a filosofia do sistema judiciário passou por uma mudança da punição, restituição e isolamento dos criminosos para a sua reabilitação e reintegração à sociedade. Na ausência de uma verdadeira vítima, portanto, o Estado agora age como uma vítima substituta e os criminosos se transformaram em vítimas da sociedade. O aumento da utilização dos acordos de admissão de culpa, da liberdade condicional, das penas comutadas, da liberdade sob fiança e dos programas de correção comunitários, além da insanidade e da capacidade de defesa diminuída, tornaram o crime mais fácil e têm sido justificadas, em parte, pela superpopulação carcerária[280].

Os mercados negros se tornaram mais organizados ao longo do tempo, tal como os mercados legais. Duas manifestações do maior grau de organização são os sindicatos do crime e as gangues de rua. O crime organizado tem sido associado, há muito tempo, à proibição. Proibições contra a prostituição, o jogo, "altas" taxas de juros e o consumo de drogas serviram como base para praticamente todos os sindicatos criminosos conhecidos. Humbert S. Nelli mostra

---

[279] WILSON, James Q. & HERRNSTEIN, Richard J. *Crime and Human Nature: The Definitive Study of the Causes of Crime*. Nova York: Simon and Schuster, 1985. p. 409.

[280] Ver: BIDINOTTO, Robert James. *Crime and Consequences*. Irvington-on-Hudson: Foundation for Economic Education, 1989.

OS EFEITOS CORRUPTORES DA PROIBIÇÃO • **201**

que as organizações criminosas que se desenvolveram durante a Proibição sobreviveram muito depois da revogação[281]. Gangues de rua lucram e se expandem com base em seu papel na organização das vendas de drogas no varejo. Suas atividades criminosas violentas têm sido um resultado crescente e muito visível da guerra contra as drogas durante as décadas de 1980 e de 1990. Gangues também surgiram na década de 1920 em resposta ao potencial de lucros proporcionado pela Proibição. Em 1930, Frederick Thrasher (1892-1962), um sociólogo, advertiu sobre a ameaça crescente das gangues. Ele observou que o incentivo econômico levou as gangues a trabalharem para criminosos e gângsteres[282].

Conforme previsto por Adam Smith, o desenvolvimento da economia capitalista tende a reduzir a taxa de crimes. Com o progresso do desenvolvimento econômico e de seus concomitantes (por exemplo, a urbanização), novas regras, diretrizes e controles sobre o comportamento público antissocial são criados para lidar com as complexidades maiores da vida econômica. Desvios do capitalismo, tais como a proibição, interromperam a tendência de diminuição da criminalidade no longo prazo. Mostrou-se que o crime aumentou e tornou-se mais violento durante a época da *Fifteen Gallon Law* em Massachusetts, durante a Proibição, e desde o final da década de 1960, quando os esforços para o cumprimento da proibição contra os narcóticos e a maconha começaram a se tornar mais rigorosos. Ademais, mostrou-se que o crime diminuiu durante períodos sem proibições, embora o consumo de tóxicos per capita tenha aumentado.

Adicionalmente, a teoria de que a proibição causa o crime foi confirmada por observações efetuadas por Bruce D. Johnson, Paul J. Goldstein, Edward Preble, James Schmeidler, Douglas S. Lipton,

---

[281] NELLI, Humbert S. "American Syndicate Crime: A Legacy of Prohibition". *In*: KYVIG, David E. (Ed.). *Law, Alcohol, and Order: Perspectives on National Prohibition*. Westport: Greenwood Press, 1985. p. 123-38.

[282] PANDIANI, John A. "The Crime Control Corps". *Op. cit.*, p. 349.

Barry Spunt e Thomas Miller[283]. Eles encontraram evidências empíricas explícitas de que a proibição dos narcóticos poderia estar diretamente relacionada a outros crimes além da venda e utilização de drogas ilegais. Sociólogos, entretanto, tendem a isolar a proibição do estudo geral do crime e têm falhado, juntamente com criminologistas e economistas, em considerar a proibição como uma variável importante na explicação das taxas de criminalidade. Embora certamente a proibição não seja a única causa do crime, sua inclusão contribuiria para melhorar tanto os estudos empíricos das teorias do crime quanto o estudo das tendências nas taxas de criminalidade. As evidências empíricas examinadas nesta seção indicam que a proibição tem aumentado o crime e imposto um custo significativo à sociedade.

2 - Corrupção

O controle da corrupção é de interesse vital em qualquer sociedade livre e democrática. Um importante objetivo da proibição é reduzir a corrupção. James Timberlake afirma que a corrupção política por parte da indústria do álcool foi a principal razão para estabelecer a Proibição:

> Assim como muitos outros negócios, a indústria de bebidas procurou influenciar ou controlar todos os níveis do governo para promover seus interesses e proteger-se contra legislações desfavoráveis. Contudo, diferentemente da maior parte dos negócios, tinha uma razão especial para se engajar na política: nenhum outro empreendimento pagava impostos tão elevados ou contribuía com somas tão grandes para o governo[284].

---

[283] JOHNSON, Bruce D. ; GOLDSTEIN, Paul J. ; PREBLE, Edward ; SCHMEIDLER, James ; LIPTON, Douglas S. ; SPUNT, Barry & MILLER, Thomas. *Taking Care of Business: The Economics of Crime and Heroin Abusers*. Lexington: Lexington Books, 1985.

[284] TIMBERLAKE, James H. *Prohibition and the Progressive Movement. Op. cit.*, p. 106.

OS EFEITOS CORRUPTORES DA PROIBIÇÃO • 203

A proibição busca reduzir a corrupção tanto no sentido específico das propinas para funcionários públicos quanto no sentido geral de preservar a virtude, os princípios morais e a integridade individual. Contudo, a experiência mostra que, pelo contrário, a corrupção do funcionalismo público aumenta. Conforme observado por Ludwig von Mises:

> Infelizmente os governantes e os funcionários públicos não são anjos. Percebem logo que suas decisões podem significar, para os empresários, perdas consideráveis ou, às vezes, ganhos extraordinários. Existem certamente burocratas que não aceitam suborno; mas existem outros que anseiam por uma oportunidade "segura" de "partilhar" os ganhos permitidos por suas decisões[285].

Esta corrupção, no caso da Proibição, representa um fracasso em atingir os propósitos dessa lei e um grande obstáculo para seu cumprimento.

O interesse acadêmico na corrupção dos funcionários públicos tem aumentado e parece estar relacionado com a quantidade de corrupção que ocorre. A primeira onda de pesquisas sobre a corrupção ocorreu durante a última metade do período da Proibição e logo após a sua revogação. A taxa de publicações começou a aumentar substancialmente nos anos 1960 e, aparentemente, apresentou um pico em 1975[286]. A taxa de publicações permaneceu elevada durante o restante da década de 1970, embora pareça ter diminuído de alguma forma na década de 1980.

A quantidade de corrupção detectada aumentou nos anos recentes. Condenações federais de funcionários públicos corruptos

---

[285] MISES, Ludwig von. *Ação Humana. Op. cit.*, p. 835.

[286] SIMPSON, Anthony E. *The Literature of Police Corruption – Volume 1: A Guide to Bibliography and Theory*. New York: John Jay Press, 1977; DUCHAINE, Nina. *The Literature of Police Corruption – Volume 2: A Selected, Annotated Bibliography*. New York: John Jay Press, 1979.

aumentaram de 44 em 1970 para 1067 em 1988 (Figura 10). O salto substancial nos indiciamentos e condenações em 1983 tem sido explicado pelo foco maior na corrupção e por informações melhores a respeito da corrupção nos níveis mais baixos. Enquanto a corrupção devida à proibição ocorre em todas as áreas do governo, os esforços federais parecem apresentar maior sucesso na condenação de oficiais da lei estatais e locais. Com base nos casos representativos, 75% da corrupção estatal e local dos oficiais da lei estão diretamente associados à proibição[287].

2.a - A Economia da Corrupção

A literatura sobre corrupção geralmente está de acordo que a corrupção é racional, sistemática e funcional. Considera-se que os indivíduos que participam da corrupção perseguem seu autointeresse em detrimento do interesse geral ou público. Também se verifica que a corrupção é um traço característico do governo, em particular da função de alcançar o cumprimento das leis. A "função" da corrupção é facilitar as transações onde o controle sobre elas foi delegado ao governo.

Muitas definições gerais da corrupção têm sido propostas. No mundo jurídico, a corrupção é uma falha na relação principal--agente. A economia da abordagem legal aparece melhor ilustrada no trabalho de Edward Banfield (1916-1999)[288]. Esta definição não apresenta limites bem definidos e se aplica tanto ao governo quanto ao mercado. De acordo com outra definição, a corrupção ocorre sempre que um agente do governo age para promover seus interesses próprios acima do interesse público. Economistas modernos, por outro lado, consideram toda ação como interesse próprio e, portanto, essa definição é inapropriada. A legislação de grupos

---

[287] Departamento de Justiça dos Estados Unidos, 1989, p. 30.

[288] BANFIELD, Edward. "Corruption as a Feature of Governmental Organization". *Journal of Law and Economics*, Volume 18 (December 1975): 587-605.

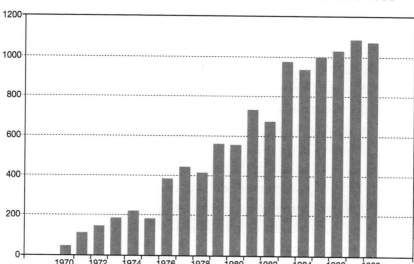

Gráfico 10
Condenações Federais de Funcionários Públicos: 1970-1988

Fontes: U.S. Department of Justice, Criminal Division. "Report to Congress on the Activities and Operations of the Public Integrity Section for 1981". p. 20; "1988". p. 29. Washington, D.C.: U.S. Department of Justice. (mimeografado).

de interesse visa a interesses próprios, porém os economistas a consideram como *rent-seeking* e não como corrupção.

Economistas tais como Murray N. Rothbard (1926-1995)[289], Susan Rose-Ackerman[290] e Bruce L. Benson[291] definem a corrupção como a compra ou venda ilegal de direitos de propriedade. De acordo com esta definição, a corrupção é racional, sistemática e

---

[289] ROTHBARD, Murray N. *Power and Market: Government and the Economy*. Menlo Park: Institute for Humane Studies, 1970. [Em língua portuguesa a obra foi lançada como: ROTHBARD, Murray N. *Governo e Mercado: A Economia da Intervenção Estatal*. Pref. Edward P. Stringham; trad. Márcia Xavier de Brito e Alessandra Lass. São Paulo: Instituto Ludwig von Mises Brasil, 2012. (N. E.)]

[290] ROSE-ACKERMAN, Susan. "The Economies of Corruption". *Journal of Public Economics*, Volume 4 (1975): 187.

[291] BENSON, Bruce L. "A Note on Corruption by Public Officials: The Black Market for Property Rights". *Journal of Libertarian Studies*, Volume 5 (Summer 1981): 305-11.

206 • MARK THORNTON

funcional. É legalista, porém não é universal em seu escopo. Por exemplo, já foi considerado legal vender o próprio voto, porém não é mais. Assim, a compra de votos agora é vista como uma prática de corrupção. Nos Estados Unidos, é ilegal que agentes da lei aceitem gorjetas e compensações diretamente das pessoas às quais servem, porém isso é tanto legal quanto aceitável em outras sociedades. A falta de universalidade não prejudica a análise da corrupção; na verdade, facilita as recomendações para melhorias.

Enquanto a maior parte das disciplinas têm procurado descobrir a função da corrupção, economistas buscam a sua fonte ou causa. Rothbard considera a corrupção como uma consequência da intervenção governamental[292]. Atividades no mercado que são similares à corrupção são ou transações ou crimes, tais como o roubo. Longe de excluir a possibilidade do envolvimento de indivíduos privados na corrupção, contudo, esta perspectiva sugere que cidadãos particulares se tornam corruptos, porém somente como consequência da intervenção do governo. Mesmo os opositores do ponto de vista de que a corrupção resulta unicamente da intervenção governamental, como Rose-Ackerman[293], fracassam em fornecer algum exemplo de corrupção em um mercado puramente competitivo.

A corrupção é, portanto, um custo da intervenção do governo. A maior parte das pesquisas recentes sobre a corrupção e seu controle têm por objetivo a otimização ou minimização ao invés da eliminação da corrupção. Bruce L. Benson e John Baden afirmam ser "impossível reduzir o nível de corrupção para zero"[294]. Se, contudo, todos os custos da intervenção do governo, inclusive a corrupção e seu controle, forem considerados (e Benson e Baden

---

[292] ROTHBARD, Murray N. *Power and Market*. *Op. cit.*

[293] ROSE-ACKERMAN, Susan. *Corruption: A Study in Political Economy*. Nova York: Academic Press, 1978.

[294] BENSON, Bruce L. & BADEN, John. "The Political Economy of Governmental Corruption: The Logic of Underground Government". *Journal of Legal Studies*, Volume 14 (June 1985): 391-410. Cit. p. 393.

OS EFEITOS CORRUPTORES DA PROIBIÇÃO • **207**

levantam este ponto[295]), é concebível que a corrupção zero poderia ser alcançada mediante a eliminação da totalidade do governo (ou de quase todo), ou pela eliminação das suas funções de determinação dos direitos de propriedade e de sua fundação baseada em impostos.

A corrupção acontece em todos os níveis do governo e envolve políticos, burocratas, oficiais da lei e indivíduos privados. A corrupção pode ser associada a quatro áreas da atividade governamental: aquisições governamentais, finanças públicas (tributação), fraude eleitoral e regulação. Nas primeiras três categorias, a corrupção é uma função do tamanho do governo. A proibição, juntamente com o controle de preços e os códigos de construção, vem sob o título da regulação. Este tipo de corrupção está relacionado à rigidez da regulação sobre os direitos de propriedade e as oportunidades de lucros resultantes. Assim, para entender a corrupção que decorre da proibição, é necessário empreender uma análise dos direitos de propriedade e do seu valor.

A economia da corrupção está melhor desenvolvida nos trabalhos de Bruce Benson[296] e deste com John Baden[297], nos quais é vista como resultado do controle governamental sobre os direitos de propriedade. Essencialmente, a corrupção política é a venda ilegal de direitos de propriedade por aqueles que estão no governo para indivíduos privados. Os incentivos para a corrupção são adaptados da análise do crime realizada por Gary S. Becker[298]. A corrupção depende de seu retorno esperado, da probabilidade de detecção e da severidade das punições. Verifica-se

---

[295] Idem. *Ibidem*, p. 410.

[296] BENSON, Bruce L. "A Note on Corruption by Public Officials". *Op. cit.*; BENSON, Bruce L. "An Institutional Explanation for Corruption of Criminal Justice Officials". *Cato Journals* (Spring/Summer 1988): 139-63.

[297] BENSON, Bruce L. & BADEN, John. "The Political Economy of Governmental Corruption". *Op. cit.*

[298] BECKER, Gary S. "Crime and Punishment: An Economic Approach". *Journal of Political Economy*, 76 (March 1968): 169-217.

que a extensão da corrupção é uma função crescente do tamanho do governo[299].

Benson aplicou a abordagem dos direitos de propriedade para a corrupção aos oficiais da justiça criminal[300]. Ele verificou que o sistema de justiça criminal é uma grande fonte de corrupção. Também verificou que a corrupção acelera se os orçamentos para a aplicação da lei, o número de crimes e a discricionariedade da polícia continuam a aumentar. Não somente aumenta a quantidade de oficiais que podem alocar direitos de propriedade, mas também o incentivo para a venda desses direitos. A detecção também é menos provável e o sistema de justiça criminal se expande enquanto os recursos para monitorar esse sistema são "relativamente fixos"[301].

2.b - Corrupção e Proibição

Além dessas contribuições para a economia da corrupção, diversos autores que escreveram sobre a economia da proibição da heroína, tais como Simon Rottenberg[302] e Mark H. Moore[303], descreveram em detalhes o papel e os efeitos da corrupção no cumprimento da proibição, os custos e benefícios para as partes envolvidas na corrupção e os métodos para reduzi-la.

A proibição das drogas representa uma alteração fundamental nos direitos de propriedade, que estão sujeitos às forças da busca de rendimentos e da corrupção. De longe, a fonte mais importante e direta de corrupção, entretanto, é a atividade do mercado negro que resulta da proibição. A proibição cria oportunidades ilícitas de lucro

---

[299] BENSON, Bruce L. & BADEN, John. "The Political Economy of Governmental Corruption". *Op. cit.*, p. 408-10.

[300] BENSON, Bruce L. "An Institutional Explanation for Corruption of Criminal Justice Officials". *Op. cit.*

[301] Idem. *Ibidem*, p. 157-59.

[302] ROTTENBERG, Simon. "The Clandestine Distribution of Heroin, Its Discovery and Suppression". Op. cit.

[303] MOORE, Mark H. *Buy and Bust. Op. cit.*

OS EFEITOS CORRUPTORES DA PROIBIÇÃO • 209

que não existiriam em sua ausência. A aplicação da proibição cria oportunidades de lucro para os agentes do governo que são os mais capazes e dispostos a se aproveitarem delas. Essas oportunidades de lucro resultam na corrupção dos funcionários públicos.

Dois resultados do cumprimento da proibição desempenham um papel fundamental na corrupção dos funcionários públicos. O aumento dos preços provocado pela intensificação dos esforços para o cumprimento da lei permite aos fornecedores cobrir os custos do risco e evitar a detecção. Os fornecedores podem diminuir parte do risco entrando em acordo com os oficiais públicos. Essa redução resulta do fracasso dos funcionários públicos em fazer cumprir a lei da proibição contra o fornecedor (aquele que suborna), sua participação no transporte dos carregamentos de produtos proibidos, ou sua aplicação seletiva da proibição contra competidores daquele que oferece o suborno. Em troca por esta proteção, o funcionário público recebe dinheiro, certas quantidades de produtos ilegais ou, se há chantagem envolvida, o silêncio do corruptor.

A corrupção é uma função do preço do produto proibido. Com o aumento dos esforços para o cumprimento da lei, o preço de um produto proibido e os custos para evitar a detecção aumentam relativamente aos custos básicos de produção. Deveríamos esperar que os fornecedores estivessem dispostos a pagar para reduzir seu risco. Um preço mais alto envolve tanto um risco maior de apreensão quanto um incentivo maior para proporcionar pagamentos monetários aos funcionários públicos.

Com o aumento dos esforços para a aplicação da lei, o risco de apreensão aumenta e a quantidade de produto diminui. A divergência entre o preço e os custos básicos de produção aumenta. Os esforços maiores para o cumprimento da lei aumentam, portanto, a razão entre os custos do risco e o custo da produção. O resultado é uma maior oportunidade de lucro para o empreendedor para evitar a detecção. Existem muitos caminhos por meio dos quais os empreendedores podem diminuir os riscos de detecção. Eles podem usar barcos ou aviões mais rápidos, produtos menores e mais fáceis de ocultar, ou embalagens enganadoras. Uma maneira de deslocar o risco é corromper os funcionários públicos que estão a cargo do cumprimento da proibição. À medida que os esforços para o cumprimento da proibição aumentam, a corrupção (assim como a potência) obterá uma vantagem competitiva para evitar a detecção em relação ao transporte, tecnologia e o engano. Espera-se, portanto, que a corrupção aumente com o aumento dos esforços para o cumprimento da lei, independentemente do aumento ou não das receitas na indústria. Isto presume que a demanda subjacente pelo produto, as penalidades tanto para a proibição quanto para a corrupção e os esforços para reduzir a corrupção sejam mantidos constantes.

Os fornecedores nos mercados negros pagam aos funcionários públicos para que proporcionem proteção ou reduzam seus riscos. Os funcionários públicos são capazes de reduzir o risco dos fornecedores, porém também enfrentam o risco de perder um trabalho de prestígio que proporciona um salário alto. Este custo mais alto para os funcionários públicos é compensado por recebimentos maiores dos fornecedores, com base no valor das transações ilegais. O valor das transações de drogas dentro da jurisdição de um funcionário público costuma ser centenas de vezes maior do que o salário anual desse funcionário.

A literatura sobre o crime sugere que o cometimento de um crime pode ter um efeito enorme na avaliação subjetiva dos custos para cometer crimes adicionais. O custo do primeiro ato criminoso é alto devido à incerteza e à falta de familiaridade com o crime. Quando um oficial comete um ato de corrupção, os custos dos atos adicionais decrescem, de maneira semelhante aos custos marginais de produção em uma empresa.

Um fator importante para a entrada dos funcionários públicos na corrupção é a sua familiaridade com a busca de rendimentos. A Teoria da Escolha Pública considera o funcionário público como participante do negócio de vender direitos de propriedade a grupos de interesse. O comportamento de *rent-seeking* é "corrupção" no sentido amplo. Aparentemente, esta exposição à "corrupção" tornaria os políticos particularmente vulneráveis à corrupção concebida de maneira mais estreita.

Os incentivos tanto dos fornecedores quanto dos oficiais do governo se combinam para formar oportunidades mútuas de lucro. Mark Moore[304] e Susan Rose-Ackerman[305] fornecem uma descrição das formas efetivas de corrupção e os constrangimentos enfrentados pelos fornecedores e funcionários públicos.

O aumento dos esforços para o cumprimento da lei também apresenta um efeito interativo sobre a potência das drogas e as propinas, visto que modifica as exigências de capital. Uma quantidade maior de capital físico se torna necessária para aumentar a potência das drogas existentes ou para produzir drogas de potência mais alta. De modo geral, a potência maior requer mais refinamento e equipamentos de capital mais complexos. O capital fixo, entretanto, é suscetível de detecção em um ambiente que já apresenta riscos. Novamente, os subornos se tornam uma técnica eficiente em custos para reduzir o risco em comparação com outros métodos, tais como a dissimulação.

Além das necessidades de capital, a corrupção acelera devido às razões descritas por Bruce Benson e John Baden[306]. Na análise deles, o crescimento do governo aumenta a dificuldade para controlar e monitorar os funcionários. Uma taxa menor de detecção, combinada com retornos maiores, acelera a corrupção.

2.c - A Corrupção Durante a Proibição

A história da corrupção nos Estados Unidos remonta à fundação do país. A literatura sobre a história da corrupção representa uma variedade de perspectivas. Três grandes tendências podem

---

[304] Idem. *Ibidem.*

[305] ROSE-ACKERMAN, Susan. *Corruption: A Study in Political Economy. Op. cit.*

[306] BENSON, Bruce L. & BADEN, John. "The Political Economy of Governmental Corruption". *Op. cit.*

ser reunidas a partir de um exame dessa literatura. Primeiramente, se a corrupção é vista como um problema das "pessoas" ou institucional, ela está persistente e positivamente relacionada com o controle governamental da sociedade. Segundo, embora a corrupção persistente e "menor" não possa ser eliminada do governo, pode ser minimizada mediante a utilização de controles e de salários mais altos para os oficiais do cumprimento da lei, conforme observado por Gary S. Becker e George J. Stigler[307]. Terceiro, a corrupção é um fator penetrante nos governos que tentam aplicar leis sobre crimes que não produzem vítimas. Devido à falta de uma parte prejudicada autointeressada, a corrupção devida à proibição é mais difícil de detectar do que a corrupção associada com os contratos do governo, as leis de salário mínimo ou os controles de renda.

A corrupção foi uma característica principal da Proibição e muitos pesquisadores verificaram uma conexão causal entre as duas. Gerald Astor observou a ligação entre a corrupção da polícia na cidade de Nova York e a Proibição durante a década de 1920[308]. Emanuel H. Lavine fornece um tratamento jornalístico dela[309]. Edward D. Sullivan verificou que um grande segmento da população criminosa consistia dos oficiais encarregados do cumprimento da lei e que as principais influências corruptoras eram o jogo e a Proibição[310]. Mark H. Haller, pesquisando sobre a corrupção em Chicago no início do século XX, descobriu que os reformadores que desejavam o controle da prostituição, do jogo e do álcool eram ineficientes porque atacavam a corrupção da polícia[311]. Em contraste, homens de negócios obtinham proteção por

---

[307] BECKER, Gary S. & STIGLER, George J. "Law Enforcement, Malfeasance, and Compensation of Enforcers". *Journal of Legal Studies*, Volume 3 (January 1974): 1-18.

[308] ASTOR, Gerald. *The New York Cops: An Informal History*. New York: Scribner, 1971.

[309] LAVINE, Emanuel H. *Cheese It – The Cops!* New York: Vanguard Press, 1936.

[310] SULLIVAN, Edward D. *Rattling the Cup on Chicago Crime*. Freeport: Books for Libraries, 1971 [1929].

[311] HALLER, Mark H. 1970. "Urban Crime and Criminal Justice: The Chicago Case". *Journal of American History*, Volume 57 (1970): 619-35.

OS EFEITOS CORRUPTORES DA PROIBIÇÃO • **213**

crimes contra a propriedade, que geralmente não levavam à corrupção da polícia. Lear B. Reed (1900-1972) mostrou que a natureza do crime e da corrupção em Kansas City era diferente antes e depois da Proibição e recomendou que a política fosse separada das políticas de cumprimento da lei[312]. Reginald W. Kauffman (1878-1959) também concluiu que a corrupção vista durante a Proibição era inerente ao contrabando de bebidas e era estimulada ainda mais pela natureza política dos funcionários a cargo do cumprimento da lei[313]. Arthur F. Brandstatter (1914-2004) verificou que um desrespeito generalizado pela lei resultou da corrupção que ocorreu sob o *Volstead Act*[314].

O *Wickersham Report*[315] [*Relatório Wickersham*] fornece um panorama dos dez primeiros anos da Proibição. A ênfase sobre os pontos da corrupção aponta para o fato de que ela desempenhou um importante papel na Proibição. Deve ser observado que a organização original do cumprimento da lei da Proibição não foi satisfatório. Em 1927, a reorganização colocou os funcionários sob as exigências do Serviço Civil. Por volta de junho de 1930, mais de 1.600 funcionários tinham sido dispensados por causas frequentemente relacionadas à corrupção ou incumprimento do dever. A detecção da corrupção e as demissões resultantes diminuíram em 1929 e 1930, porém "na medida em que essas condições existiram ou podem existir agora, elas constituem fatores importantes no problema da aplicação da proibição e são considerações vitais pois afetam o governo como um todo"[316]. Conforme o relatório observa a seguir, a quantidade de demissões representa somente uma fra-

---

[312] REED, Lear B. *Human Wolves*. Kansas City, Missouri: Brown, White, Lowell, 1941.

[313] KAUFFMAN, Reginald W. *The Real Story of a Bootlegger*. Nova York: Boni and Liveright, 1923.

[314] BRANDSTATTER, Arthur F. "New Frontiers for the Police". *Police*, Volume 7 (November/ December 1962): 13-20.

[315] U.S. National Commission on Law Observance and Enforcement. *Wickersham Report*, 1931.

[316] Idem. *Ibidem*, p. 17.

ção das transgressões totais por parte dos oficiais da lei e não inclui as transgressões de outros situados fora da unidade de Proibição. A reforma do Serviço Civil, em vez de reduzir a quantidade efetiva de transgressões, pode na realidade reduzir os relatos de violações para preservar a reputação das burocracias, servindo assim aos interesses dos burocratas de carreira.

Avaliando os aspectos negativos da Proibição, o relatório começa:

> Quanto à corrupção, é suficiente se referir às decisões declaradas das cortes de justiça ao longo da última década em todas as partes do país, que revelam uma sucessão de acusações por conspiração, algumas vezes envolvendo a polícia e as organizações processuais e administrativas de comunidades inteiras; à flagrante corrupção divulgada em conexão com desvios de álcool industrial e produção ilegal de cerveja; aos registros da administração federal da proibição a respeito da qual casos de corrupção têm sido contínuos e a corrupção tem aparecido nos serviços que no passado tinham estado acima de suspeitas; aos registros das organizações policiais estatais; às revelações sobre a corrupção da polícia em todos os tipos de municipalidades, grandes e pequenas, no decorrer da década; às condições que as acusações revelaram em pesquisas da justiça criminal em várias partes da nação; às evidências de conexões entre políticos locais corruptos com as gangues e o tráfico organizado de bebidas ilegais, e da coleta sistemática de tributos desse tráfico, para propósitos políticos corruptos. Já houve outras eras de corrupção. [...] Mas o regime atual da corrupção em conexão com o tráfico de bebidas opera em um campo novo e mais amplo, e é mais extensa[317].

Herbert Hoover (1874-1964) organizou a National Commission on Law Observance and Enforcement [Comissão Nacional para a Observação e Aplicação da Lei] – conhecida como Comissão

---

[317] Idem. *Ibidem*, p. 44.

OS EFEITOS CORRUPTORES DA PROIBIÇÃO • **215**

Wickersham a partir do nome do seu dirigente, George W. Wickersham (1858-1936) – para melhorar o cumprimento da Proibição. Em vez disso, recebeu um relatório questionando a efetividade da Proibição e no qual diversas opiniões divergentes foram emitidas. Nas declarações separadas de membros da comissão, quase todos se opuseram à Proibição.

A declaração mais forte contra a Proibição foi feita por Henry W. Anderson (1870-1954), que observou a existência de corrupção generalizada e argumentou que os problemas da Proibição não melhorariam com a reorganização porque eram sistêmicos e poderiam causar problemas para além dos confins do problema da bebida. Ele observou que:

> Esses princípios da lei econômica são fundamentais. Não podemos resistir a eles ou ignorá-los. Contra o seu funcionamento final, os mandatos das leis e das constituições, e os poderes do governo não parecem ser mais eficientes do que a vassoura do rei Canuto contra as marés[318].

Anderson também admitiu que o cumprimento eficiente da lei seria uma possibilidade, porém somente mediante dispêndios que ultrapassariam todas as limitações práticas. Observou que mesmo com a aplicação completa da proibição, as leis econômicas prevaleceriam:

> Isto inevitavelmente acarretaria consequências sociais e políticas mais desastrosas do que os males que se deseja remediar. Mesmo assim, a força das leis econômicas e sociais iria, em última análise, prevalecer. Essas leis não podem ser destruídas pelos governos, porém frequentemente no decorrer da história humana governos foram por ela destruídos[319].

---

[318] Idem. *Ibidem*, p. 97.
[319] Idem. *Ibidem*, p. 98.

216 • MARK THORNTON

Embora diversos membros da Comissão tenham concordado com Anderson na maior parte dos pontos, um número suficiente desejava mais experimentos com a Proibição e assim as recomendações finais foram diluídas.

Também se verificou que a proibição dos narcóticos, do jogo e da prostituição causam uma grande quantidade de corrupção. Os trabalhos de Ralph L. Smith[320], de Leonard Shecter (1926-1974) e William R. Philips[321], e de Robert H. Williams[322] e James Mills[323] mostram a prevalência da corrupção devido a essas proibições. A corrupção associada com os narcóticos tem sido grandemente associada com o maior mercado único para heroína e outros narcóticos, a cidade de Nova York. A Knapp Commission on Police Corruption in New York City [Comissão Knapp sobre a Corrupção da Polícia na Cidade de Nova York] verificou "níveis de corrupção significativos" dentro da Divisão de Narcóticos do Departamento de Política da Cidade de Nova York e em outros níveis do governo[324]. Richard Kunnes fornece algumas evidências anedotais para o argumento acima no que diz respeito à proibição de heroína:

> Os lucros são tão grandes que a corrupção dos oficiais a cargo do cumprimento da lei se tornou pandêmica. Na verdade, quanto mais oficiais são contratados para o trabalho de repressão da heroína, mais são subornados, ou pior, tornam-se eles mesmos distribuidores. Somente ao longo dos últimos dezoito meses, trinta agentes federais foram indiciados por estarem envolvidos diretamente com o tráfico de heroína[325].

---

[320] SMITH, Ralph L. *The Tarnished Badge*. New York: Crowell, 1965.

[321] SCHECTER, Leonard & PHILLIPS, William R. *On the Pad; the Underworld and Its Corrupt Police: Confessions of a Cop on the Take*. New York: Putnam, 1973.

[322] WILLIAMS, Robert H. *Vice Squad*. New York: Crowell, 1973.

[323] MILLS, James. *The Underground Empire: Where Crime and Governments Embrace*. New York: Doubleday, 1986.

[324] MOORE, Mark H. *Buy and Bust. Op. cit.*, p. 193-95.

[325] KUNNES, Richard. *The American Heroin Empire: Power, Profits, and Politics*. New York: Dodd, Mead, 1972. p. 43.

OS EFEITOS CORRUPTORES DA PROIBIÇÃO • **217**

Richard Ashley acrescenta que o cumprimento da proibição dos narcóticos "criou um negócio cujos lucros fazem o contrabando da Era da Proibição parecer comparativamente amador [...] e esses lucros corromperam nossa polícia"[326].

O escopo internacional da proibição dos narcóticos e da maconha resultou em corrupção nos níveis mais altos dos governos. Os intensos esforços para o cumprimento da lei dentro dos Estados Unidos e nas fronteiras exportou para outros países os problemas relacionados com as proibições, especialmente a corrupção. Ethan A. Nadelmann observou que esta corrupção de alto nível em países estrangeiros é o resultado direto das políticas de proibição de drogas:

> Oficiais do governo que variam desde os agentes de polícia comuns até os juízes e ministros de gabinete têm recebido ofertas de subornos que ultrapassam em diversas vezes seus salários anuais no governo, e frequentemente por não fazerem nada mais do que olhar para o outro lado. Em acréscimo, os limites do que pode ser comprado pela corrupção evaporaram. Juízes da Suprema Corte, policiais de alta patente e oficiais militares, bem como ministros de gabinete, não estão mais acima dessas coisas. O último grau da corrupção ocorre quando oficiais do governo tomam a iniciativa para perpetrarem crimes. Isto tem acontecido não somente nos principais países produtores de drogas, mas também em todo o continente. Nenhum país, desde Cuba até o Chile, parece estar imune[327].

De fato, o número de países afetados pela corrupção decorrente das políticas de proibição de drogas é substancial[328].

---

[326] ASHLEY, Richard. *Heroin: The Myths and Facts*. New York: St. Martins Press, 1972. p. 136.

[327] NADELMANN, Ethan A. "U.S. Drug Policy: A Bad Export". *Foreign Policy*, Volume 70 (Spring 1988): 83-108. Cit. 86-87.

[328] Países com significativa corrupção induzida pela proibição incluem a Venezuela, Colômbia, Brasil, Peru, Bolívia, Panamá, Cuba, México, Bahamas, Líbano, Marrocos, Turquia,

2.d - O Custo da Corrupção

A corrupção impõe sérios custos à sociedade através de seus efeitos gerais além daqueles na política e nas organizações do governo. Ao facilitar os intercâmbios nos mercados proibidos, a corrupção não somente funciona contra os objetivos das proibições, mas também dificulta a redução do consumo. Tentativas para controlar a corrupção representam um custo adicional da proibição, e em lugares como Hong Kong, verifica-se que fortes agências de controle da corrupção reprimem grupos de oposição política e liberdades civis. A existência da corrupção generalizada resulta em um menor respeito pela lei em geral, aumentando os problemas do crime, da produtividade e da delinquência.

Diversos autores consideraram os benefícios potenciais da corrupção. Dorothy H. Bracey[329] e Herman Goldstein[330] observam que o aumento da interdependência mútua, a capacidade de superar os entraves burocráticos e o desejo dos recebedores de subornos de serem vistos como bons funcionários pode reforçar a cadeia de comando e pode reduzir os problemas organizacionais em departamentos de polícia corruptos. David Sisk observa que os subornos reduzem os custos do governo ao suplementarem os salários[331]. De fato, um exame da vasta literatura sobre a corrupção, em particular nos países em desenvolvimento, indica que os economistas deveriam considerar a prática dos subornos como um método primário das finanças públicas, juntamente com a tributação, empréstimos

---

Iraque, Irã, Afeganistão, Paquistão, os países do Sudeste Asiático, Itália, França, Espanha e Estados Unidos. Esta listagem não pretende ser completa e nem está em alguma ordem específica.

[329] BRACEY, Dorothy H. *A Functional Approach to Police Corruption*. New York: John Jay Press, 1976.

[330] GOLDSTEIN, Herman. *Police Corruption: A Perspective on Its Nature and Control*. New York: Police Foundation, 1975.

[331] SISK, David E. "Police Corruption and Criminal Monopoly: Victimless Crimes". *Journal of Legal Studies*, Volume 11 (June 1982): 395-403.

e inflação. James M. Buchanan observou que os monopólios sobre os bens ilegais são socialmente preferíveis porque monopólios restringem a produção para aumentar os lucros[332].

Tais "benefícios" são, obviamente, mais do que contabalançados por outras considerações. Uma vez que se estabelece uma relação entre os oficiais da política e os monopolistas do mercado negro, a polícia se torna mais responsiva para o monopolista e responde menos às necessidades do público geral. Os oficiais de política podem chegar a envolver-se ativamente na administração e manutenção do monopólio. A polícia pode fechar os olhos ou mesmo participar de crimes violentos contra novos entrantes ou terceiros nos esforços para a manutenção do monopólio e de seus lucros. Ademais, a polícia pode agir para ampliar o monopólio ou para criar novos. Conforme concluído por Sisk:

> Se as verdadeiras consequências dessas leis, da corrupção da polícia e da possibilidade de utilizar os impostos para impor custos sobre essas atividades fossem bem divulgadas, apoiadores dessas leis não poderiam mais se esconder por trás de uma cortina de moralidade[333].

A corrupção leva os oficiais da polícia ou a quebrarem as leis que deveriam fazer cumprir, ou a negligenciar seus deveres em favor de atividades mais lucrativas para apoiar o monopólio. Dessa maneira, a corrupção resultante da proibição não somente reduz a efetividade da proibição, mas também pode causar um aumento nos crimes (sem vítimas) que se supõe que deveria reduzir, bem como pode aumentar os crimes de natureza séria.

---

[332] BUCHANAN, James M. "A Defense of Organized Crime?" *Op. cit.*

[333] SISK, David E. "Police Corruption and Criminal Monopoly". *Op. cit.*, p. 403.

CAPÍTULO VI

A REVOGAÇÃO DA PROIBIÇÃO

"Parece absolutamente certo, portanto, que a Décima Oitava Emenda não pode ser revogada, no todo ou em parte".
— Irving Fisher, *Prohibition Still at Its Worst.*

A CERTEZA COM QUE IRVING FISHER se pronunciou a respeito da revogação da proibição do álcool também era verdadeira em relação aos primeiros setenta e cinco anos da proibição dos narcóticos. A revogação somente é considerada uma opção viável depois que todas as outras medidas fracassam. A revogação e a legalização agora voltaram a entrar em consideração, porém ainda estão longe de representar o ponto de vista da maioria do público[334].

---

[334] Durante o final da década de 1970, uma porção substancial da população apoiava a descriminalização da maconha, e a administração de Jimmy Carter considerou seriamente essa possibilidade. O fiasco que derrubou o movimento é descrito em: ANDERSON, Patrick. *High in America: The True Story Behind NORML and the Politics of Marijuana.* New York: Viking Press, 1981.

A revogação da proibição é uma proposta radical somente no sentido em que vai à raiz da questão. A "questão", neste caso, é alguma combinação do fracasso da proibição para lidar com os problemas do uso de drogas e os resultados negativos criados pelas proibições. Não é radical no sentido de que nunca foi tentada, de que seria incomum em conteúdo ou resultados, ou representaria alguma forma de comunismo. As proibições do álcool e tabaco foram revogadas e proibições similares foram revogadas em outros países. De fato, a eventual revogação da proibição corrente é bastante provável; a questão importante e interessante é, o que a substituirá?

Certo número de regimes de políticas alternativas tem sido proposto para substituir a proibição. A maior parte dessas sugestões envolve alguma combinação do controle do governo e do mercado. Um cenário provável é que depois da revogação (primeiro da maconha e depois dos narcóticos) os produtos seriam simplesmente governados pelas medidas intervencionistas existentes. Por exemplo, os narcóticos poderiam ser adquiridos "somente mediante prescrição", e a maconha seria regulada e tributada tal como o álcool e o tabaco. Isto seria uma opção simples e politicamente factível.

Embora politicamente factível e preferível às condições atuais, tal solução padece de dois defeitos importantes. Primeiro, verificou-se que as medidas intervencionistas são politicamente instáveis para produtos consumidos por uma minoria do eleitorado. Essa instabilidade se deve, em parte, ao segundo defeito do intervencionismo: sua incapacidade de corrigir os verdadeiros problemas sociais e sua tendência a criar novos problemas.

Com base nos resultados da minha pesquisa, a legalização é a opção considerada por último, porém é a que tem mais chances de sucesso. A descriminalização (redução do status de crime ou regulação de uma atividade ou produto) como substituto para a proibição é desejada principalmente como mecanismo de transição politicamente conveniente para a legalização (tornar uma atividade legal e sujeita aos constrangimentos legais e normais do mercado). Conforme sugerido por William Harold Hutt (1899-1988), a viabilidade política

A REVOGAÇÃO DA PROIBIÇÃO • **223**

deveria ser a última consideração do analista político, se é que deveria chegar a ser considerada[335].

Diversos dos primeiros estudos da proibição eram tendenciosos e falhos. O nível de análise econômica e a metodologia empregada eram simplesmente inadequados para a tarefa de estudar a proibição e os mercados negros. Os primeiros estudiosos da proibição produziram pouco no caminho de uma teoria econômica do fenômeno.

A abordagem do processo de mercado para a intervenção governamental proporciona uma estrutura geral de análise que, quando aplicada à proibição, proporciona valiosas percepções teóricas. Contribuições da economia, história, sociologia e criminologia apoiam esta perspectiva do processo de mercado.

A história revela que as proibições foram estabelecidas com base na prática de *rent-seeking*. A intenção original dos reformadores da abstinência apresentava uma motivação pública, porém esses reformadores se voltaram para soluções políticas e a abstinência evoluiu para um movimento político. Verificou-se que a adoção da proibição era o objetivo de uma coalizão de políticos e burocratas, da busca de rendimentos por parte de grupos religiosos e profissionais, e de um preconceito básico contra certos grupos minoritários e de imigrantes, tais como os mexicanos e os negros.

O primeiro resultado derivado da abordagem do processo de mercado é um entendimento do processo de descoberta não-descoberto. Formuladores de políticas adotam políticas de proibição em parte devido à sua falha (e de seus constituintes) em reconhecer a capacidade do mercado para corrigir imperfeições. O mercado não realiza tais correções de maneira perfeita ou instantânea (tal como indicado pelo modelo da concorrência perfeita), e este é o caso com a proibição. Os defensores da abstinência eram impacientes, então recorreram a soluções fundamentadas na política, que eventualmente levaram à proibição.

---

[335] HUTT, William Harold. *Politically Impossible...?* London: Institute of Economic Affairs, 1971.

O processo de descoberta não-simulado (burocracia) desempenha um papel tanto na adoção da proibição quanto em sua incapacidade para atingir os resultados desejados. A natureza burocrática do governo é incompatível com a experimentação bem-sucedida, a inovação e o empreendedorismo. A burocracia não apresenta um mecanismo claro e objetivo para reconhecer soluções eficientes. A inovação e a avaliação são ainda mais prejudicadas na burocracia pela necessidade de instituir políticas e regras em todo o sistema.

A burocracia também prejudica a capacidade do mercado de produzir as soluções desejadas. Por exemplo, Sam Peltzman verificou que a regulação sufocou o "processo de descoberta" na indústria farmacêutica[336]. O sufocamento da descoberta no mercado é mais severo sob a proibição do que sob a regulação porque a proibição nega o mercado, enquanto que a regulação meramente o prejudica. O sufocamento do processo de descoberta por parte da proibição se estende para outras áreas, tais como qualidade do produto e disponibilidade de complementos e substitutos, bem como da informação sobre o produto.

A informação é distorcida pela proibição de diversas maneiras. No caso infame das patentes de medicamentos no século XIX, as leis de proibição estatais e as isenções para as patentes de medicamentos contendo opiáceos resultaram na ampla dependência dos consumidores desavisados. Indivíduos buscando alívio da dependência ou tentando evitá-la foram enganados pela coexistência das leis estatais de proibição com a disponibilidade de preparados de narcóticos legais.

Enquanto esses erros de cálculo burocráticos poderiam ser tratados como ignorância ou como resultado de um comportamento de busca de rendimentos, sem embargo devem ser considerados como resultado normal e previsível das políticas intervencionistas. Um exemplo mais recente se encontra na exigência de etiquetas de

---

[336] PELTZMAN, Sam. *Regulation of Pharmaceutical Innovation: The 1962 Amendments*. Washington, D.C.: American Enterprise Institute, 1974.

advertência nos maços de cigarros; o efeito não pretendido foi um aumento no consumo, por parte de adolescentes, de produtos alternativos de tabaco como os mastigáveis ou inaláveis, para os quais etiquetas de advertência não eram exigidas.

O "processo de descoberta completamente supérfluo" é uma categoria de resultados encontrada particularmente onde o mercado negro ocupa o lugar do mercado legal. Nos mercados negros, os incentivos dos fornecedores tendem a ser completamente dominados pelos efeitos da proibição. O crime e drogas de potência mais alta são os tipos de efeitos produzidos pelas novas oportunidades de lucro proporcionadas pela proibição. As novas oportunidades de lucro não somente tornaram a proibição mais difícil de ser cumprida, mas também produziram resultados que contrariavam os objetivos da proibição.

A questão da potência e da qualidade dos produtos apresenta importantes implicações para a possibilidade de proibição efetiva. Quanto mais recursos são dedicados ao cumprimento da proibição (ou quanto mais aumentam as penalidades), mais os fornecedores recorrem ao aumento da potência, a tipos de drogas de potência mais alta e redução da qualidade do produto, dos atributos do produto (tais como segurança e informação) e bens complementares (tais como agulhas, filtros e antídotos). Esses ajustes não somente tornam a proibição mais difícil de implementar, mas produzem resultados que são antagônicos aos objetivos da proibição. O que é mais importante, mudanças na potência e na qualidade dos produtos contrariam o argumento de que os objetivos da proibição são atingidos porque uma quantidade menor é consumida.

As questões do crime e da corrupção apresentam implicações negativas para a possibilidade da proibição efetiva. Quanto mais recursos são dedicados à proibição, mais o preço dos produtos proibidos aumenta. Isso faz com que a renda real dos usuários de drogas ilegais diminua, criando oportunidades de lucro para fornecedores e funcionários públicos. Como resultado, o crime total e a corrupção aumentam sob a proibição. O crime e a corrupção tornam mais difícil o cumprimento da proibição porque o crime aumenta a renda dos consumidores de drogas e a corrupção diminui os custos dos fornecedores. O crime também aumenta quando os recursos para o cumprimento das leis são desviados para a proibição. Crimes e corrupção induzidos pela proibição também exacerbam os problemas que a proibição espera resolver. Tal como a potência e a qualidade do produto, o crime e a corrupção agem como brechas para impedir as intenções da proibição e a tornam mais difícil e custosa. O aumento do crime e da corrupção devido à proibição prejudica a obtenção da proibição efetiva.

1 - A Proibição Efetiva é Possível?

É possível promulgar proibições sob praticamente qualquer forma de governo e, de fato, proibições têm sido decretadas por quase todos os governos nacionais existentes na atualidade e, também, pela Organização das Nações Unidas (ONU). Atualmente, também é de consenso geral que a proibição completa é impossível de ser alcançada, exceto no sentido mais limitado (no qual há pouca ou nenhuma demanda para o produto ou onde há substitutos legais quase perfeitos). A possibilidade política de decretar a proibição e a impossibilidade de alcançar a proibição completa, entretanto, não são as questões levantadas aqui.

O debate sobre a proibição se concentrou em seus custos e benefícios. Todos os benefícios pretendidos com a proibição dependem da diminuição da quantidade consumida. Os custos da proibição incluem o custo explícito da aplicação da lei e custos implícitos, tais como o custo de oportunidade dos tribunais e das prisões, e o aumento do crime e da corrupção que resulta da proibição. Verificou-se que o custo da proibição é função dos recursos dedicados para seu cumprimento e é maior do que se pensava anteriormente. Um custo importante, porém, negligenciado é o efeito de sufocamento que a proibição exerce sobre o processo de descoberta do mercado.

O argumento contra a proibição apresentado aqui não se baseia principalmente no fato de que o custo da proibição ultrapassa os benefícios, mas sim na ausência de benefícios quando o decréscimo na quantidade é mais do que compensado pela potência maior, por tipos mais perigosos de drogas e pelo aumento do crime e da corrupção. Assim como os consumidores demonstraram que estão dispostos a pagar os preços do mercado negro pelos bens proibidos, entretanto, os apoiadores da proibição demonstraram que votariam para aumentar a quantidade de recursos destinados a fazer cumprir a proibição. Este apoio continua, apesar do reconhecimento do público da incapacidade desses recursos aumentados produzirem resultados desejáveis.

Randy Barnett observa que os norte-americanos se tornaram psicologicamente dependentes em leis contra as drogas[337]. Ele também percebe que outros usuários da lei contra as drogas, tais como políticos, burocratas, pesquisadores e acadêmicos ignoram os custos da proibição devido à sua "dependência econômica" dessas leis. Thomas S. Szasz (1920-2012) argumenta que os Estados Unidos se tornaram um estado terapêutico (união do estado com a medicina), semelhante aos estados teocráticos[338]. Em um estado terapêutico, os interesses do governo e da medicina são dominantes sobre qualquer preocupação sobre os custos das proibições.

Os benefícios da proibição (se é que há algum) precisam ser considerados pelos economistas como tão subjetivos quanto o

---

[337] BARNETT, Randy E. "Curing the Drug Law Addiction: The Hidden Side-Effects of Legal Prohibition". *In:* HAMOWY, Ronald. *Dealing with Drugs: Consequences of Government Control.* Lexington: Lexington Books, 1987. p. 73-76.

[338] SZASZ, Thomas S. *Ceremonial Chemistry: The Ritual Persecution of Drugs, Addicts, and Pushers.* Holmes Beach: Learning Publications, 1985. p. 342-45, e em outras partes.

valor dos pirulitos ou da pintura *Mona Lisa* de Leonardo da Vinci (1452-1519). Devido à sua natureza política e à falta de valorações no mercado, o valor da proibição simplesmente não pode ser demonstrado de maneira definitiva e precisa. De fato, as proibições atuais não foram e nunca estiveram sujeitas ao voto popular. Especialistas em políticas e institutos de pesquisas não podem proporcionar nada melhor do que os "melhores palpites" produzidos por análises de custo/benefício e pesquisas de opinião politicamente motivadas.

Afortunadamente, um nível de análise mais básico está disponível para a consideração do economista – a existência de benefícios, em vez de sua percepção ou quantidade. A negligência deste nível de análise fundamental pode ser atribuída em grande parte à redução na quantidade demandada que se espera da proibição e ao fato de que os seus benefícios são percebidos como uma função da quantidade consumida. Se a proibição aumenta o preço, enquanto tudo o mais permanece constante, deve haver benefícios. Embora a proibição certamente aumente o preço, também aumenta a potência e diminui a qualidade. Ainda que não seja crucial para este argumento, muitos autores, inclusive Edward M. Brecher (1912-1989)[339], argumentaram que a proibição aumenta a demanda e o consumo do produto proibido.

Em relação à quantidade consumida, o aumento da potência é um fator principal na manutenção da quantidade consumida real como constante. Quanto à qualidade do produto, ela é enormemente diminuída pela proibição. A combinação da potência maior com a qualidade menor torna o consumo do produto mais perigoso e possivelmente mais viciante. Também se verificou que a substituição por tipos de drogas mais perigosos também é um efeito previsível do maior cumprimento da lei. A proibição irá dissuadir alguns usuários ocasionais de utilizarem o produto, porém não é provável dissuadir consumidores que são dependentes

---

[339] BRECHER, Edward M. *Licit and Illicit Drugs. Op. cit.*

do bem proibido[340]. Aqueles que reduzem seu consumo de drogas proibidas podem substituí-las facilmente por drogas legais, inebriantes e narcóticos[341].

A proibição não elimina o acesso aos produtos e não desencoraja o tipo de consumo que estava designada a desencorajar. Assim, o argumento de que os preços mais elevados reduzem a quantidade consumida e, portanto, produzem benefícios ainda precisa ser estabelecido na teoria ou de fato. A quantidade de drogas apreendidas pela aplicação da lei não é um benefício da proibição; é meramente um custo de fazer negócios no mercado negro.

A proibição parece ser inútil para diminuir a demanda ou para evitar que ela aumente. Estatísticas do governo indicam que o consumo de maconha diminuiu ou estabilizou em anos recentes. Ainda assim, seria um erro declarar isto como um benefício da proibição e dos maiores esforços para o cumprimento da lei. Primeiramente, as próprias estatísticas são duvidosas. A produção de maconha aumentou em pequenas plantações e no cultivo caseiro, onde a informação sobre a produção é difícil de obter, e a potência da maconha continuou a aumentar. O consumo de maconha ajustado pela potência pode ter aumentado. Mesmo se tiver acontecido um decréscimo no consumo, não seria um benefício da proibição; muito pelo contrário. As estimativas governamentais do consumo mostraram que o preço da maconha nas ruas aumentou, o preço da cocaína diminuiu e o consumo de cocaína aumentou. Essas estimativas são consistentes com uma mudança na demanda entre bens substitutos, o que é previsível como resultado dos maiores esforços para o cumprimento da lei.

---

[340] Com frequência, dependentes e usuários abusivos acabam parando de utilizar drogas perigosas ou que causam dependência, porém isto tem sido atribuído principalmente ao avanço da idade ou ao amadurecimento do que aos preços mais altos e ao aprisionamento.
[341] A proibição de certas drogas aumenta as vendas de inebriantes legais, tais como o álcool. Esta substituição não pode ser considerada socialmente benéfica mesmo sem realizar a comparação dúbia dos efeitos prejudiciais ou potencialmente daninhos das drogas produzidas no mercado com as drogas produzidas no mercado negro.

Neste livro, estabeleci a possibilidade da impossibilidade da proibição. O caso mais forte – de que a proibição efetiva é impossível (isto é, sem qualquer benefício) – é difícil de demonstrar e está sujeito a uma variedade de críticas. Uma crítica geral da tese da impossibilidade é que todos os benefícios possíveis não foram levados em conta. De fato, um ponto levantado em relação aos efeitos da proibição é que nem todas as ramificações possíveis da proibição podem ser conhecidas ou visíveis para o examinador ou para o formulador de políticas. Por exemplo, poder-se-ia afirmar que a proibição pode reduzir os dispêndios sobre um certo produto sob certas condições[342].

Neste livro, examinei todos os argumentos (bem-intencionados) conhecidos para a proibição. Explorei vários desses argumentos com riqueza de detalhes. Pode-se verificar que nenhum deles demonstrou benefícios viáveis e não foi encontrado nenhum estudo empírico que possa negar esta conclusão adequadamente. Muitos dos argumentos que examinei aqui requerem mais inspeção e elaboração.

O fim da proibição não segue necessariamente da conclusão teórica de que a proibição é efetivamente impossível. Primeiramente, duas questões importantes precisam ser levantadas. Primeiro, dados os custos impostos pela proibição, sua revogação é um

---

[342] Poder-se-ia argumentar, então, que esses dispêndios menores ultrapassam os custos totais e, portanto, a proibição efetiva seria possível. Entretanto, a proibição somente pode reduzir os dispêndios no sentido mais extremo e restritivo – isto é, onde a demanda é elástica e não resulta na substituição por outros produtos. A maior parte das estimativas dos dispêndios mostra que os dispêndios totais durante a proibição permaneceram os mesmos ou aumentaram em comparação com o que teria sido gasto na ausência da proibição. O primeiro ano de funcionamento pleno da Proibição Nacional do Álcool em 1921 parece ser o único caso documentado de uma redução nos dispêndios (WARBURTON, Clarke. *The Economic Results of Prohibition. Op. cit.*, p. 170-71). Esse autor também observou, entretanto, que "*precisamos concluir que a adoção da proibição nacional fracassou em reduzir o consumo de bebidas alcoólicas e aumentou o montante gasto com elas*". Ninguém argumenta que a proibição reduziu o total de despesas com heroína, cocaína ou maconha. De fato, é bem reconhecido que os gastos nacionais com produtos tais como cocaína e maconha são significativamente mais elevados com a proibição.

caminho razoável a seguir? Por exemplo, a proibição resultou em produtos de potência maior e em drogas novas e mais perigosas. A revogação poderia resultar em potências ainda maiores e em drogas ainda mais perigosas? Segundo, apesar da falta de benefícios, será que a proibição não poderia ainda proporcionar valor? Por exemplo, se presumirmos que o mercado não induz melhoramentos e que os custos da proibição podem ser ignorados, a proibição não poderia proporcionar valor para a sociedade adotando uma posição (embora fútil) sobre um assunto importante? Embora essas duas questões não lidem diretamente com os resultados econômicos da proibição, são considerações políticas importantes.

2 - REGIMES DE POLÍTICAS ALTERNATIVAS

Grande parte do debate sobre a proibição preocupa-se em como fazer com que ela seja cumprida e em quanto gastar para isso. Argumento que o cumprimento não atinge os objetivos de motivação pública da proibição e que mais recursos somente conseguem tornar uma situação ruim ainda pior.

Alternativas para a proibição envolvem alguma medida de descriminalização. Opções de políticas tais como a nacionalização (drogarias do governo), exigências de licenciamento, controles de preços, tributação, regulação, uma variedade de programas de manutenção, quarentenas, educação e reabilitação seriam melhoramentos sobre a proibição. Muitas dessas reformas são questionáveis, entretanto, em termos de sua efetividade, de sua habilidade para produzir soluções de longo prazo e de sua estabilidade como políticas públicas duradouras. Tais reformas apresentam a responsabilidade adicional de serem específicas de uma proibição, em vez de serem uma solução geral para todas as proibições. A legalização total é uma alternativa para essas medidas de reforma intervencionistas. Os maiores problemas que ela coloca são a sua estabilidade e viabilidade política.

232 • MARK THORNTON

Christopher Clague examinou diversas estratégias para lidar com a dependência em heroína, inclusive a proibição, programas de manutenção de metadona rígidos e permissivos, manutenção da heroína e quarentena. Então, avaliou esses esquemas em relação a sete critérios: quantidade de crimes, número de dependentes, bem-estar dos dependentes, corrupção da polícia, violação das liberdades civis, privação legal das liberdades tradicionais e respeito pela lei (em geral)[343]. Com base em sua análise, Clague classificou o desempenho de cada esquema com base nos sete critérios em uma escala de cinco pontos[344]. Verificou que a proibição ficou em último lugar e o melhor colocado foi a manutenção da heroína[345].

Embora a manutenção da heroína tenha obtido a classificação mais alta dentre as políticas estudadas, Clague admite que, por uma variedade de razões, não é "uma solução ideal para o problema da heroína"[346]. Além de manter a dependência e de diversos problemas práticos, programas de manutenção patrocinados pelo governo envolvem subsídios dos pagadores de impostos para os dependentes. Esta opção cria ressentimentos por parte dos pagadores de impostos antidrogas e, portanto, instabilidade política[347]. John Kaplan (1929-1989) também examinou uma variedade

---

[343] CLAGUE, Christopher. "Legal Strategies for Dealing with Heroin Addiction". *Op. cit.*

[344] Clague admite livremente que sua classificação é altamente subjetiva e que em dois casos não foi capaz de atribuir uma classificação ordinal. Suas classificações baseiam-se nos efeitos de longo prazo das políticas e não levam em consideração ajustes de curto prazo ou o peso relativo de cada critério.

[345] Ele descobriu que o esquema da quarentena obteve uma classificação alta em vários critérios, porém que problemas sérios com a lei, a Constituição, noções de justiça e aumentos no "ressentimento e alienação em vários setores" resultaram em notas muito baixas em "privação legal das liberdades tradicionais" e "respeito pela lei". Assim, teríamos que dar pouca importância (ou mesmo negativa) a questões de justiça, liberdade e respeito pela lei para poder classificar a quarentena acima da manutenção da heroína.

[346] CLAGUE, Christopher. "Legal Strategies for Dealing with Heroin Addiction". *Op. cit.*, p. 267.

[347] Proporcionar subsídios para os dependentes de drogas é tão detestável para certos pagadores de impostos quanto proporcionar abortos subsidiados pelos contribuintes. David

A REVOGAÇÃO DA PROIBIÇÃO • **233**

de opções de políticas para a heroína[348]. Ele também verificou que a manutenção da heroína, assim como outras opções, enfrentava inconvenientes operacionais e obstáculos políticos[349].

Mark Moore sugeriu que uma política de manutenção da heroína para dependentes, combinada com a proibição, poderia alcançar a discriminação de preços no mercado de heroína. A manutenção reduziria os custos da dependência para o dependente e para a sociedade, enquanto a proibição imporia um preço enormemente aumentado para a heroína ilegal (sobre a proibição geral) e, portanto, desencorajaria os experimentos com heroína[350]. A "discussão altamente especulativa" de Moore não pretendia demonstrar qual política seria mais desejável, mas sim investigar os determinantes do preço efetivo e, por extensão, a demanda por heroína. Neste sentido, a contribuição de Moore é importante para a avaliação a priori de diversas políticas.

Multas foram sugeridas como um substituto eficiente para as prisões. Se a proibição pode ser considerada como uma forma de controle de preços, então as multas podem ser colocadas no lugar das prisões como uma dissuasão que economizaria recursos carcerários. John R. Lott e Russell D. Roberts examinaram esta questão e descobriram que a legalização e a abordagem do controle de preços para os "crimes sem vítimas" tradicionais (por exemplo, as proibições) carecem dos incentivos necessários para o cumprimento

---

Musto mostrou que os primeiros programas de manutenção de narcóticos eram *"de difícil manejo e impopulares"*, e foram fechados rapidamente. Ver: MUSTO, David F. *The American Disease. Op. cit.*, p. 64. Além de criarem ressentimentos e custos para os contribuintes, esta política tende a tolerar o consumo de heroína e reduz os custos percebidos e reais da dependência para o dependente.

[348] KAPLAN, John. *The Hardest Drug: Heroin and Public Policy*. Chicago: University of Chicago Press, 1983.

[349] Deve ser observado que as dificuldades associadas com a "livre disponibilidade" se baseavam em uma "taxa de dependência grandemente aumentada" e nos aspectos pessoais e de saúde pública associados a uma taxa de dependência maior.

[350] MOORE, Mark H. *Policy Towards Heroin Use in New York City. Op. cit.*

efetivo da lei[351]. Ademais, crimes sem vítimas são difíceis de monitorar; os bens apresentam alta mobilidade, há um estigma social associado a esses bens e as filas ou excedentes que resultam dos controles de preços apresentam problemas sociais especiais. Assim, o que funciona com o cumprimento dos controles de renda e leis de salário mínimo não funciona na aplicação das proibições. A tributação é uma alternativa frequentemente sugerida para a proibição. Tributar a maconha é algo visto como uma opção particularmente viável, porém taxar os opiáceos não é[352]. Os benefícios da tributação incluem uma redução no crime e um incentivo para não comprar devido ao custo mais elevado, porém o principal benefício é político. A receita tornaria a descriminalização mais atraente para os pagadores de impostos e políticos. Embora a opção da tributação tenha vários pontos a seu favor, muitos de seus aspectos benéficos são reduzidos ou eliminados quando a alíquota do imposto aumenta[353]. Alíquotas altas preservariam o mercado negro, o contrabando, o crime e a corrupção, e exerceriam pouco impacto positivo sobre o abuso de drogas, criando, portanto, as precondições para introduzir a proibição. Mesmo um imposto ad potere apresenta inconveniências, tais como sinalizar para usuários potenciais que produtos de potência baixa são seguros para o consumo.

A revogação da Proibição em 1933 preparou o terreno para experimentos com políticas[354]. Alguns estados permaneceram "secos", enquanto outros recorreram às exigências de licencia-

---

[351] LOTT, John R. & ROBERTS, Russel D. "Why Comply: One-Sided Enforcement of Price Controls and Victimless Crime Laws". *Journal of Legal Studies*, Volume 18 (June 1989): 403-14.

[352] KAPLAN, John. *The Hardest Drug. Op. cit.*, p. 150-51.

[353] Ver o trabalho de Rodney T. Smith sobre a tendência do governo para maximizar receitas líquidas e seu impacto sobre a indústria do álcool. SMITH, Rodney T. "The Legal and Illegal Markets for Taxed Goods: Pure Theory and an Application to State Government Taxation of Distilled Spirits". *Journal of Law and Economics*, Volume 19 (August 1976): 393-430.

[354] Para uma história do movimento da revogação, ver: KYVIG, David E. *Repealing National Prohibition*. Chicago: University of Chicago Press, 1979. Para uma visão antagônica a esse movimento, ver: DOBYNS, Fletcher. *The Amazing Story of Repeal: An Expose of the Power of Propaganda*. Chicago: Willett, Clark, 1940.

mentos ou ao monopólio estatal. O governo federal empregou impostos, tarifas, regulações e a exigência de licenças. Governos estaduais impuseram impostos e impuseram restrições à venda de álcool. Regulamentações foram estabelecidas sobre a potência do produto. Por exemplo, a potência da cerveja foi limitada a 3,2% em alguns estados, embora essas regulações fossem principalmente para propósitos de tributação. Intervenções adicionais incluíram restrições etárias, restrições à propaganda, opções locais, restrições sobre os horários de venda e controles de preços[355]. Embora a legalização tenha sido uma melhoria sobre a proibição, essas intervenções e a proibição de outros tóxicos, tais como a maconha e a cocaína, produziram resultados quando muito medíocres[356]. Um benefício da legalização é o desenvolvimento de instituições sociais que lidam direta ou indiretamente com o problema da dependência e do abuso de drogas, tais como os Alcoólicos Anônimos (criada em meados da década de 1930), que hoje afirma possuir mais de um milhão de membros[357].

3 - A Solução do Livre Mercado

A proibição é efetivamente impossível no sentido econômico. Políticas alternativas, tais como programas de manutenção patrocinados pelo governo também apresentam problemas, mas

---

[355] Para uma história da profusão de políticas decretadas após a revogação, ver: HARRISON, Leonard V. & LAINE, Elizabeth. *After Repeal: A Study of Liquor Control Administration.* New York: Harper and Brothers, 1936.

[356] Ver: SYLBING, Garth. *The Use of Drugs, Alcohol and Tobacco: Results of a Survey among Young People in the Netherlands Aged 15-24 Years.* Amsterdam: Foundation for the Scientific Study of Alcohol and Drug Use, 1985; SILBYNG, Garth & PERSOON, Jean Marie Guillaume. "Cannabis Use among Youth in the Netherlands". *Bulletin On Narcotics,* Volume 37 (October/December 1985): 51-60.

[357] Grande parte do sucesso desta organização deve ser atribuído ao *status* anônimo de seus membros. A organização *não* defende a proibição ou o restricionismo severo por parte do governo para os problemas do abuso de álcool.

representam uma melhoria sobre a proibição. A solução do livre mercado difere dessas políticas alternativas no fato de que não envolve intervenção governamental.

O livre mercado tem sido visto tradicionalmente como a causa ao invés da cura para os problemas do abuso de drogas. Sustento que a solução do livre mercado envolve escolhas voluntárias dos indivíduos em um ambiente de livre entrada, direitos de propriedade e sistema legal. Empreendedores contratam trabalho e compram recursos para produzir, promover e vender produtos aos consumidores. Consumidores escolhem entre uma diversidade de produtos em uma tentativa de maximizar a utilidade. Trocas resultam em ganhos para todas as partes e em uma alocação eficiente dos recursos. Grupos de caridade e de autoajuda são formados para resolver os problemas sociais.

Obviamente, proibicionistas ridicularizariam uma descrição como essa aplicada ao mercado das drogas[358]. De fato, o mercado tal como descrito aqui não é perfeito. Ele é caracterizado pelo risco e a incerteza. Erros, tais como a dependência ou as overdoses, sem dúvida acontecem em qualquer sistema. A competição e o processo de descoberta que caracterizam o desenvolvimento de um mercado promovem soluções para os problemas do abuso das drogas que a proibição procura resolver.

A solução do livre mercado apresentaria muitos benefícios:

1º) Um preço competitivo, em última análise, liberaria recursos para o consumo de bens tais como alimentação, vestuário, abrigo e cuidados médicos.

---

[358] Alguns críticos desta visão a consideram como "demasiado prática", concentrando-se somente nos interesses diretos dos consumidores ou produtores, em vez de nos interesses políticos (ou seja, da maioria). Outros críticos afirmam que a solução do mercado é muito "impraticável", que não aborda os problemas dos consumidores e produtores, ou que tal substituição é "politicamente impossível".

2º) A motivação dos lucros estimularia os produtores a introduzirem bens com características que aumentam a satisfação dos consumidores. Produtos mortais que sobrevivem nos mercados negros seriam eliminados. Os produtores competiriam aprimorando seus produtos para satisfazer os desejos dos consumidores. O mercado para uma droga particular, tal como o álcool, a maconha ou a aspirina, seria caracterizado por uma diversidade de produtos.

3º) Como ocorre com qualquer produto perigoso, os fornecedores prefeririam consumidores regulares familiarizados com o produto, reduzindo dessa maneira as despesas com *marketing* e sua exposição às leis de responsabilidade. Fornecedores não recorreriam mais aos serviços de menores de idade para a venda de seus produtos no varejo.

4º) Informações sobre a disponibilidade, preço e qualidade dos produtos estariam disponíveis. As propagandas transmitiriam informações sobre as características singulares de uma marca específica.

5º) Os produtores se engajariam na padronização dos produtos, na rotulagem das marcas, nas orientações para o uso, nas informações sobre a segurança dos produtos e assim por diante.

6º) O crime e a corrupção que resultam da proibição, tributação, regulações e outras opções de políticas seriam eliminados.

7º) Os gastos do governo com o cumprimento da lei, prisões e tribunais poderiam ser reduzidos. As cortes de justiça não ficariam tão sobrecarregadas, as prisões ficariam menos lotadas e a polícia poderia concentrar seus recursos no combate aos crimes tradicionais, tais como o assassinato, o estupro e os roubos. Essas mudanças poderiam ajudar a promover o respeito pela lei e ordem.

8º) Indivíduos seriam diretamente responsáveis pelo seu próprio consumo ou abstinência das drogas. Mais recursos e a atenção pública poderiam ser dedicados à educação, tratamento, manutenção e reabilitação.

9º) Consumidores teriam acesso ao sistema legal para protegê-los contra fraudes e negligências por parte dos produtores. Produtores não teriam mais que recorrer à violência para obrigar o cumprimento dos contratos e assegurar os pagamentos. Territórios de venda seriam mantidos por acordos voluntários em vez da violência.

10º) Muitos dos produtos que têm sido proibidos apresentam usos "legítimos" e foram importantes no desenvolvimento da civilização moderna. A legalização permitiria seu uso nessas e em outras áreas, e promoveria o desenvolvimento econômico geral.

Esta lista cobre muitos dos principais benefícios da solução do livre mercado. Esses benefícios podem ser sintetizados na liberação de recursos valiosos, criação de incentivos para aprimoramentos e eliminação dos custos (diretos e não-intencionais) da proibição.

4 - A Solução do Livre Mercado Estendida

A solução do livre mercado aplicada a uma ou a todas as drogas não atingiria os resultados ideais. Ajustes de curto prazo para as condições do livre mercado envolvem custos substanciais. A descoberta de técnicas para curar a dependência e para desenvolver novas instituições e produtos mais seguros são coisas que levam tempo. De fato, atingir "soluções" para o uso de produtos que causam dependência pode levar gerações, ao invés de meses ou anos.

Ampliar a solução do livre mercado para áreas diferentes do mercado imediato para as drogas ajudaria no desenvolvimento de tais soluções. Circunstâncias tais como guerras, pobreza, discriminação e a perda de oportunidades econômicas estão associadas ao abuso de drogas e à dependência. Aplicar a solução do mercado em toda a economia, ou a mercados específicos tais como seguros, medicina, habitação e trabalho também abre oportunidades para aprimoramentos. Alguns dos possíveis benefícios da solução do livre mercado estendida são:

1ª) Economias de mercado utilizam os recursos de maneira eficiente e produzem padrões de vida mais elevados. Economias de mercado são caracterizadas pela acumulação de capital e por preferências temporais mais baixas (horizontes temporais maiores).

2ª) A remoção de barreiras à entrada na profissão médica reduziria os cursos dos cuidados com a saúde e dos tratamentos para a dependência. A remoção dos cuidados médicos subsidiados pelo Estado colocaria a totalidade do custo do abuso de drogas sobre o abusador, ao invés de fornecer um subsídio para o abuso.

3ª) Companhias de seguros e empregadores poderiam controlar e discriminar pessoas que abusam de drogas, colocando assim um custo direto e visível para os usuários e abusadores de drogas.

4ª) Economistas verificaram que ocorre mais discriminação econômica nas indústrias e ocupações que são reguladas e nacionalizadas. A remoção dessas barreiras criaria oportunidades econômicas para os desprivilegiados.

5ª) Verificou-se que a guerra desempenha um importante papel na criação e estímulo dos problemas associados ao abuso de drogas (e proibições). A ausência de guerras provavelmente diminuiria a probabilidade de proibições.

A solução do livre mercado estendida é um complemento para a alternativa do livre mercado para a proibição e um componente importante da solução definitiva para os problemas do abuso de drogas. Ambas as políticas compartilham de duas deficiências.

Primeiro, nenhuma produziria soluções ideais ou imediatas. De fato, algumas pessoas além dos burocratas e grupos de interesse seriam prejudicadas por esta mudança na política: por exemplo, negociantes do mercado negro e certos políticos e pesquisadores do governo. A proibição, obviamente, fica ainda mais distante de resolver os problemas, e toda mudança de política envolve ajustes de curto prazo. Em segundo lugar, as perspectivas para tais políticas são um tanto limitadas. Mudanças substantivas na política são no mínimo difíceis, e quando acontecem são quase sempre uma substituição de uma forma de intervenção governamental por outra. Contudo, a possibilidade política não é um critério direto da análise econômica ou das recomendações de políticas.

Após um século de experimentações com a proibição, soluções para os problemas do abuso de drogas ainda frustram nossos formuladores de políticas. A impraticabilidade da solução de livre mercado, ou de qualquer política, não impediu que alguns economistas incorporassem essas políticas em suas análises ou na sua defesa de reformas. As mudanças no sentimento do público que ocorreram no início dos anos 1990 sugerem que a revogação da proibição dos narcóticos é provável, e que a sua relegalização é possível. Como em muitos outros casos, soluções reais para problemas sérios podem ser encontradas somente na raiz e tais problemas podem ser resolvidos somente com uma revolução nas ideias e mudanças dramáticas.

LISTA DE GRÁFICOS E TABELAS

1 - GRÁFICOS

GRÁFICO 1
Impacto da Proibição sobre o Consumidor e o Produtor.................. 126

GRÁFICO 2
Abordagem Tradicional para Determinar o Nível Ideal de
Aplicação da Proibição 127

GRÁFICO 3
Processo de Intervencionismo Progressivo (e saída) 140

GRÁFICO 4
Efeito de Aperfeiçoamento Tecnológico
para a Produção de Drogas de Alta Potência......................... 151

Gráfico 5
Orçamento Federal para a Aplicação
de Leis Antidrogas, 1973-1984 172

Gráfico 6
Potência Média da Maconha, 1973-1984 173

Gráfico 7
Impacto da Proibição no Consumo de Heroína 188

Gráfico 8
Impacto da Proibição sobre a Restrição Orçamentária do
Dependente de Heroína 189

Gráfico 9
Impacto da Proibição sobre a Atividade Criminosa (Relacionada com a
Dependência) 191

Gráfico 10
Condenações Federais de Funcionários Públicos, 1970-1988 205

2 - TABELAS

Tabela 1
Taxas de Absenteísmo em uma Fábrica de Pólvora em Delaware 54

Tabela 2
Declínio Médio Anual em Pontos Porcentuais do
Absenteísmo em uma Fábrica de Pólvora em Delaware 59

Tabela 3
Enviando as Maçãs Boas para Nova York 154

Tabela 4
Despesas Federais com a Aplicação da Proibição.................... 164

Tabela 5
"Índice de Preços de Álcool" de Fisher, 1916-1928.................... 166

Tabela 6
Efeito da Proibição nas Despesas com Álcool......................... 167

Tabela 7
Consumo Per Capita de Bebidas Alcoólicas em Galões, 1840-1919........ 168

Índice Remissivo e Onomástico

A

ABC News, 128

Abes, Ernest L., 114

Ação humana, 25, 26, 130, 182

Ação Humana: Um Tratado de Economia [Human Action: A Treatise on Economics], de Ludwig von Mises, 124, 129, 144, 179

Afeganistão, 218

Alchian, Armen A. (1914-2013), 153-54

Alcoólicos Anônimos (AA), 82, 235

Alemanha, 34, 35

Alford III, O. P., Oliver Perry (1904-1996), 20

Allen, William R. (1924-), 153-54

América do Norte colonial, 78-81

American Association of Pharmaceutical Chemists [Associação Americana de Químicos Farmacêuticos], 111

American Economic Association [Associação Americana de Economia], 33, 35, 38

American Medical Association [Associação Médica Americana] (AMA), 95, 96, 104, 105, 109, 111, 119

American Pharmaceutical Association [Associação Farmacêutica Americana] (APhA), 104, 105, 109, 110, 111

American Woman Suffrage Association [Associação Americana para o Sufrágio Feminino], 88

Anderson, Gary M., 99

Anderson, Henry W. (1870-1954), 215-16

Anderson, Seth A., 19

Anslinger, Harry (1892-1975), 115, 116, 117

Anthony, Susan B. (1820-1906), 88

Anti-Saloon League [Liga Antibares], 89, 90, 91-94, 95

Association Against the Prohibition Amendment [Associação Contra a Emenda da Proibição], 56

Association of Retail Druggists [Associação de Farmacêuticos Varejistas], 106

Astor, Gerald (1927-2008), 212

Ault, Richard D., 19

B

Baden, John, 205, 207, 211

Bahamas, 217

Banfield, Edward (1916-1999), 204

Barnett, Randy (1952-), 227

Barthold, Thomas A., 69, 70, 71

Barzel, Yoram (1931-), 154, 156, 157

Bassett, John Spenser (1867-1928), 80

Beccaria-Bonesana, Cesare (1738-1794), 183

Becker, Gary S. (1930-2014), 9, 26, 30, 31, 69, 72, 186, 207, 212

Becker, Howard (1928-), 114-15

Beecher, Lyman (1775-1863), 82

Bennett, William (1943-), o "Czar das Drogas", 30

Benson, Bruce L. (1949-), 20, 76, 140, 192, 205, 206, 207, 208, 211

Bentham, Jeremy (1748-1832), 183

Blake, John B. (1922-2006), 120

Blaug, Mark (1927-2011), 29

Bolívia, 217

Bonger, Willen A. (1876-1940), 183

Bonnie, Richard J. (1969-), 116

Borcherding, Thomas E. (1939-2014), 164

Bork, Robert (1927-2012), 186

Boston, 53, 80

Bracey, Dorothy H., 218

Brandstatter, Arthur F. (1914-2004), 213

Brasil, 10, 11, 217

Brecher, Edward M. (1912-1989), 228

Brewer's Association [Associação dos Produtores de Cerveja], 94

Brown, George F., 192

Bryan, William Jennings (1860-1925), 91

Buchanan, James M. (1919-2013), 60, 140, 142, 145, 219

Buckley, Jr., William F. (1925-2008), 31

Bureau of Internal Revenue [Departamento de Receitas Internas], 112, 113

Bureau of Justice Statistics Special Report [Relatório Especial de Estatísticas do Departamento de Justiça], 172

ÍNDICE REMISSIVO E ONOMÁSTICO • 247

Bureau of Prohibition [Departamento da Proibição], 55, 56

Burns, Arthur F. (1904-1987), 56

Burrow, James G., 120

C

Calkins, Alonzo (1804-1878), 103

Cameron, Samuel, 187

Canadá, 46

Capone, Al [Alphonse Gabriel] (1899-1947), 188

Carter, Jimmy [James Earl] (1924-), 221

Cave, Jonathan (1951-), 138, 149

Central Intelligence Agency [Agência Central de Inteligência] (CIA), 13

Chicago, 212

Chile, 217

China, 101, 109, 110, 114

Christian Science Monitor, 51

Civilian Conservation Corps [Corpo Civil de Conservação] (CCC), 198

Clague, Christopher, 67, 232

Clandestine Distribution of Heroin: Its Discovery and Suppression, The [A Distribuição Clandestina de Heroína: Sua Descoberta e Supressão], de Simon Rottenberg, 60, 61, 148, 149, 175, 208

Clark, John Bates (1847-1938), 34, 38

Clube Socialista de Yale, 41

Coast Guard [Guarda Costeira], 164, 171

Coats, A. W. (1924-2007), 35

Coca-Cola, 94, 107, 177

Colômbia, 181, 217

Comissão Wickersham *ver* National Commission on Law Observance and Enforcement

Congresso dos Estados Unidos da América, 109, 110, 159,

Continental, 61, 149

Cook, Philip J. (1946-), 198, 199

Corrupt Practices Act [Lei sobre Práticas de Corrupção], 93, 94

Corrupt Practices Act [Lei sobre Práticas de Corrupção], 93, 94, 98

Costa dos Escravos na África, 80

Council on National Defense [Conselho de Defesa Nacional], 43

Courtwright, David (1952-), 102

Crash da Bolsa em 1929, 10

Croce, Benedetto (1866-1952), 68, 72

Cuba, 217

Customs [Alfândega], 171

D

Décima Oitava Emenda à Constituição dos Estados Unidos, 23, 44, 46, 221

Declaração de Independência, 82

Departamento de Defesa, 13

Dickson, Donald T., 115

District of Columbia Pharmacy Act [Lei Farmacêutica do Distrito de Columbia], 108

Dolan, Edwin G., 32

248 • MARK THORNTON

Dorfman, Joseph (1904-1987), 56

Dow, Neal (1804-1897), 85-87

Drug Enforcement Administration [Administração do Combate às Drogas], 171

Du Pont, E. I., 118

E

Eastman, Max (1883-1969), 143

Economic Results of Prohibition, The [*As Consequências Econômicas da Proibição*] (1932), de Clark Walburton, 56

Edgeworth, Francis Ysidro (1845-1926), 41

Ehrlich, Isaac (1938-), 186

Einstein, Izzy (1880-1938), 136

Ekelund, Jr., Robert B. (1940-), 19, 32

Ely, Richard T. (1854-1943), 33-34

Encyclopedia of Social Sciences [*Enciclopédia de Ciências Sociais*], 56

Engels, Friedrich (1820-1895), 183

Era Progressiva, 23, 33, 77, 95-96

Erickson, Edward, 62, 162, 180

Escobar, Pablo (1949-1993), 9

Escola Austríaca, 11, 32, 72, 129, 130, 131

Escola de Chicago, 32, 69, 72, 73

Escola Historicista Alemã, 33-34

Espanha, 218

Estados Unidos, 9-10, 14, 21, 23, 34-36, 45, 64, 89, 95, 98, 102, 104, 109-10, 139, 148, 171, 176, 180, 194, 206, 211, 217-18, 227

Extremo Oriente, 24, 109

F

Falcon, 61, 149

Faulkner, Harold Underwood (1890-1968), 80

Federal Bureau of Investigation [Agência Federal de Investigações] (FBI), 171

Federal Narcotics Bureau [Departamento Federal de Narcóticos], 114, 116

Federal Reserve Act [Lei da Reserva Federal], 96

Feenstra, Robert C. (1956-), 157, 161

Feldman, Herman (1894-1947), 51-58

Ferdinand, Theodore A. (1927-2017), 198

Fernandez, Raul A., 62, 69, 73

Fifteen Gallon Law [Lei dos Quinze Galões], 194, 195, 201

Fisher, Cora (1864-1873), 40

Fisher, George Whitefield (1833-1884), 40

Fisher, Irving (1867-1947), 10-11, 38-53, 56, 60, 68, 128, 165-66, 169, 196-97, 221

Fisher, Lincoln (1866-1866), 40

Fort, Joel (1929-2015), 115

Foster Anti-Narcotic Bill [Projeto de Lei Anti-Narcóticos Foster], 110-12

França, 218

ÍNDICE REMISSIVO E ONOMÁSTICO • 249

Franklin, Fabian, 196

Free to Choose [*Livre para Escolher*], de Milton Friedman e Rose Friedman, 30

Friedman, Milton (1912-2006), 9-10, 30, 169

Friedman, Rose (1910-2009), 169

G

George Mason University (GMU), 20

Georgia, 78

Goldstein, Herman (1931-), 218

Goode, Erich (1966-), 115

Goodman, John C. (1946-), 32

Grã-Bretanha, 46

Grande Depressão, 24, 47-48, 50, 115-16

Guerra Anglo-Americana de 1812, 82, 120

Guerra Contra as Drogas, 13-15, 24, 163, 199, 201

Guerra da Independência, 18, 120

Guerra de Secessão, 23, 77, 82, 88, 102, 104, 120

Guerra Hispano-Americana, 109, 120

Guerra no Vietnã, 24, 70, 199

H

H. B. Earhart Foundation, 20

Haller, Mark H. (1928-), 212

Hampel, Robert L., 195

Harrison, Francis Burton (1873-1957), 111

Harrison Narcotics Act [Lei Harrison sobre Narcóticos], 23, 59, 106, 110, 112-13, 117-18, 196-98

Hayek, Friedrich A. (1899-1992), 11, 26, 129, 134, 142-43, 170

Helmer, John (1946-), 115

Henry, Andrew F., 198

Herrnstein, Richard J. (1930-1994), 200

Himmelstein, Jerome L. (1948-), 115

Hipótese Anslinger, 114, 116, 118

History of Inebriating Liquors [*História das Bebidas Inebriantes*], de Samuel Morewood, 103

Hochman, Harold M., 69-71

Hoover, Herbert (1874-1964), 214

Horton Ice Cream Company, 94

Horton, James (1835-1914), 94

Hotelling, Harold (1895-1973), 56

Human Action ver *Ação Humana*

Huss, Magnus (1807-1890), 104

Hutt, William Harold (1899-1988), 222

I

Igreja Batista, 82, 91

Igreja Congregacional, 10, 82, 91

Igreja Metodista, 82

Igreja Presbiteriana, 82

Ilhas Britânicas, 103

Indiana, 158

Índias Ocidentais, 78, 80

Inglaterra, 103, 184

Institute for Human Studies (IHS), 20

Internal Revenue Service [Serviço da Receita Interna], 171

Irã, 218

Iraque, 218

Irlanda, 184

Itália, 218

J

Jackson, John D. (1925-2016), 19

Jevons, William Stanley (1835-1882), 48

Johnson, Bruce D., 201

Johnson, Terry, 156

K

Kansas City, 213

Kaplan, John (1929-1989), 232

Kauffman, Reginald W. (1878-1959), 213

Kessel, Rubin A., 119

Key, Vladimer O. (1908-1963), 90

Keynes, John Maynard (1883-1946), 10

Kirzner, Israel M. (1930-), 68, 129, 133

Knapp Commission on Police Corruption in New York City [Comissão Knapp sobre a Corrupção da Polícia na Cidade de Nova York], 216

Knies, Karl (1821-1898), 34

Koren, John (1861-1923), 185

Krout, John Allen (1876-1979), 80-81

Ku Klux Klan, 93

Kunnes, Richard (1941-), 216

L

Laissez faire, doutrina do, 41

Lancaster, Kelvin (1924-1999) , 70-71, 131, 152-53

Lavine, Emanuel H., 212

Lei Volstead ver Volstead Act

Leis do Maine, 81-87

Lever Act [Lei Lever], 99

Líbano, 217

Liga Antibares, 23, 88, 91

Lindsey, C. M., 135, 159

Lombroso, Cesare (1835-1909), 184

Lott, John R. (1958-), 233

Ludwig von Mises Institute, 20

M

Maine, 85, 86

Making of Index Numbers, The, prefaciada por Irving Fisher, 49

Marijuana Tax Act [Lei Fiscal da Maconha], 115-16, 171

Market for Heroin before and after Legalization, The, de Robert J. Michaels, 121

Marrocos, 217

Marxismo, 193

ÍNDICE REMISSIVO E ONOMÁSTICO • 251

Massachusetts, 194, 201

Mather, Cotton (1663-1728), 82

Mather, Increase (1639-1723), 82

Maurice, Charles, 20

McDonald, Lynn (1940-), 193

McKenzie, Richard, 32, 39

Methodology of Economics, The, de Mark Blaug, 29

Metropolitan Police Act [Lei da Polícia Metropolitana], 184

México, 181, 217

Miami, 176

Michaels, Robert J., 70-71, 121

Mills, James (1932-), 216

Mises, Ludwig von (1881-1973), 26, 124. 129, 135, 142, 144, 179, 203

Mitchell, Wesley C. (1874-1948), 56

Mona Lisa, Leonardo da Vinci, 228

Monkkonen, Eric H. (1942-2005), 195-96, 199

Moonshot, 148

Moore, Mark H. (1947-), 63-67, 208, 211, 233

More, Thomas (1478-1535), 182

Morewood, Samuel (1767-1846), 103

Murphy, Kevin M. (1958-), 31, 72, 149

Musto, David (1936-2010), 101, 105, 111, 115, 233

N

Nações Unidas, 226

Nadelmann, Ethan A. (1957-), 217

National Commission on Law Obser-vance and Enforcement [Comitê Nacional pela Observância e Aplicação da Lei], 55, 214

National Drug Trade Conference [Conferência Nacional sobre o Comércio de Medicamentos], 111

National Drug Trade Council [Conselho Nacional para o Comércio de Medicamentos], 111

National Drug Wholesalers Association [Associação Nacional de Atacadistas de Medicamentos], 106

National Institute on Drug Abuse [Instituto Nacional sobre o Abuso de Drogas], 173

National Retail Liquor Dealers' Association [Associação Nacional dos Negociantes Varejistas de Bebidas], 98

National Wholesale Druggists' Association [Associação Nacional de Farmacêuticos Atacadistas], 111

National Woman Suffrage Association [Associação Nacional para o Sufrágio Feminino], 88

Nelli, Humbert S. (1930-), 200

Nemours, 118

New Hampshire, 86

Newsweek, 30

Niskanen, William (1933-2011), 135

Nixon, Richard (1913-1994), 200

Noble Experiment, The [Experimento Nobre, O], de Irving Fisher, 44

Nova Inglaterra, 23, 93

Nova York, 63, 66, 90, 154, 212, 216

O

Oberlin College, 42
Odegard, Peter H. (1901-1966), 90, 92-93
Oglethorpe, George (1696-1785), 78
Oliver, Fitch Edward (1819-1892), 103

P

Palmer, Stanley H. (1944-), 184
Panamá, 217
Pandiani, John A., 197-98
Paquistão, 218
Pareto, Vilfredo (1848-1923), 41, 68
Partido da Proibição, 23, 88-91, 93
Partido Republicano, 82, 86
Patten, Simon N. (1852-1922), 34-38, 60
Peru, 217
Philips, William R. (1914-1975), 216
Portland, 86
Posner, Richard (1939-), 186
Prêmio Nobel, 26, 30-31, 60
Primeira Guerra Mundial, 23, 43, 58, 91, 95, 99-01, 113, 120, 170, 196-97
Princípio de Peter, 136
Prohibition at Its Worst [*Proibição em seu Pior*]. de Irving Fisher, 44, 166
Prohibition Still at Its Worst [*Proibição Ainda em seu Pior*], de Irving Fisher, 44, 221
Prohibition: Its Economic and Industrial Aspects [*Proibição: Seus Aspectos Econômicos e Industriais*] (1930), de Herman Feldman, 51

Pure Food and Drug Act [Lei de Pureza de Alimentos e Medicamentos], 108

Q

Quarta Emenda à Constituição dos Estados Unidos, 13

R

Reagan, Ronald (1911-2004), 31
Reed, Lear B. (1900-1972), 213
Relatório Wickersham, 213
Rent-seeking, 10, 25-26, 205, 210, 223
Reserva Federal, 50, 96
Reuter, Peter (1944-), 138, 149, 190
Richman, Sheldon, 20
Road to Serfdom [*O Caminho da Servidão*], de F. A. Hayek, 142
Roback, Jennifer (1953-), 76
Roberts, Russell D. (1954-), 234
Rockefeller, John D. (1839-1937), 94
Rockwell, Llewellyn H. Jr. (1944-), 20
Roger Peet and Company, 94
Roosevelt, Theodore (1858-1919), 109-10
Root, Amos I. (1839-1923), 94
Rose-Ackerman, Susan (1942-), 205-06, 211
Rothbard, Murray N. (1926-1995), 9, 20, 205-06
Rottenberg, Simon (1916-), 60, 148-49, 175, 208

ÍNDICE REMISSIVO E ONOMÁSTICO • 253

Rubin, Paul H. (1942), 186

Rush, Benjamin (1746-1813), 82

S

Scalia, Antonin (1936-2016), 186

Schumpeter, Joseph (1883-1950), 10, 49

Segunda Conferência de Paz de Haia, 109

Segunda Guerra Mundial, 24

Shecter, Leonard (1926-1974), 216

Shirras, G. Findlay (1885-1955), 49

Short, James F. (1924-), 198

Shortened ballot, 95

Shultz, George (1920-), 31

Silberberg, E. (1978-), 154

Silverman, Lester P., 192

Smith, Adam (1723-1790), 183, 185, 201

Smith, Moe (1887-1960), 136

Smith, Ralph L., 216

Sociedade Americana de Abstinência, 82

Sociedade de Massachusetts para a Supressão da Insobriedade, 82

Sons of Temperance [Filhos da Abstinência], 83

Special Committee on Narcotics [Comitê Especial sobre Narcóticos], 113

Speedball, 148

Stanton, Elizabeth Cady (1815-1902), 88

Stigler, George S. (1911-1991), 69, 72, 135, 212

Stille, Alfred (1813-1900), 103

Stone, Lucy (1818-1893), 88

Subcomitê sobre a Legislação de Impostos sobre o Álcool e Bebidas Alcoólicas do Distrito de Columbia, 42

Sudeste Asiático, 218

Sullivan, Edward D., 212

Sumner, William Graham (1840-1910), 38, 41, 156

Suprema Corte, 113, 186, 217

Szasz, Thomas S. (1920-2012), 227

T

Taunton, 195

Taylor, Arnold, 101

Teoria da Escolha Pública, 10, 25, 32, 210

Texas, 99

Theory of Rational Addiction, A, de Gary S. Becker com Kevin Murphy (1958), 31

Thrasher, Frederick (1892-1962), 201

Timberlake, James, 96-98, 184, 202

Tollison, Robert D. (1942-2016), 32, 99

Towne, Charles Hanson (1877-1949), 75-76

Traffic in Narcotic Drugs [Tráfico de Drogas Narcóticas], do Special Committee on Narcotics, 113

Tráfico de Drogas Narcóticas, 113

Treasury Department [Departamento do Tesouro], 113

Tullock, Gordon (1922-2014), 32, 39, 140

Tun-Yuan Hu (1950-), 57, 167

254 • MARK THORNTON

Turquia, 103, 217

Tyranny of the Status Quo [Tirania do Status Quo], de Milton Friedman e Rose Friedman, 30

Tyrrell, Ian R. (1947-), 82, 86

U

U. S. Steel Corporation, 94

União Cristã Feminina da Abstinência, 23, 88

United States Brewers' Association [Associação Americana dos Produtores de Cerveja], 98-99

Universidade da Pensilvânia, 34

Universidade de Chicago, 26, 30

University of Utah Press, 19

Utah, 88

V

Value of Law Observance, The, do *Bureau of Prohibition*, 56

Venezuela, 217

Vermont, 86

Vietnã, 14, 24

Volstead Act [Lei Volstead], 23, 44, 46, 163, 213

W

Wadsworth, James (1807-1864), 90

Wall Street Journal, 30

Walras, Léon (1834-1910), 41

Wanamaker, John (1838-1922), 94

Warburton, Clark (1896-1979), 51, 54, 56, 57-58, 165-66, 197

Ward, Robert, 156

Washington D.C., 190

Washingtonianos, 82-83, 85

Welch's Grape Juice, 94

Wescott, Ella (1846-1929), 40

Westerfield, Ray (1947-), 50

Wharton School, 34

Whitebread II, Charles (1943-2008), 116

Wickersham, George W. (1858-1936), 213, 215

Williams, Robert H. (1940-2015), 216

Wilson, James Q. (1931-2012), 200

Wilson, Woodrow (1856-1924), 44

Women's Christian Temperance Union [União Cristã das Mulheres pela Abstinência], 88

Wright, Hamilton (1846-1916), 108

Wyoming, 88

Y

Yale Divinity School, 40-41

Yeager, Leland B. (1924-), 19

Z

Zarkin, Gary A., 198-99

Liberdade, Valores e Mercado são os princípios que orientam a LVM Editora na missão de publicar obras de renomados autores brasileiros e estrangeiros nas áreas de Filosofia, História, Ciências Sociais e Economia. Merecem destaque no catálogo da LVM Editora os títulos da Coleção von Mises, que será composta pelas obras completas, em língua portuguesa, do economista austríaco Ludwig von Mises (1881-1973) em edições críticas, acrescidas de apresentações, prefácios e posfácios escritos por especialistas, além de notas do editor.

Esta obra foi composta pela Spress em
Book Antiqua (texto) e Gotham (título)
e impressa pela Edigráfica para a LVM em março de 2018